Begegnungen mit **Menschen**,
die ich nicht vergessen will

Ernst Servais

Begegnungen mit **Menschen**, die ich nicht vergessen will

Gewidmet meiner lieben Gattin Christa, unseren beiden Söhnen Boris und Benjamin, meinen verstorbenen Eltern Johann Quirin Servais und Auguste geborene Volbach, sowie meiner Schwester Doris.

www.gev.be
buchverlag@grenzecho.be

ISBN 978-3-86712-123-1
D/2017/3071/2

Satz: Grenz-Echo, Eupen

Printed in EU

Inhalt

Vorwort

Mein Leben autobiographisch festzuhalten ist für mich ein Abenteuer: eines mit ungewissem Ausgang. Lange Zeit habe ich abgewogen, ob ich dieses Wagnis eingehe. Wie manche wissen, bin ich katholischer Priester gewesen. Ich entschloss 1977 zu heiraten, bat den Papst um die Entbindung vom Zölibat Versprechen und wurde damit in den Laienstand zurückversetzt. Das war in den 70er-Jahren ein Tabubruch – und der kirchlichen Obrigkeit ist es wohl am liebsten, wenn ein Priester der diese Institution verlässt, nicht darüber spricht. Wieso habe ich mich dennoch dazu entschlossen?

Kürzlich fragte mich eine Frau anlässlich eines Konzertes, ob ich sie noch kenne. Es stellte sich heraus, dass sie bei einer Jugendreise zur Wildspitze dabei gewesen ist. Sie fragte sich was aus mir geworden sei; sie hatte damals unvermittelt nichts mehr von mir gehört. Da wurde mir bewusst, dass es vielen so ergangen sein mag. Denn als ich entschied zu heiraten, musste ich von heute auf morgen alle meine priesterlichen Ämter ablegen. Es war ein Bruch, der Auswirkungen für viele Menschen hatte. Ich bin dankbar dafür, dass so viele Menschen meinen Lebenswandel begleitet haben. Ihnen möchte ich hiermit erzählen, was aus mir geworden ist.

Dies ist eine der Motivationen, aus meinem Leben zu erzählen. Eine weitere besteht darin, ein Stück Familiengeschichte, Lokalgeschichte und Zeitgeschichte festzuhalten.

Die Berichte über meine Kindheit während des Zweiten Weltkriegs in Köln beinhalten unter anderem die Schilderung des berüchtigten 1000-Bomber- sowie des Peter-und-Paul-Bombenangriffs, die meine Familie hautnah erlebte und überlebte. Die Kapitel über den Krieg und über die anschließende Flucht nach Belgien sind einerseits Klärung der Familiengeschichte, andererseits auch ein Zeitzeugendokument. Meine ersten Berufsjahre als Priester prägten meine besondere Auffassung von Seelsorge. Aus meiner Zeit in Seraing stammt mein lebenslanges Engagement für den „Arbeiter" und für Menschen ohne große Stimme in der Gesellschaft. Während der darauffolgenden Jahre in St.Vith stieß meine unkonventionelle Haltung des Öfteren auf Kritik – so etwa als ich erstmalig Jugendliche mit Gitarre in den Gottesdienst einlud.

In dieser Zeit wurde ich Jugendseelsorger für ganz Ostbelgien, was neue Aufgaben und Herausforderungen mit sich brachte.

Auf großen Jugendtreffen griffen wir soziale Probleme der jungen Menschen auf und suchten mit Hilfe von Fachleuten und Politikern nach Lösungen. Eines der damaligen „Heißen Eisen" war die berufliche Perspektivlosigkeit der Jugendlichen.

Durch die Berührung mit Jugendlichen und deren Suchtproblemen ist die Idee entstanden, Ostbelgiens erste Drogenberatungsstelle ins Leben zu rufen. In mehreren Jahren therapeutischer Arbeit hat sich die Notwendigkeit gezeigt, komplementär zur Suchttherapie auch Prävention zu betreiben, in der die Emotionale Bildung sich für mich als Schwerpunkt herausgestellte.

Ich entwickelte ein gesamtgesellschaftliches Konzept der Prävention, das nicht nur Fachkräfte – sondern jeden Bürger aufruft, einen Beitrag in seinem persönlichen Milieu zu leisten. Mit diesem Konzept gab die EU grünes Licht für eine internationale Koordination von Präventionsinitiativen aus acht ost- und westeuropäischen Ländern.

Vater und Mutter (Mitte) mit drei Freunden in der eigenen Wohnung (Köln - Deutz, 1931)

1. Da sitzen sie in froher und gemütlicher Runde beisammen

ein Schnäpschen in der Hand und prosten einander zu. Das Püppchen auf dem Tisch deutet darauf hin, dass es sich wohl um ein glückliches Ereignis handelt. Die Zahl 1931 auf der kleinen Tischkarte im Vordergrund ist unmissverständlich mein Geburtsjahr. Meine Mutter Auguste, geborene Volbach, und mein Vater Johann Quirin Servais sitzen in der Mitte, wohl als Gastgeber. Die drei anderen Herren auf dem Foto scheinen Freunde der Familie zu sein, deren Namen ich aber bis heute nicht kenne. Der Vater besaß schon damals einen Fotoapparat mit Stativ und Selbstauslöser und hat – wie in jeder Familie – das Freundestreffen zur Erinnerung an meine Geburt im Foto festgehalten. Die Inschrift auf dem Tisch verrät, dass dieses kleine Fest in Köln-Deutz stattfindet. Aber warum die Ortsangabe „Cologne-Deutz" in Französisch und nicht in Deutsch? Es könnte ein Hinweis sein, dass alle – obschon in Köln – darauf Wert legen, sich auch in Französisch zu unterhalten, insbesondere bei Ereignissen wie einer Geburt. Mir fällt auf, dass zum Beispiel kein Arbeitskollege dabei ist, da wäre Deutsch gesprochen worden, da das Treffen in Köln, Alarichstraße 6, stattfindet. Ebenso ist niemand aus dem

„vier Mädchenhaus meiner Mutter" dabei. Niemand von den drei Schwestern war zum Beispiel als Patin eingeladen. Nein, eingeladen wurden scheinbar nur Freunde, Gleichgesinnte, die etwas mit dem CLUB WALLON zu tun hatten. Zugegeben, meine Familie war zu dieser Zeit sehr arm. Also galt die Parole: keine großen Auslagen machen für dieses kleine Fest. Aber vielleicht gab es noch einen anderen Grund, warum man nur im allerengsten Kreis feierte? Es hängt vermutlich mit dem „Club Wallon" zusammen.

Meine Neugierde war geweckt, ich wollte mehr über diesen Klub erfahren. Mein Vater stammt aus einem „Wallonischen Dorf" in Belgien, Ovifat, in dem Französisch und Wallonisch gesprochen wurde. Er verließ als gelernter Schreiner Anfang der 1910er-Jahre sein Dorf, weil er in seiner Heimat keine Arbeit mehr fand und ging nach Köln/Deutschland. Ovifat gehörte zum Kanton Malmedy, der lange Zeit eine sehr bewegte politische Grenzland-Geschichte erlebte.

Der Club Wallon - Mehr als ein Vereinslokal

Diese Gruppierung war kein politischer Geheimbund, sondern eine Interessengemeinschaft, die das Ziel verfolgte, ihre Heimatsprache, das heißt „die französische und wallonische Sprache" zu fördern und vor allem sie vor dem Druck jeder Form von Germanisierung zu schützen.

Wie kam es dazu?

Einen Erlass des neu ernannten Preußischen Ministerpräsidenten Bismarck, dass ab sofort in allen öffentlichen Gebäuden und Schulen Deutsch gesprochen werden muss, hat der Club Wallon als „Germanisierung" der Wallonisch und Französisch sprechenden Bevölkerung – die in der Minderheit war – erlebt und dagegen energisch reagiert. Das will der Club Wallon mit allen Kräften verhindern. Unter sich sprechen die Mitglieder des Clubs „wallonisch". Sie sind ja „Wallonen". Wallonisch ist eine eigene Sprache neben der französischen Sprache.

Ein bisschen Geschichte zum besseren Verständnis

Von 648 bis 1795 ist die Doppelabtei Malmedy-Stavelot romanisches Sprachgebiet. Daher der französische Einfluss auf Sprache und Mentalität ... Französisch sprechen bitte! 1794-1795: Frankreich erobert die österreichischen Niederlande und die linksrheinischen Gebiete des Heiligen Römischen Reiches Deutscher Nation, darunter die Fürstabtei Stablo-Malmedy.

1815 – Wiener Kongress – Napoleon ist besiegt. Das Gebiet wird dem preußischen König zugesprochen ... Deutsch sprechen bitte!

Die preußische Periode (1815-1919)

Auf dem Wiener Kongress (1815) wird beschlossen, dass der Kanton Malmedy, der zu diesem Zeitpunkt auch das Gebiet um St. Vith umfasste, an Preußen angeschlossen wird. Ungefähr ein Jahrhundert lang sollte dies so bleiben.

Die Sonderstellung von Malmedy als eine romanische (wallonische) Stadt in einem deutschsprachigen Staat wie Preußen bringt in den ersten fünfzig Jahren keine größeren Probleme mit sich. Die Einwohner dürfen die französische Sprache nach Belieben gebrauchen, Gemeinderatsberatungen und -beschlüsse inbegriffen. Preußenkönig Friedrich-Wilhelm IV. versichert bei seinem Besuch der Stadt im Jahr 1853 sogar, dass er stolz darauf sei, am Rande seines Königreichs „ein kleines Gebiet, in dem man Französisch spricht", zu besitzen.

Diese Lage verändert sich jedoch allmählich, zunächst ab 1862 unter Ministerpräsident Otto von Bismarck und dann vor allem mit dem deutsch-französischen Krieg von 1870-1971 und dem kurz darauf folgenden Kulturkampf. In den Augen der preußischen Verwaltung hat Malmedy gleich einen doppelten Nachteil: Es ist gleichzeitig französischsprachig und mehrheitlich katholisch. Von diesem Augenblick an muss Malmedy den Versuch einer erzwungenen Germanisierung erdulden. In den Schulen wird der Französischunterricht verboten und dafür der Deutschunterricht obligatorisch. Außerdem wird den Gemeinden des Kantons verboten, die religiösen

Kulte finanziell zu unterstützen, die Pfarrer dürfen nicht mehr auf Französisch predigen (was einige durch das Predigen in Wallonisch zu umgehen versuchen). Einige Unbeugsame gehen 1897 sogar so weit, einen „Club Wallon" (Wallonischen Klub) zu gründen, der übrigens heute noch existiert.

Zwischen den beiden Weltkriegen

Nach dem Ersten Weltkrieg, in dem die Malmedyer in deutscher Uniform kämpften, wird Malmedy – wie auch der Kanton Eupen – an Belgien angeschlossen. Dies wurde 1919 im Versailler Vertrag so entschieden (Französisch sprechen bitte! Anm.d.A.).

Der Vertrag sieht vor, dass sich die betroffenen Bevölkerungsgruppen in einem Referendum zum Anschluss an Belgien äußern. Dieser Volksentscheid wird jedoch in einer durchaus anfechtbaren Art und Weise durchgeführt. Die Gegner des Anschlusses werden gebeten, sich in ihrer jeweiligen Gemeindeverwaltung in eine offene und einsehbare Liste einzutragen. Nur 271 von 33.276 Wahlberechtigten in den Ostkantonen wagen es, derart offen ihre Ablehnung zu demonstrieren …

… In diese Periode fällt ebenfalls die Teilung des Kantons Malmedy, der seine deutschsprachigen Gemeinden verliert. Diese wiederum bilden nun den neuen Kanton St.Vith. Der Kanton Malmedy behält dabei nur die beiden Gemeinden Weismes und Malmedy, die zusammen auch heute noch die „Malmedyer Wallonie" genannt werden (Ville de Malmedy, Geschichte).

Am 10. Mai 1940 marschieren Hitlers Truppen in das Land ein und einige Tage später werden Eupen-Malmedy sowie einige altbelgische Gebietsstreifen durch Führererlass dem Deutschen Reich einverleibt. Nach der Befreiung durch die Alliierten (Sept. 1944) gehört das Gebiet wieder zu Belgien (DGlive, Geschichte, Chronik; Zur Geschichte der Deutschsprachigen Gemeinschaft).

Der „Club Wallon" weiß sich nach der Gründung durchzusetzen

Schon im September 1897, in einer spannungsgeladenen Atmosphäre", revoltieren fünf junge Leute aus Malmedy und protestieren gegen den politischen Willen der preußischen Obrigkeit, den wallonischsprachigen Teil der Bevölkerung „germanisieren zu wollen". Am 28. November 1897 hält Nicolas Pietkin, Pfarrer aus Sourbrodt, (1847-1921) einen bemerkenswerten, aufrüttelnden Vortrag und zwar in der Ortsprache, in Wallonisch. Die „Fraternität der Arbeiterschaft" folgt seinen Hinweisen. Am 13. Januar 1898 wird unter seiner Leitung der „Club Wallon" gegründet. Pfarrer Pietkin wird der geistige Vater dieses neuen Klubs, oder besser dieser neuen politischen Bewegung. Die Ziele dieser „literarischen Gesellschaft" waren zu diesem Zeitpunkt die Beibehaltung der wallonischen Sprache sowie die Verteidigung der romanischen Kultur in der preußischen Wallonie.

Der Club Wallon kämpft ab dann intensiv für seine Ziele.

1905 präsentiert der Vorsitzende des Klubs, Henri Bragard (1877-1944, Neffe des Pfarrers Pietkin), die preußische Wallonie auf dem „Congrès de la Romanie" in Lüttich und verteidigt das „französische Malmedy".

1913 wird Pfarrer Josef Bastin (1870-1939) aus Malmedy, leidenschaftlicher Verfechter der romanischen Kultur, zum „Mitglied der Königlichen Akademie für Französische Sprache und Französische Literatur" ernannt, ein Meilenstein für den Club Wallon. 1918 unterschreiben 200 Mitglieder des Club Wallon eine Bittschrift an König Albert I. für die Angliederung der

„Preußischen Wallonie" an Belgien. Diese Petition zu unterschreiben war damals nicht ohne Gefahr (Royal Club Wallon, Société Littéraire de Wallonie Malmedyenne, Historique)

Die Wurzeln meines Vaters

Mein Vater stammt aus Ovifat, einem kleinen Dorf der Gemeinde Waimes/Weismes, (damals in der so genannten „Wallonie prussienne"). Das Foto, das mich zu Recherchieren veranlasste, entstand in Köln-Deutz, Alarichstraße 6, wo meine Eltern und meine Schwester wohnten und ich selbst am 23. November 1931 geboren bin. Meine Mutter stammt aus Bergisch-Gladbach, Deutschland. Mein Vater war Möbelschreiner und verließ Anfang der 1910er-Jahre seine Heimat, in der er keine Arbeit fand. In Köln lernte er später meine Mutter kennen, mit der er eine Familie gründete.

Vater und Mutter sprachen Deutsch miteinander. Mutter konnte kein Französisch. Warum also auf dem Schild die französische Inschrift: „Le club wallon Cologne Deutz, 1931"? Ich vermute, dass die Herren auf dem Foto „Wallonen" sind und dem Club Wallon angehören.

Die Gründung des Club Wallon (1898) wird mein Vater als Achtjähriger mit Sicherheit nicht bewusst erlebt haben. Vielleicht haben seine Eltern ihm davon erzählt. Sie waren jedenfalls überzeugte Wallonen. Ob der Vater die Petition an den belgischen König mit unterschrieben hat, ist nicht überliefert, dass er ein überzeugter Verteidiger des Club Wallon war, beweist die Tischkarte.

In der Festschrift des Club Wallon zu seinem 100jährigen Bestehen finden wir Spuren eines „Club Wallon à Cologne". »En 1928, le Club de Cologne vit encore, comme en témoigne l'envoi du 28 novembre de cette année«...(RWAYÂL CLUB WALLON MÂM'DÎ, 1898-1998). Wie das Foto von 1931 beweist, gab es damals also immer noch eine Antenne des Club Wallon in Köln.

Meine Schwester hat mir oft erzählt, der Vater habe ihr gesagt: „Wenn die Lehrerin dich fragt: Wie heißt denn dein Brüderchen, dann sage ihr „Ernst", denn er ist in „ERNSTEN" Zeiten geboren". Das stimmte haargenau, was sowohl die politische Lage anbetraf als auch die soziale.

Dem Vater machte die soziale Lage der Arbeitnehmer Angst und Sorgen. Arbeiter erhielten nämlich ihren Lohn nur pro Woche. Feiertage wurden nicht bezahlt. Wochen – wie zum Beispiel an Weihnachten – waren dann sehr magere Wochen für die Familie. In dem bescheidenen Säge- und Schreinereibetrieb seines Dorfes Ovifat konnte er zwar sein Schreinerhandwerk erlernen, aber nicht dort eingestellt werden. In den Dörfern durften – so soll die Regel gewesen sein - nur 3 Schreiner arbeiten. Wer nicht zusätzlich Landwirtschaft hatte, musste als Handwerksgeselle „auswandern" und in Großstädten wie Aachen oder Köln Arbeit suchen. Warum er in Köln landete, ist mir unbekannt. War er bereits ein „Wandergeselle" im Sinne Kolpings? Oder fand er in Köln eine „Heimat" durch den Kolpingverein? Der Kolpingverein, dessen Geschäftsführer Theodor Babilon war, vermittelte Zimmer bzw. Wohnungen an Wandergesellen. Kolping war katholischer Priester. Anfang der 1920er-Jahre gehörte Malmedy noch zum Bistum Köln. War das ein Grund für sein Auswandern nach Köln?

Fakt ist, dass mein Vater der Kolpingfamilie sehr zugetan war. Es wurde in der Familie erzählt, er habe bei seiner Trauung mit seiner zweiten Frau, meiner Mutter (seine erste Frau war im Wochenbett verstorben) in der Minoriten Kirche das Grab Kolpings aufgesucht. Das zeigt eine tiefe Verbundenheit mit Adolph Kolping, dem Sozialreformer.

Adolph Kolping (1813-1865) hatte den Beruf des Schuhmachers gelernt und als solcher die oft menschenunwürdigen Lebenssituationen der Wandergesellen kennengelernt. Er entschloss sich Priester zu werden und sich dieser Problematik zu widmen. Er ist der Gründer des Kolping Werkes, mit folgendem Ziel: „Der Verein sollte den wandernden Gesellen einen ähnlichen Halt geben, wie ihn nach Kolpings Überzeugung nur die Familie bietet, und die von ihm initiierten Gesellenhospize sollten für die Mitglieder „ein Familienhaus sein, in dem sie gewissermaßen ihre Familie, gleichgesinnte und gleichberechtigte Freunde wiederfinden und mit ihnen in inniger freundschaftlicher Weise zusammenleben" (Adolph Kolping, Leben, Wikipedia).

Theodor Babilon (1899-1945) war seit 1932 Geschäftsführer des Kölner Kolpinghauses und wohnte in der Alarichstraße, wie übrigens mehrere andere Kolping-Brüder, und schließlich auch meine Familie. Ich denke, das kann kein Zufall sein.

„Theodor Babilon wurde am 26. Februar 1899 in Köln geboren. Der verheiratete Vater von fünf Kindern widmete sein Leben den Prinzipien der katholischen Soziallehre des Gesellenvaters Adolph Kolping. Seit 1919 arbeitete er beim Kölner Kolpingverein, dessen Geschäftsführung er 1932 übernahm. Das Kolpinghaus an der Breite Straße wurde zum Treffpunkt von gegen das NS-Regime eingestellten Katholiken, darunter Priester und Laien. Nach dem gescheiterten Attentat auf Adolf Hitler am 20. Juli 1944 verhaftete die Kölner Gestapo am 15. August 1944 in der Kolpingzentrale mehrere führende Männer des Kolpingwerks, darunter auch Theodor Babilon. Er wurde im EL-DE-Haus tagelang verhört, dann in den Klingelpütz und das Gestapolager in den Deutzer Messehallen eingesperrt. Von dort wurde er in das Konzentrationslager Buchenwald deportiert. Aus dem Lager überstellte man ihn in das Außenlager Ohrdruf. Die Befreiung erlebte er nicht mehr: Er starb, verhungert und entkräftet, am 11. Februar 1945. Ort: Köln, Stadtteil: Deutz, Straße: Alarichstraße, 28"
(NS Dokumentationszentrum der Stadt Köln, Stolpersteine, Erinnerungsmale für die Opfer des Nationalsozialismus)

„Das EL-DE-Haus – gesprochen: L-D-Haus – verdankt seinen Namen den Initialen seines Bauherrn Leopold Dahmen – am Appellhofplatz 23–25 war von 1935 bis 1945 Sitz der Kölner Gestapo. Sein Name wurde zum Inbegriff der NS-Schreckensherrschaft in Köln, aber auch für den Umgang und die spätere Auseinandersetzung mit der NS-Geschichte der Stadt nach 1945" (NS Dokumentationszentrum der Stadt Köln, EL-DE-HAUS).

Die Einstellung Babilons sollte ihm später zum Verhängnis werden. Er hatte sich 1937 geweigert, das Doppelmitgliedschaftsverbot der NS anzuerkennen (d.h. das Verbot der Doppelmitgliedschaft in NS-Organisationen und in konfessionellen Vereinen). Ab dann wurde er im Rahmen der NS „Aktion Gewitter“ tagelang von der Gestapo verhört (Theodor Babilon, Wikipedia).

Also – frage ich mich immer wieder – warum wohnten die Servais´ in der Alarichstraße? Es gibt vermutlich mehrere Gründe: die Zugehörigkeit meines Vaters zur Kolpingfamilie und die Tatsache, dass er wahrscheinlich über den Kolpingverein eine Wohnung in dieser Straße fand, nachdem er 1911 noch in der Zentrale des Kolpingvereins gewohnt hat, wie die unten abgedruckte Postkarte belegt. Vermutlich kannte er Theodor Babilon persönlich. In der Alarichstraße wohnten mehrere Personen, die zur Kolpingfamilie gehörten und gegen das NS-Regime eingestellt waren.

Theodor Babilon wurde 1899 in Deutz geboren. Mein Vater ist 1890 geboren. Babilon wird 1932 Geschäftsführer des Kölner „Kolpinghauses“. Mein Vater war, wie viele Kolping-Anhänger, und erstaunlicherweise viele in der Alarichstraße, gegen Hitler und das NS Regime eingestellt.

In der Alarichstraße ließ das NS Dokumentationszentrum Köln vier Stolpersteine anbringen. Einer der vier Stolpersteine ist Herrn Theodor Babilon zur Erinnerung gewidmet.

Ein anderer Gedenkstein in der Alarichstraße trägt den Namen Otto Gerig – ein Sozialpolitiker (1885-1944), Vater von fünf Kindern, der am 20. August 1944 in den Messehallen Deutz

Herrn
Quirin Servais
im Gesellenhaus
Breitestraße N. 108
in Köln

Postkarte aus Metz an Quirin Servais von Soldaten seiner Militäreinheit. Die Karte ist adressiert an die Breitestraße 108, die Adresse des Kölner Kolpinghauses.

eingeliefert wurde. Mitte September kam auch er in das KZ Buchenwald, wo er wenig später verstarb. Seine Frau wurde später Vorsitzende des Verbandes der Verfolgten des Naziregimes (Märtyrer des Erzbistums Köln, Otto Gerig, Leben).

„Stolpersteine sind 10 x 10 x 10 cm große Betonquader, in die eine Messingplatte verankert ist. Auf den Messingplatten werden die Namen und Daten von Menschen mit Schlagbuchstaben eingeschlagen, die während der Zeit des Nationalsozialismus verfolgt und ermordet wurden."

Die Idee des Künstlers Gunter Demnig ist, dass diese kleinen Erinnerungsmale genau an den Orten verlegt werden, an denen die Menschen vor ihrer Flucht oder Verhaftung lebten (NSDOK der Stadt Köln, Was sind Stolpersteine?)

Frau Gerig (1900-1991), die Gattin Otto Gerigs, schrieb: „Der Kölner Widerstand vollzog sich in geheimen Zirkeln ...und informierten uns gegenseitig über die Aktionen des Gewaltregimes" (Wider das Vergessen – DEUTZ – ein Blick zurück; Ceno & Die Paten e.V. S.66).

Man traf sich hier in kleinen Kreisen von Gleichgesinnten. Waren die Treffen des Club Wallon vielleicht auch ein solcher kleiner Gesprächskreis? Hier könnten Gleichgesinnte neben den berechtigten Sprachproblemen in ihrer Heimat und brisanten politischen Themen in Deutschland auch – eventuell sogar gut getarnt – Gespräche im kleinen Kreis über aktuelle politische „heiße Eisen" geführt haben? Gesprächsrunden fanden oft in unserer Wohnung statt, sagte die Mutter, oft in Wallonisch oder auch in Deutsch, wenn sie und andere daran teilnahmen. Vielleicht erklärt das die ständigen Ängste meines Vaters, von denen ich oft gehört habe. Im Januar 1941 verstarb mein Vater plötzlich an den Spätfolgen einer Verwundung, die er im ersten Weltkrieg erlitten hatte.

Der amerikanische Historiker Fritz Stern schreibt 2006 zu Recht: „Nur wenige würden heute bezweifeln, dass Hitlers Diktatur das populärste, mörderischste, verführerischste und gewalttätigste Regime des 20. Jahrhunderts war. Nach Hitler war nichts mehr so, wie es vorher war – weder in der Welt des Geistes noch in der der Politik, weder in Europa noch außerhalb. Hitler war die Katastrophe unserer Zeit."

Fritz Stern wurde in Breslau geboren und floh mit seinen Eltern 1938 in die USA (Wider das Vergessen – Deutz – ein Blick zurück; Ceno & Die Paten e.V., 2009, S. 189).

2. Alltag in der Alarichstraße Nr. 6

Unsere Mutter Auguste Servais-Volbach hat laut Angaben der Geburtsurkunde ihr Baby „Ernst" mit Hilfe einer Hebamme in unserer Wohnung Alarichstraße 6 am 23. November 1931 um die Mittagszeit zur Welt gebracht. Die Freude der Eltern und des fünfjährigen Schwesterchen Doris war groß und wurde zusammen mit Freunden aus dem Club Wallon gebührend gefeiert. Es gab wohl keinen offiziellen Ableger des Club Wallon in Köln, das Foto zu Beginn des 1. Kapitels zeigt jedoch, dass sich Gesinnungsfreunde des Club Wallon in Köln-Deutz trafen. Doris ging stolz und freudig zum Kindergarten am Gotenring und verkündete allen, dass ihr Brüderchen „Ernst" heiße, weil es ja laut Vater in einer „ernsten Zeit" geboren sei.

Zu Hause durfte sie das Brüderchen schon mit versorgen. Fotos zeigen meine Mutter und Doris bei der Körperpflege des Kleinen. Doris wollte mich schon ein wenig mit bemuttern, was mir gar nicht so passte. Der Vater ging morgens zur Arbeit.

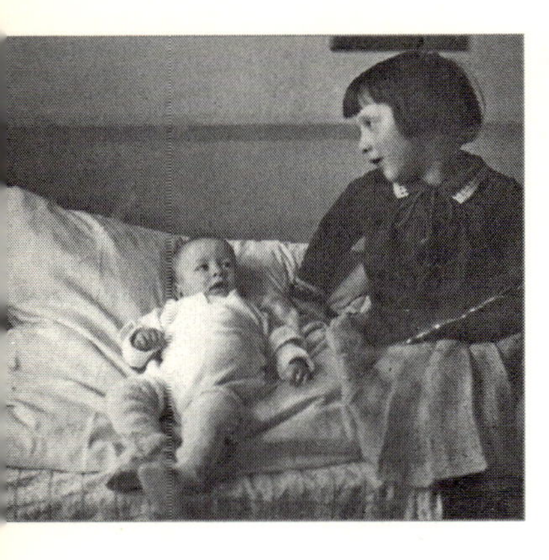

Wenn er abends nach Hause kam, drehte sich natürlich alles um das Brüderchen. Patin und Pate tauchten auf mit kleinen Geschenken. Am Sonntag machten alle einen kleinen Spaziergang. Eine heile Welt. Bis es eines Abends – Brüderchen war schon im Bett – plötzlich einen schrecklich lauten Knall gab, genau hinter der Wand, wo das Brüderchen lag. Leute liefen auf die Straße, aufgeregt gestikulierend – aber draußen war nichts zu sehen. Alle waren erschrocken. Es hieß, beim Nachbarn wäre der Gasofen explodiert. Wir hatten Glück, dass die Mauer nicht eingestürzt war. Nach und nach kamen alle wieder zur Ruhe. Nur das Baby schrie und schrie und war nur schwer zu beruhigen. Monatelang und selbst Jahre nach diesem Zwischenfall war ich einfach nicht mehr von der Mutter zu trennen. Ich brauchte dauernd ihre Nähe: „Mama, ich muss dich immer sehen." Es gab da ein Angstgefühl in mir, das sich nur schwer mit dem Verstand lenken ließ, wenn überhaupt. Die mit diesem Erlebnis verbundenen Ängste sollten später bei den Bombenangriffen noch zunehmen.

Aber es gibt auch viele schöne Erinnerungen für meine Kindheit und Jugendzeit in der Alarichstraße. Die Spaziergänge am Ufer des Rheins, Besuche bei unseren Verwandten im Bergischen Land und bei den Paten in der Nähe von Köln. Besonderen Reiz hatten die Familienbesuche mit den Eltern und meiner Schwester, per Zug nach Belgien. Am Bahnhof Sourbrodt wurden wir dann von der Familie abgeholt. Der große Hund Bello – Freund aller Kinder – zog den kleinen Leiterwagen mit unserem Koffer vom Bahnhof bis Ovifat. Einen Autobus gab es nicht. Auch das war ein Gaudium für uns Städter. Die Kinder dieser Familie sprachen wallonisch, wie unser Vater. Das verstanden wir natürlich nicht. Wir Kinder lachten uns gegenseitig aus. Auf dem Bauernhof des Onkels Josef war für uns alles neu: die Stallungen, die Kühe und Schweine – für meine Schwester und mich eine andere

Mit diesem Leiterwagen wurden wir Städter samt Gepäck von Familie Justin am Bahnhof Sourbrodt abgeholt.

Welt. Zusätzlich war deren Essen so lecker. Sie lebten ja nicht wie wir „auf Ess-Marken". Es gab richtige Butter und herrliche Wurst. Am Abend saßen alle am Familientisch und aßen gemeinsam aus der großen Pfanne, die mitten auf dem Tisch stand. Es gab „Grummet mit Speck". Die Erwachsenen schnatterten unter sich – natürlich in Wallonisch über Politik, das heißt über die neuesten gefürchteten, bekannt gewordenen Absichten von Adolf Hitler. Für uns Kinder war das alles unverständlich, obschon wir besorgte Gesichter wahrnahmen. Bei Gelegenheit eines solchen Besuches habe ich dann den ältesten Sohn der Familie, meinen Vetter „Leo" kennengelernt. Er hat wenig später den Stellungsbefehl zur Wehrmacht verweigert.

Unterdessen versuchten die Kusinen, Töchter des „Onkel Josef" und der „Tante Victorine" (Schwester meines Vaters) mir, unter lautem Gelächter, in Wallonisch – oder auch in Französisch? – einen Satz beizubringen: „Je t'aime" – das heißt in Deutsch: „ Ich liebe Dich". Einen anderen Satz brachten sie mir auch bei: „Je suis belge". Das heißt: „Ich bin Belgier." Diese beiden Sätze habe ich nie vergessen. Das zweite Sätzchen hat für uns später nach Jahren in Köln-Deutz große positive Folgen gehabt.

Gemeinsam wurde auch auf der großen Wiese Heu gemacht. Ein wunderbares Erlebnis: nach der Arbeit auf der Wiese Kaffee trinken und Waffeln essen, von der Tante gemacht. Am anderen Tag gingen alle Kinder mit unseren Eltern zur Burgruine

Reinhardstein spazieren, zum Wasserfall „Cascade de Bayehon".
Unser Vater machte schöne Bilder mit seinem Fotoapparat. Er hinkte ein wenig beim Gehen. Wenn wir ihn danach fragten, antwortete unsere Mutter ausweichend an seiner Stelle: „Papa ist im Krieg am Bein verletzt worden". In Wirklichkeit war er als Kind beim Kühehüten von einer Kuh am Bein verletzt worden. Diese Verletzung wurde nicht ernst genommen und bei einem Gewaltmarsch während des Ersten Weltkrieges brach er zusammen und wurde in ein Hospital eingeliefert. „Er ist wegen dieser Verletzung im Krankenhaus behandelt worden, musste aber nicht mehr als Soldat zurück in den gefährlichen Krieg", sagte uns Mutter. An der Art, wie sie das sagte, verstanden wir, dass wir keine weiteren Fragen stellen sollten.

Bei anderen Ferien ging es dann zum Bruder meines Vaters, Clément hieß er. Eigenartig für meine Schwester und mich: dort sprachen alle nur Deutsch. Kein Wallonisch. Onkel Clément und Tante Amelie hatten drei Söhne, Josef, Herbert und Marcel. Leider keine Mädchen. Als beeindruckendes Ereignis in diesen anderen Ferien erinnere ich mich, dass Tante Amelie oft selbst Butter von der Milch ihrer Kühe machte. Wir durften dann das Butterfass drehen, bis es im Butterfass „plumpste". Das war das

Zeichen, dass die Butter bald fertig sei. Dann gab es für jeden ein Tellerchen voll Sahne. Unheimlich lecker! Hier brauchten wir nicht auf der Wiese oder auf dem Feld mitzuarbeiten. Wenn der Onkel es nicht sah, hängten wir Jungen uns jeder an den Schwanz einer Kuh und galoppierten so über die Wiese ... bis Marcel in einem Kuhfladen ausrutsche und von oben bis unten voll Kuhmist war. Das konnten wir nun nicht verbergen. Die Eltern schimpften zwar kurz, aber dann wurde herzhaft gelacht. Als Strafe musste der Pechvogel in einem Eimer Wasser seine Hose waschen und wir halfen ihm dabei, während die Eltern miteinander über Politik diskutierten. Dabei schnappten wir auch das Wort „Hitler" auf und weiter „will, dass alle diese Dörfer und Bezirke wieder zu Deutschland kommen". An den ernsten Gesichtern spürten wir, dass sie sich Sorgen machten um die Zukunft. Aber was soll´s. Wir Kinder verstanden doch nichts.

Reich beladen mit Lebensmitteln aller Art traten wir die Rückreise nach Köln-Deutz an. Papa ging wieder in der Möbelschreinerei arbeiten, Doris und ich wieder zur Schule. Oft kam Vater in der letzten Zeit etwas später nach Hause. Wir drei, Mutter, Doris und ich aßen dann schon früher, ohne ihn. Manchmal fragte ihn dann meine Mutter: „Na, kommst du gut voran?" – Er: „Es wird schon, bin gut in der Zeit, mach dir keine Sorgen." Wenige Wochen später verstanden meine Schwester und ich bei der Weihnachtsbescherung, warum der Vater oft verspätet von der Arbeit gekommen war. Er hatte für Doris einen richtig großen Kaufladen geschreinert, mit vielen Fächern, einer richtigen Theke zum Verkaufen usw. Und ich bekam ein Dreirad aus Holz. Wir waren überglücklich.

1939. Wieder hatten wir Kurzferien. Der Vater meinte: „Fahrt doch nochmal ein paar

Tage nach Boussires (bei Malmedy, Belgien). Und bringt uns etwas mit, etwas Butter und etwas vom Schwein, das sie vorige Woche geschlachtet haben." Wir freuten uns natürlich. Als wir am anderen Morgen aufstanden, hatte er jedem von uns einen Groschen unter das Kopfkissen gelegt, als Taschengeld. Wir haben das nie vergessen. „In Malmedy", erzählte uns Josef, der älteste Vetter, „da wird allerhand los sein." Gesagt – getan, wir dahin. In der Hauptstraße standen viele Männer, Arme verschränkt wie eine Kette – auf beiden Seiten der Straße, mit dem Rücken zum Volk. Alle in brauner Uniform mit Abzeichen der SA und NSDAP und gespreizten Beinen in schwarzen Soldatenstiefeln. Wir Kinder, Herbert, Marcel und ich (acht Jahre), konnten nur zwischen den Beinen hindurch sehen, was auf der Straße los war. Auf einmal kamen auf der Straße einige genauso braun angezogene Männer, und viele Zuschauer klatschten in die Hände. Die Uniformierten riefen den Leuten am Straßenrand etwas in Deutsch zu. Als die dann vorbei waren, verstreuten sich auch alle anderen Leute. Irgendetwas war vorbei. Als wir das zu Hause erzählten, schauten sich Onkel Clement, Tante Amelie und meine Mutter an. Sie schienen sehr besorgt.

Später haben wir erfahren, dass einige von den „Braunen" eine Auszeichnung bekommen hatten. Eine Ehrung? Und dass ein anderer von den Braunen in Uniform später den Leuten einen „Aufruf" vorgelesen hätte. Es hieß, dass alle Männer sich bei der SA und NSDAP melden und als Soldaten bereit sein müssten für den Führer Adolf Hitler. Es hieß auch, dass in allen Schulen der Bezirke Malmedy und St.Vith die Jungen und die Mädchen für die Hitlerjugend begeistert werden sollten. Der älteste Vetter Josef hat sehr lange mit den Eltern diskutiert. Dann sind alle schlafen gegangen. Am anderen Morgen mussten wir zurück zum Bahnhof. Zum Glück mit Taschen voller „Lebensmittel". Ein Pfund Butter und vier Koteletts hatten wir in unseren zwei kleinen Kinderrucksäcken in Rotkohlblätter gewickelt. Plötzlich kam ein Schaffner unsere Fahrscheine kontrollieren. Während er die Tickets der anderen Leute im Abteil kontrollierte, sagte Doris laut zu meiner Mutter: „Ich muss mal dringend zum Klo, ich kann es nicht mehr aushalten", lief schnell weg mit unserem kleinen

Rucksack voller Esswaren und ich hinter ihr her zur Toilette im übernächsten Wagen. Plötzlich bremste der Zug und blieb stehen. Ich wusste nicht weshalb. Vom Fenster aus sahen wir, dass unser Schaffner zur Lok lief und mit einer Hand gestikulierte. Dann lief er schnell zurück, sprang auf den ersten Waggon, denn der Zug fuhr weiter. Wir gingen zurück zur Mutter und setzten uns brav hin – jeder bei seinem Rucksack, als wäre es ein Kissen. Abgemacht war, dass darin angeblich unsere Spielsachen sind, wenn der Zug kontrolliert würde. Aufgeregt waren wir schon, aber es hatte noch einmal gut geklappt, denn Lebensmittel durfte man nicht mit sich führen. Abends erzählten wir alles dem Papa. Wir erzählten, was wir in Malmedy gesehen hatten und wie wir „geschmuggelt" hatten im Zug. Zu all dem sagte der Vater kein Wort. Aber er schien sehr nachdenklich. Ich war sehr stolz, denn ich hatte ja das alles gesehen. Doris war nicht dabei gewesen.

Eines Tages, wir Kinder waren schon im Bett, schellte es. Die Mutter öffnete die Tür, jemand mit Stiefeln kam herein – Doris sah noch gerade jemanden durch den Flur vorbei gehen und flüsterte mir zu: „Pst! ist en Brauner." Es wurde laut gesprochen. Wir hörten aber nur die Stimme der Mutter und die Stimme des Mannes. Plötzlich wurde hin und her gelaufen … durcheinander gesprochen … der Braune sagte noch laut: „Also dann – Heil Hitler – überlegen Sie es sich." Und an der Türe hörten wir, wie er noch sagte: „Es bleibt so, wie Sie gesagt haben, der

Aufruf

an alle Männer des Kreises Malmedy!

Nachdem am 10. Mai 1940 dieses Gebiet durch den Einmarsch deutscher Truppen und den kurz darauf erfolgten Erlaß des Führers in das Reichsgebiet eingegliedert war, wurde in einer Befreiungsfeier durch den Gauleiter des Gaues Köln-Aachen der Aufbau der Partei angeordnet. In der zweiten Hälfte des Jahres 1940 war der wesentlichste Aufbau der Organisationen durchgeführt. Bei diesem Aufbau konnte die Partei auf die vorher bestehende Organisation der Heimattreuen Front und ihrer Aktivisten zurückgreifen, was auch geschehen ist. Die Partei hat es sich zur Aufgabe gemacht, alle Menschen politisch zu erfassen und auszurichten. Deshalb bietet sich für jeden deutschen Mann und für jede deutsche Frau Gelegenheit, entweder in der Partei selbst oder in einer ihrer Gliederungen oder einem angeschlossenen Verband aktive Arbeit zu leisten. Die SA. stellt mit ihrer Organisation mit die älteste Kampfgruppe der Bewegung dar. In den Jahren des Kampfes um die Macht in Deutschland konnte sich die Parteiorganisation nicht allein auf das Abhalten von Versammlungen beschränken, sondern sie mußte mit dem damals in Deutschland sehr stark vertretenen Marxismus sich auseinandersetzen. Diese Auseinandersetzung erfolgte auf eine harte und manchmal brutale Art. Der Führer schuf dazu in den Anfangszeiten des beginnenden Kampfes die SA., die dann auch durch ihr geschlossenes Auftreten, durch ihre Marschkolonnen nicht nur propagandistisch wirkte, sondern es auch verstand, unseren Gegnern Respekt einzuflößen. Durch diesen kämpferischen Geist wurde die Bewegung groß und kam an die Macht. Heute hat die SA., die damals ausschließlich der Machtergreifung diente, andere Aufgaben. Heute ist sie ganz darauf eingestellt, den deutschen Mann im wehrpolitischen Geiste zu erziehen. Was es heißt, wehrpolitisch zu denken, zu leben und zu handeln, beweist uns am besten die jetzige Zeit. Wir alle sind heute stolz, daß Deutschland wieder wehrhaft wurde, und gerade das hiesige Gebiet hat die Auswirkung der wehrhaften Haltung praktisch miterleben dürfen. Durch diesen Geist erkämpfte sich Deutschland die Achtung in der gesamten Welt. Der Kampf, in dem wir augenblicklich stehen, wird von diesen deutschen wehrhaften Menschen siegreich beendet und führt zu einem neuen geordneten Europa. In den heutigen gewaltigen Ereignissen mag jeder von uns die Bedeutung der Wehrhaftigkeit eines Volkes erblicken; dies erkennen heißt aber auch, sich dafür einsetzen, d. h. in der SA. die Organisation und die politische Truppe zu sehen, die diesen Wehrgeist formt und hochhält.
So wünsche ich, daß jeder gesunde Mann die Bedeutung der politischen Arbeit der Partei und ihrer Formationen erkennt und sich als aktiver Kämpfer einreiht.

Heil Hitler!

Kreisleiter

Aus dem Aufruf des Kreisleiters geht eindeutig hervor, daß die SA. als die älteste Kampftruppe der Bewegung und damit des Führers eine bedeutungsvolle Aufgabe erfüllte und neue Aufgaben hinzubekommen hat. Jeder wehrfreudige, wehrwürdige und wehrwillige sowie opferbereite Volksgenosse des Kreises Malmedy tritt deshalb in die SA. ein, um am Aufbauwerk des Führers, des Großdeutschen Reiches, aktiv mitzuhelfen.
Durch die geniale Tat des Führers seid Ihr Malmedyer wieder zum Mutterlande Großdeutschland zurückgekehrt.
Durch aktive Tätigkeit innerhalb der SA. könnt Ihr Adolf Hitler einen kleinen Dank abstatten. Kein Opfer darf zu groß sein, um dem Führer zu danken. — Tretet ein in die bewährte Kampftruppe des Führers, die SA., und werdet stolze SA.-Männer.

Heil Hitler!

Der Führer der SA.-Standarte 174
m. d. k. F. b.:
SA.-Obersturmbannführer

(Westdeutscher Beobachter. Dienstag, 1. April 1941)

Junge geht also zum Gymnasium? Das ist nicht ganz billig, aber sie wollen es so."

Am anderen Morgen – der Vater war schon zur Arbeit, erklärte uns meine Mutter, dass der SA „Ortsgruppenleiter Gotenring-Alarichstraße" von den Eltern die Einwilligung erreichen wollte, dass ich, Ernst, im Herbst auf die Hitler-Eliteschule gehen solle. Diese Schule sei kostenlos. Die Grundschule bestätige mir gute Noten. Im Vergleich dazu müssten die Eltern das normale Gymnasium selbst bezahlen. Zweitens informierte er, dass die Eltern ihren Sohn einmal im Monat zu den Treffen der Hitlerjugend schicken sollten. Das Erscheinen sei „Pflicht". Und was habt ihr geantwortet, fragten Doris und ich gemeinsam? Punkto Schule sagte die Mutter: „Du, Ernst, gehst zum Gymnasium, nicht zur Hitler-Eliteschule. Deine Patin übernimmt die Kosten. Und Hitlerjugend? Habe ich auch nicht versprochen! Ich habe gesagt, dass du oft krank wärst." – Ich war froh und gab der Mutter einen dicken Kuss. Doris bohrte weiter: „Und was war los, als es so laut wurde?" Mama musste lachen. „Papa ist sehr ängstlich. Zuerst befürchtete er, der SA Mann käme schon wegen ihm ... Männer müssten sich ja melden. Er stand nahe am warmen Ofen, der noch brannte für die Nacht. Plötzlich qualmte seine Hose ... Er war zu nah an die Ofenplatte gekommen. Da mussten wir rasch seine Hose am Popo löschen ... mit einem nassen Spültuch aus der Küche. Er hatte ja weh an einem Bein und stützte sich gern. Papa hatte sich vor Aufregung, ich würde mir den Mund mit meinen Aussagen verbrennen, ein Stück zu weit auf die Ofenplatte gesetzt", erklärte uns Mutter. „Das war die Lauferei, die ihr gehört habt. Als das geregelt war, ist der Mann gegangen." Und wir haben gelacht und waren zufrieden, weil nichts Schlimmeres passiert war. Beruhigt gingen alle schlafen.

Am anderen Tag beim Abendessen erlaubte sich meine Schwester noch eine Frage zu der „Adolf- Hitler-Eliteschule", in die ich gehen soll. Mama blies durch die Lippen und antwortete ihr, etwas unwillig: „Schau mal, Doris. Bei dir in der Schule versucht doch eure Lehrerin, dass ihr selbst auch eine eigene Meinung haben könnt und haben sollt, damit ihr nach und nach entscheiden könnt, was ihr werden wollt, im Leben. In der Hitler-Eliteschule wird den Schülern eingepaukt, was der Führer Adolf Hitler für wichtig hält, was ihr denken und tun sollt. Diese Schulung dauert so lange, bis die Jungen Soldat geworden sind und blind dem Führer gehorchen. Weil ich mich schon früher erkundigt habe, konnte ich schnell entscheiden. Papa ist der gleichen Meinung wie ich. Es ist gut, dass du uns gefragt hast. In dieser Hitlerschule wird erzogen zu denken, wie der Führer denkt. Ich habe auch gehört, dass kürzlich angeordnet wurde, aus allen Klassenzimmern das Kreuz zu entfernen. Das zeigt, dass er von Religion auch nichts hält. Ernst will im März doch zur ersten Hl. Kommunion gehen, wie du Doris damals. Darauf freuen wir uns doch. Hitler und seine Leute wollen davon nichts wissen. Wer das in der Kirche mitmacht, ist sowieso in der Hitlerpartei schief angesehen. Jeder soll in diesen Fragen ganz einfach selbst entscheiden können", meinte sie. „Und deswegen wollen wir auch nicht, dass Ernst zu den Treffen der Hitlerjugend und du, Doris, zum BDM (Bund der deutschen Mädchen A.d.A.) geht. Und wir hoffen, dass wir deswegen keine Schwierigkeiten bekommen."

Zitat von Hitler: Dem Danzinger Senatspräsidenten Rauschning gegenüber erklärte Hitler: „Meine Pädagogik ist hart. Das Schwache muss weggehämmert werden. IN MEINEN Ordensburgen wird eine Jugend heranwachsen, vor der sich die Welt erschrecken wird. Eine ungewalttätige, herrische, unerschrockene Jugend will ich ... Es darf nichts Schwaches und Zärtliches an ihr sein." (Ceno & Die Paten e.V. Wider das Vergessen. DEUTZ – EIN BLICK ZURÜCK, Seite 68)

Folgende Erfahrung, die sich im Rahmen der politischen Bildung im Deutzer Gymnasium ereignete, ist mir wie ein Trauma in Erinnerung.

Neulich hatte sich für die dritte Unterrichtsstunde ein Herr angesagt ... von der SA ... Er kommt in die Klasse, mit festem Schritt, in Uniform, und grüßt zackig „Heil Hitler". Wir: „Heil Hitler."

Er: „Ich habe euch die „germanische Axt" mitgebracht, sie ist schwerer als andere. Damit blieben die Germanen immer Sieger in jedem Kampf. Ich will sie mal mit euch testen." Dazu rief er dann einen Schüler zu sich: „Komm du doch mal nach vorne" (dieser Mitschüler hatte hellblondes Haar). „Und du" – er zeigte auf mich – „Komm doch auch mal nach vorne". Der Mitschüler bekam die Axt in die rechte Hand gedrückt und sollte sie waagerecht halten, solange er kann. Nach kurzer Zeit sank sein Arm mit der Axt nach unten. „Nicht schlecht!"

„Und jetzt du, mit den schwarzen Haaren. Wie heißt du? Ernst Servais. Aha – ein französischer Name. Woher kommt denn dein Vater?" -„Aus Belgien, aus Ovifat, das ist bei Malmedy."- „Na, dann heb´ du diese Axt auch mal hoch. Höher!!!"- Ich konnte den Arm mit der Axt kaum heben und nur einige Sekunden mit gestrecktem Arm halten. „Aha" sagte er höhnisch grinsend zur Klasse gewandt: „Da seht ihr´s ja selbst. Der Erste, der mit den blonden Haaren, ist ein „Arier". Der Belgier ist eindeutig KEIN ARIER." Die ganze Klasse lachte, nur ich nicht. Ich schämte mich und war innerlich sehr traurig und versuchte meine Tränen zu unterdrücken. Ich überlegte: Was ist ein „Arier"? Ich musste an den Abend denken, bei mir zu Hause. Meine Mutter hatte Recht. Den SA Leuten sollte man nicht trauen.

30.05.1940 - Ernst: Feierliche Erstkommunion in St. Heribert/Deutz . Die Vorbereitungen zu diesem Familien- und Kirchenfest unter der Leitung von Kaplan Pörtener waren beendet. Für den „Großen Tag" war alles bestens vorbereitet. Ich war neu eingekleidet worden, neue Schuhe, neuer Anzug. In letzter Minute eine peinliche Panne und viel Spannung, besonders beim Vater: Ich konnte den rechten Schuh beim besten Willen nicht anziehen.

Er tat sehr weh, die Ferse passte nicht. Der Vater versuchte sein Glück, um die Ferse zu weiten – nichts zu machen. Aber wir mussten losgehen, um nicht zu spät zu sein beim Einzug in die Kirche. Peinlich, peinlich – der Vater versuchte - ein letztes Mal – und zerriss dabei die Lederferse. Da der Schuh bei den Zehen nicht so eng war, konnte ich doch gut gehen, ohne den Schuh zu verlieren. Als die Kommunionkinder in die Kirche einzogen, ertönte das Lied „Großer Gott wir loben Dich". Dieses Lied sangen dann auch meine Eltern aufatmend kräftig mit.

Als wir dann abends gemütlich im Wohnzimmer den Festtag feierten und dem Klavierspiel meiner Schwester Doris lauschten, wagte ich es, dem Papa leise anzuvertrauen: „Papa – ich weiß, warum der Schuh heute nicht passte ... sei aber bitte nicht böse: ich hatte an diesem Fuß zwei Strümpfe übereinander angezogen, den anderen hatte ich vergessen auszuziehen." Alle lachten herzlich. Papa meinte: „Ich kann dir heute doch nicht böse sein." Und Mama: „Ich bin erleichtert, dass du das beichtest. ICH war es also auch nicht schuld." War das ein schöner Abend, so herzlich und so friedlich! Auch Doris bekam ein Kompliment vom Vater: „Du hast wirklich schön gespielt, du hast Talent. Ich bin froh, dass wir dir das schöne Klavier gekauft haben."

Wer hätte geahnt, dass zehn Monate später, am 7. Januar 1941, der Vater in Köln-Deutz im dortigen Krankenhaus plötzlich sterben würde, unerwartet und unvorhersehbar, an den Folgen seiner Verletzung beim Militärdienst während des ersten Weltkrieges. Ein großer Schicksalsschlag für die gesamte Familie.

Der Vater starb im Alter von 51 Jahren. Unsere Mutter war in diesem Jahr 44 Jahre alt und erst 16 Jahre mit ihrem Gatten verheiratet. Meine Schwester Doris wurde in diesem Jahr 15 Jahre alt und ich selbst zehn.

Es war für alle eine Katastrophe. Unsere Mutter war völlig verzweifelt. Der Vater war der einzige Ernährer der Familie. Sein Lohn war der Wochenlohn, keine bezahlten Feiertage, keine Gewerkschaft, die für die Rechte des Arbeiters kämpft. Die Familie war plötzlich ohne jegliche Einkünfte. Selbst die Beerdigungskosten

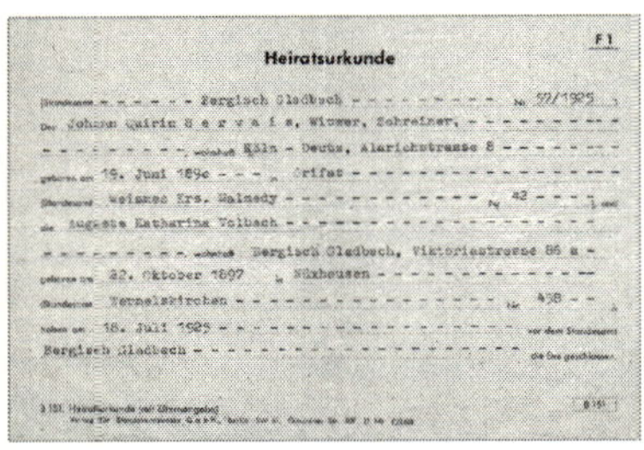

F 1

Heiratsurkunde

Standesamt Bergisch Gladbach Nr. 57/1925

Der Johann Quirin S e r v a i s, Witwer, Schreiner, wohnhaft Köln - Deutz, Alarichstrasse 8

geboren am 19. Juni 1890 in Ovifat

Standesamt Weismes Krs. Malmedy Nr. 42 und

die Auguste Katharina Volbach

wohnhaft Bergisch Gladbach, Viktoriastrasse 86 a

geboren am 22. Oktober 1897 in Nüxhausen

Standesamt Wermelskirchen Nr. 438

haben am 18. Juli 1925 vor dem Standesamt

Bergisch Gladbach die Ehe geschlossen.

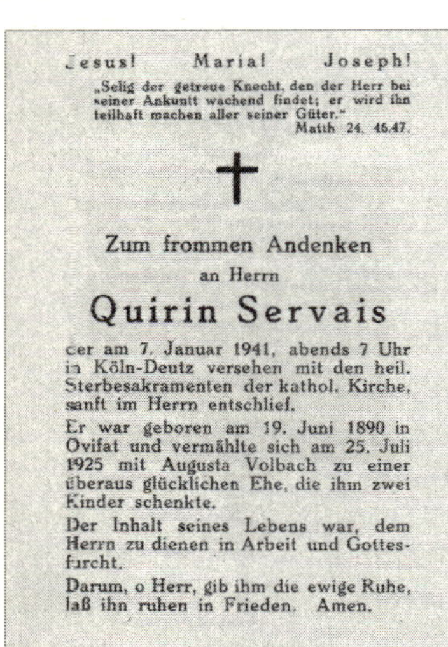

Jesus! Maria! Joseph!

„Selig der getreue Knecht, den der Herr bei seiner Ankunft wachend findet; er wird ihn teilhaft machen aller seiner Güter."
Matth. 24, 46.47.

†

Zum frommen Andenken
an Herrn

Quirin Servais

der am 7. Januar 1941, abends 7 Uhr in Köln-Deutz versehen mit den heil. Sterbesakramenten der kathol. Kirche, sanft im Herrn entschlief.

Er war geboren am 19. Juni 1890 in Ovifat und vermählte sich am 25. Juli 1925 mit Augusta Volbach zu einer überaus glücklichen Ehe, die ihm zwei Kinder schenkte.

Der Inhalt seines Lebens war, dem Herrn zu dienen in Arbeit und Gottesfurcht.

Darum, o Herr, gib ihm die ewige Ruhe, laß ihn ruhen in Frieden. Amen.

Nagelschmidt, Deutz

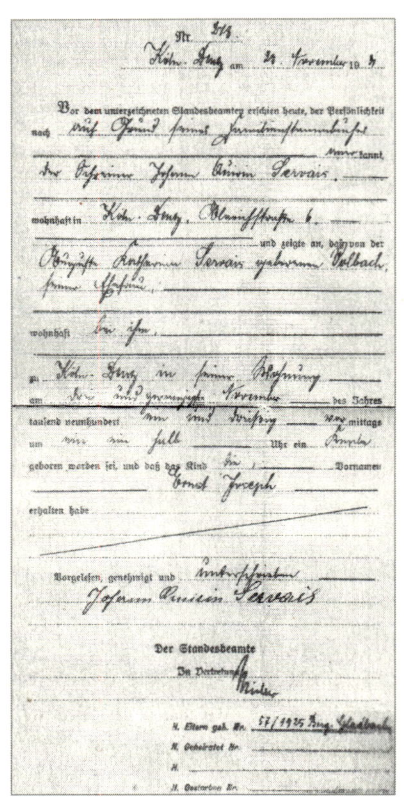

Nr. [illegible]

Köln-Deutz am 24. November 19[illegible]

Vor dem unterzeichneten Standesbeamten erschien heute, der Persönlichkeit nach [illegible] bekannt,

der Schreiner Johann Quirin Servais,

wohnhaft in Köln-Deutz, Alarichstraße [illegible]

und zeigte an, daß von der Auguste Katharina Servais geborene Volbach, seiner Ehefrau,

wohnhaft bei ihm,

zu Köln-Deutz in seiner Wohnung

am [illegible] November des Jahres

tausend neunhundert [illegible] und dreißig [illegible] mittags

um [illegible] Uhr ein Knabe

geboren worden sei, und daß das Kind die Vornamen

Ernst Joseph

erhalten habe.

Vorgelesen, genehmigt und unterschrieben

Johann Quirin Servais

Der Standesbeamte
In Vertretung
[illegible]

Eltern geh. Nr. 57/1925 Berg. Gladbach
Geheiratet Nr.
Gestorben Nr.

konnte meine Mutter nicht bezahlen. Ihre Geschwister sprangen ein und halfen, wie sie konnten. Bis heute erinnere ich mich an diese Szene und habe dabei Tränen in den Augen. Ich kann sie einfach nicht vergessen. Alle weinten, wie soll es weitergehen? Auch ich weinte bitterlich. Und alle wollten mich trösten. „Der Papa ist nun im Himmel. Jetzt musst du tapfer sein und Mama helfen ... ihr keine Sorgen machen. Du musst ein lieber Junge sein." Aber ich hatte in dieser Situation ganz andere Sorgen: nämlich meine Schulaufgaben. Ich sah nicht, wie ich in diesem Chaos meine Schulaufgaben für den nächsten Tag noch machen könnte. Das war „mein" Problem. Heute schäme ich mich für diese Reaktion.

Der Vater kommt also nicht mehr zurück, nie mehr nach Hause nach der Arbeit. Ich hatte mich nicht verabschieden können. Er war weg und ich sollte ihn nie mehr wiedersehen. Es konnte mich einfach niemand trösten. Ich habe den Vater nicht mal auf dem Totenbett gesehen ... oder im Sarg. An die Beerdigung habe ich keine einzige Erinnerung. Alles von ihm war weg, weg wie ein großes Loch. Was blieb, war nur der Auftrag, lieb sein, keine Widerworte geben, einfach lieb sein und zu allem „Ja, liebe Mama" sagen. Bis heute gehe ich nur ungern zu Beerdigungen von Bekannten oder Freunden. Der Tod des Vaters ist heute noch wie ein Trauma für mich. Vor vielen Jahren machte ich eine Ausbildung zum Suchttherapeuten. Im Rahmen dieser Ausbildung überkam mich während eines Selbsterfahrungsseminars ein Weinkrampf. Als ich mich ein wenig beruhigt hatte, fragte mich der Therapeut. „Welches Wort hast du nun auf der Zunge liegen?" Da schoss es aus meinem Mund heraus: „PAPA".

Ich dachte, dass der Schmerz wohl jetzt raus wäre. Aber dem ist nicht so. Ich bin immer noch sehr nah „am Wasser gebaut". Was ich genügend gelernt habe, ist einerseits: ich bin „ein lieber Junge" geworden, der peinlich vermeidet, anderen Probleme zu machen, einmal frech zu werden. Andererseits konnte der gleiche Junge lange Zeit seine eigenen Probleme, Wünsche und Bedürfnisse nur schwer wahrnehmen und dazu stehen. Es fiel ihm schwer, Konflikte frontal anzugehen, um sie zu lösen, das alles war lange Zeit nicht seine Stärke. Als Kind habe ich mir nicht erlaubt meine Pubertät zu leben. Stattdessen wurde ich ein guter Diplomat, um meine geheimen Wünsche dennoch durchzusetzen, ohne der Mutter weh zu tun oder Sorgen zu bereiten. Tief im Herzen hegte ich immer den Wunsch, irgendwann – wenn ich einmal verheiratet wäre – einen Sohn zu haben, mit dem ich mich auf Augenhöhe unterhalten kann, mit dem ich meine und seine Ansichten austauschen kann, eben eine Vater-Kind-Beziehung zu leben. Es sollte lange Zeit nur ein Traum sein, eine Vater-Beziehung, die ich mir so schön vorstellte und der ich jahrelang nachtrauerte. Nun habe ich diese Möglichkeiten mit unseren beiden Söhnen seit über 30 Jahren und bin darüber sehr glücklich. Die Erinnerung an MEINEN verstorbenen Vater ist jedoch immer noch da. Aber auch mit ihm kann ich mittlerweile reden – auf dem Hintergrund meiner religiösen Überzeugungen. Schade, dass niemand mit mir diese Einstellung und diesen Glauben früher angesprochen hat. Mittlerweile bin ich überzeugt: Der Vater lebt weiter, ich kann mit ihm sprechen. Er ist nur physisch, körperlich nicht da, ich kann ihn nicht sehen wie vor seinem Tod. Aber dafür habe ich schöne Fotos von ihm, die ich gerne anschaue. Ich kann ihm sagen, dass ich ihn mag und dass ich ihn bewundere für so vieles.

Was meine Pubertät anbetrifft, so habe ich im späteren Leben in sehr wichtigen Situationen meine Meinung durchgesetzt, nachträglich, weil ich es für mein Leben als sehr wichtig gehalten habe. Und darüber bin ich sehr zufrieden mit mir selbst. Aber darüber berichte ich im weiteren Verlauf meines Buches.

Meiner Schwester Doris bin ich immer noch dankbar. Sie hat sich nach dem Tod des Vaters für die Familie eingesetzt. Sie musste die Schule verlassen und arbeiten gehen, um die Familie finanziell zu unterstützen. Glücklicherweise fand sie später andere Wege, sich weiterzubilden und schließlich Krankenpflegerin zu werden. Eigenartig! Das Wort „Pubertät" konnte ich bis vor kurzem nicht auswendig behalten. Es schien mir in meinem Gehirn wie ausgemerzt zu sein. Mich mit dem Tod meines Vaters und den damit verbundenen Folgen schriftlich auseinanderzusetzen, hat mir sehr geholfen. Ich habe die Erinnerung so in meinem Gehirn neu besetzt. Darüber freue ich mich.

3. „Warum werfen Engländer und Amerikaner Bomben auf Köln und Köln-Deutz?" (1941 – 1945)

An meinen Aufenthalt im Deutzer Gymnasium habe ich leider nur negative Erinnerungen. Erstens dass ich laut SA zur Eliteschule des Führers gehen sollte, was meine Eltern Gott sei Dank strikt abgelehnt hatten. Zweitens die Provokation in Verbindung mit der „Germanischen Axt" und der damit verbundenen Demütigung und drittens die Angstsituation, mit meiner Klasse vor dem verschlossenen Bunker bleiben zu müssen, während ein Bombenangriff tobte. An welchem Datum ich im Gymnasium angefangen habe, konnte mir in dieser Schule niemand mehr sagen. Ich weiß, dass ich bereits Englischunterricht hatte. 1941 ist Krieg und erste Bombenangriffe finden statt.

Es ist Krieg. Eilends werden die Schüler in der Aula versammelt, um sie über erste Schutzmaßnahmen seitens der Schule zu informieren. Laut meiner Erinnerung lief das Ganze so ab:

Der Direktor versammelte alle Schüler und das Lehrpersonal eines Tages in die Aula der Schule zu einem Informationstreff bezüglich der Maßnahmen der Schule bei Fliegeralarm. In diesem Rahmen erwähnte er eingangs, dass zwar einige Bomben von den Feinden England und Amerika über Köln abgeworfen worden wären. Aber – betonte er beruhigend – es wäre nichts zu befürchten, die deutsche Luftabwehr würde schon mit ein paar Bombern schnell fertig werden. Er habe jedoch einige Lehrer beauftragt, anschließend die Schülerinnen und Schüler über die Schutzmaßnahmen seitens der Schule zu informieren.

Ein Lehrer erklärte als Erster das „Alarmsystem": „Das Aufheulen der Sirenen auf Dauerton ist das sogenannte Voralarm- oder Warnsystem: Amerikanische oder englische Bomber sind der Alarmzentrale gemeldet. Aber noch ist nicht bekannt, welche Richtung und Absicht das Flieger-Geschwader hat.

Das bedeutet für die Lehrer, vorerst weiter zu unterrichten." – „Oh schade", meinten einige Schüler verhalten. „Wenn klar ist, dass die Bomber Richtung Köln anfliegen, muss der Unterricht unterbrochen werden: die Sirenen heulen dann in schnellem Wechsel „auf und ab" und das während einer oder zwei Minuten. Es bedeutet „Fliegeralarm". Zugegeben, dieses Geheul geht jedem, auch mir", fügte der Lehrer hinzu „schon durch Mark und Bein." Einige Schüler räuspern sich. Der Lehrer nimmt aber keine Notiz von dieser Reaktion.

Ein anderer Lehrer ergänzte dann:

„Die Schüler müssen sich dann im Flur der Schule pro Klasse aufstellen. Auf Anweisung der Lehrer begeben sich anschließend die Schüler geordnet und ohne Panik zum nahegelegenen Schulbunker in der Thusnelda Straße, genannt „Bunker am Helenenwall". Soweit die Theorie!

„Da die Eingangstüren des Bunkers wegen Vorsichtsmaßnahmen sehr eng sind, darf es dort kein Gedränge geben. Schüler und Lehrpersonen können nur zu zwei und zwei in den Bunker am Hellenenwall gelangen. Die Gänge im Bunker sind sehr schmal. Es geht also nicht sehr schnell voran. Wenn Bomber sich der Stadt oder Deutz nähern, werden die Stahltüren des Bunkers geschlossen, auch wenn nicht alle, Schüler oder Erwachsene, im Bunker sind. Diese Maßnahme" - und hier wurde er sehr ernst – „wird deshalb absolut notwendig, weil der Luftdruck durch die Explosion einer Bombe z.B. vor oder in der Nähe des Bunkers, alle Insassen des Bunkers töten würde, die Lungen platzen dann. Daher sind diese Richtlinien dringend einzuhalten, sagt die Vorschrift." Es wurde noch stiller in den Reihen der Schüler. „Eine Frage, Herr Lehrer" – „Ja, bitte." „Wenn nun eine Bombe auf den Bunker fällt und dort explodiert?" Lehrer: „Das macht dem Bunker nichts aus – aber genau weiß ich das auch nicht. Ich war noch nie in dieser Situation."

Die enge Eingangstür des Deutzer Bunkers am Helenenwall, auch „Schulbunker" genannt.

Eine Lehrerin übernahm nun die Informationen über den Bunker als Gebäude an sich. „Die Gänge im Bunker sind wirklich sehr eng wie in einem richtigen Labyrinth, in dem man sich verlaufen könnte. Die Wände sind weiß gestrichen, es ist aber feucht und kühl! Ab und zu gibt es kleine Bänke zum Sitzen - heiß umkämpft von gewissen Schülern mit breiten Ellenbogen. Die restlichen Schüler müssen sich auf den Boden setzen oder in die Mini-Gruppenecke. Es gibt ja vielleicht auch noch Jungen, die Schülerinnen ihren Platz überlassen, hm- hm. Stimmt", fuhr sie fort. „Es stimmt schon, es ist eine bedrückende und beängstigende Atmosphäre im Bunker. Es ist halt eine Notsituation, die aber Sicherheit verspricht. Aber was soll´s. Manche „Angeber" reißen dann Witze, um ihre Ängste zu überspielen. „Huh – huh – huh" ruft ein Schüler halblaut in die Menge.

Ein anderer Schüler meint: „Eigentlich ist das Ganze doch leicht zu ertragen, weil der Unterricht wenigstens ausfällt". Ein anderer Lehrer mischt sich ein: „Etwas Höflichkeit stände dir persönlich recht gut."

Die Lehrerin klatscht in die Hände. „Ruhe bitte! Wenn die Sirenen auf Dauerton heulen, heißt das: Die Gefahr ist vorüber ... alle Schüler können dann den Bunker wieder geordnet verlassen, ohne zum Ausgang zu drängen, versteht sich. Ihr geht über die Straße zur Schule und zur Klasse. Der planmäßige Unterricht geht dann weiter, insofern es möglich ist."

Der Direktor schließt diese erste Informationsrunde ab: „Ich will hoffen, dass es nicht zu oft zu Alarmsituationen kommen wird. Geht nun zurück in eure Klassen für den Unterricht. Ich danke allen."

Zu Hause erzählte ich natürlich meiner Mutter und Doris spontan, wie es im Bunker hinter der Schule zugeht. Und schon heulten die Sirenen auf Dauerton. Es war schon aufregend, auch für meine Mutter und Schwester. Aber bald darauf kam die Entwarnung – Dauergeheul der Sirenen. Das war wohl nur eine Übung. Aber meine Mutter meinte zu meiner Schwester: „Wenn das diese Nacht wieder los geht, kommt ihr sofort zu mir ins Bett." Ihr Schlafzimmer ist Parterre und auf der Hofseite. „Wenn mal eine Bombe bei uns fällt, sind wir dann wenigstens alle zusammen tot, alle drei." Wir sind schließlich alle eingeschlafen und es hat keinen Alarm mehr gegeben, bis zum nächsten Vormittag. Das war nun der erste richtige Fliegeralarm und alles verlief in der Schule genau, wie die Lehrer gestern erklärt hatten.

Anderntags erzählte meine Mutter, der Bekannte von der vierten Etage habe sie angesprochen und ihr ins Gewissen geredet, sie „müsse" unbedingt mit uns bei Alarm in den Luftschutzkeller des Hauses kommen. Denn, wenn eine Bombe vor unserem Fenster fallen und explodieren würde, könnte es passieren, dass sie – die Mutter – tot wäre und wir beide nicht. Daran müsse sie denken. Wir Kinder wären dann Vollwaisen. Das sei auch im Sinne von Papa. Allein diese Vorstellung machte uns ängstlich. Wir weinten mit ihr. Die Mutter hat gleich noch am selben Tag das Heiratsbuch der Familie und für jeden ein Kleidungsstück, ein Mundtuch gegen den Staub und ich weiß nicht was noch in einen kleinen Koffer gepackt und griffbereit an unsere Flurtüre gestellt. „So, sagte sie, jeder von uns muss mit daran denken beim nächsten Alarm."

Schließlich gab es in den nächsten Tagen und Wochen so oft Fliegeralarm, dass ein geordnetes zum Bunker Gehen nicht mehr möglich war. Es hieß jetzt: „Wenn Alarm kommt, muss jeder zum Bunker gehen so schnell wie möglich. Nehmt euch was zum Lernen mit oder zum Lesen". Aber das kam nicht so gut an, weil alle doch heimlich, ohne es zu zeigen, Angst hatten.

Die Lehrer überwachten zwar den Andrang an der Bunkertüre. Das klappte eigenartigerweise auch nicht schlecht.

Bis eines Tages die Bunkertüre schon verschlossen war, als eine Gruppe aus meiner Klasse, inklusive unserem Englischlehrer zu spät ankamen, die Stahltüre war bereits geschlossen. Wir hörten schon von weitem das Geräusch der Flieger, es mussten viele sein und sie flogen nicht allzu hoch. Flakgranaten wurden von irgendwo abgefeuert. Der Lehrer schrie: „Alle sofort längst der Hauswände hinlegen, Gesicht zum Boden und Hände über den Kopf halten." Weit weg, wohl über Köln, hörten wir schrilles Flöten und die Explosionen von Bomben. Jeder hatte Angst. Ich weiß nicht, wie lange wir so gelegen haben. Endlich heulte die Sirene auf Dauerton – Entwarnung. Die anderen kamen wieder aus dem Bunker, alle wollten wissen, wie es draußen gewesen ist. „Glück gehabt", meinte unser Lehrer und ermahnte alle ... das nächste Mal ... wir hatten verstanden.

„Geht jetzt nach Hause. Unterrichten lohnt sich nicht mehr für heute!" Allen steckte doch noch Angst in den Knochen, ohne es zuzugeben, versteht sich. Wer hätte geahnt, dass es nachts erst so richtig losgehen würde.

Um Mitternacht wurden wir alle geweckt durch sehr starkes anhaltendes Motorengeräusch von Flugzeugen. Wir hörten aber weder Sirenen wie bei Alarm noch Flugabwehrgeschütze. Nur sehr starkes und anhaltendes Motorengeräusch von Bombern, die recht tief fliegen mussten, dem Geräusch nach. Was mag das sein? Wir liefen schon mit der Mutter zum Keller mit unserem Köfferchen. Die anderen Familien waren auch schon im Keller, alle erstaunt und schließlich beruhigt, weil weder Alarmsignal noch Entwarnung kam. Es fielen auch keine Bomben. Da meinte einer von der zweiten Etage: „Vielleicht bombardieren die eine andere Stadt?" Beruhigt gingen alle in ihre Wohnungen zurück. Wir sind dann doch wieder ins Bett der Mutter gekrochen und schliefen schnell ein.

Eigenartig war dieses nächtliche anhaltende Motorengeräusch, vergleichbar mit dem Fliegerbomber-Motorengeräusch, aber ohne dass offizieller Alarm ausgelöst wurde. Laut meiner Recherchen kann dieses Geräusch in Verbindung gebracht werden mit Angriffen der deutschen Luftwaffe auf englische Ziele. Die englische Bevölkerung sollte demoralisiert werden – in Erwartung dessen, dass die deutschen Wunderwaffen V1 und V2 einsatzbereit wären, um England zu besiegen.

Unabhängig von solchen Überlegungen müssen diese Geräusche mitten in der Nacht den 10-Jährigen noch ängstlicher gemacht haben. Vor wenigen Monaten hat er seinen Vater verloren und macht sich nun Sorgen um seine Mutter, die als junge Witwe nun allein die Verantwortung für die Familie tragen muss.

Am anderen Morgen fragte ich meine Mutter beim Frühstück: „Ich verstehe das nicht, was ist Krieg und weshalb werfen die Bomben auf uns, auf Köln, auf Deutz? Haben wir denen etwas getan?"

Und dazu meine Mutter: „Mach dir dein Butterbrot für die Pause. Du stellst eine schwere Frage. Papa hätte Dir darauf besser antworten können, er war ja Soldat. Ich weiß nur, dass er viel Angst vor Hitler hatte. Schade, dass du ihm nicht mehr Fragen stellen kannst. Frag doch mal still den Lehrer Müller, wenn du ihn siehst, aber nur, wenn die anderen Schüler oder Lehrer dich nicht mit ihm sehen. Bestell ihm einen Gruß von mir."

Im Treppenhaus stoße ich abends zufällig auf den Bekannten meines Vaters. Zu ihm habe ich Vertrauen. „Darf ich mal kurz mit Ihnen sprechen?" „Was gibt es denn?" „Ich habe eine Frage, auf die meine Mutter keine Antwort weiß und die ich auch nicht in der Schule stellen soll." „Raus mit der Sprache." „Warum werfen diese Amerikaner und Engländer Bomben auf Köln und auf uns hier in Deutz? Sie haben ja mit meiner Mutter gesprochen, auch wir müssten bei Fliegeralarm in unseren Luftschutzkeller kommen. Warum dieser Krieg?" Herr Müller nahm mich beiseite: „Komm mal mit in meine Wohnung. Hier kann man nicht gut sprechen." In seiner Wohnung angekommen, setzte er sich väterlich mir gegenüber. „Was die Bombardierungen anbetrifft, ist das nicht so einfach zu erklären. Aber ich will's versuchen ... Ja, es stimmt, dass englische und amerikanische Bomber unsere Städte zerstören wollen. Und dagegen müssen wir uns schützen. Deshalb bei jedem Alarm schnell in unseren Luftschutzkeller gehen, oder von der Schule aus in den Bunker.

Das Motorengeräusch ohne Alarm für uns hier in Köln, das kommt wahrscheinlich von deutschen Bombern, die jetzt in der Nacht nach England fliegen, um dort Fabriken, die Luftfahrtzentrale und Häuser zu bombardieren. Warum sie das tun? Das wirst du später verstehen, wenn du größer bist. Dann wirst du lesen können, was da alles geschehen ist und zusammenhängt; wie es dazu gekommen ist, dass Menschen andere Menschen bestrafen wollen, indem sie sie töten und alles zerschlagen, was denen gehört." Seine Stimme wurde immer leiser, ich konnte ihn fast nicht mehr verstehen, er kniff seine Augenlider zusammen, sein Gesicht wurde noch ernster und stöhnend flüsterte er mir zu. „Krieg ist furchtbar – und nimmt kein Ende. Immer wieder werden ganze Völker getötet."

Dann auf einmal, als würde er wach: „Als dein Papa gestorben ist, hat deine Mutter mir anvertraut, dass du später Priester werden willst. Stimmt das?" – „Ja! Herr Müller." Er legte seine Hand auf meine Schulter: „Dann wirst du vielen Leuten helfen müssen, sich zu versöhnen statt sich gegenseitig zu rächen."

Unwillkürlich musste ich an meinen Papa denken. Der hat mir mal gesagt, als ich weinend aus der Schule kam: „Ernst, tue keinem anderen Böses, zum Beispiel andere schlagen oder deren Schultasche wegwerfen, usw. Aber wenn du schuldlos angegriffen wirst, dann verteidige dich." Und meine Schwester hatte damals noch hinzugefügt, wenn aber jemand mir, ihrem Bruder etwas täte, dann würde sie mich verteidigen. „He, ich bin seine Schwester. Wer meinem Bruder etwas tut, der bekommt es mit mir zu tun." Herr Müller stand auf. „Toll, deine Schwester wäre dann deine Verbündete, die dir hilft. Es ist wichtig, dass man Freunde hat, die einen verteidigen, ohne die Angreifer gleich zu töten. Sie hat das gut gemacht." Und zu mir gewandt, sagte Herr Müller: „Sprich mit niemandem über das, was ich dir jetzt gesagt habe. Geh´ jetzt schnell zur Mutter. Und schlaf gut." – „Danke, Herr Müller."

Nachdenklich ging ich Stufe für Stufe runter zu unserer Wohnung und war in Gedanken bei meinem Vater. Ich hatte zwar verstanden, was das mit dem „Fliegergeräusch ohne Alarm" auf sich hat, nämlich dass die jetzt nach England fliegen, auf

Befehl von Adolf Hitler, um dort Bomben abzuwerfen. Aber ich verstehe es immer noch nicht. Wir haben Angst vor den Bomben der Alliierten und müssen zum Bunker, um uns zu schützen. Unsere Bomber fliegen nach England und bombardieren deren Flugzeug-Fabrik, Wohnhäuser und Bewohner. Und dann verstehe ich auch nicht das Sprichwort: „Wie du mir, so ich dir." Das finde ich falsch und schlecht. Das habe ich dann auch der Mutter wiederholt. Wer anfängt, ist schuldig und müsste bestraft werden. Sie seufzte tief: „Hast Du Herrn Müller danke gesagt?" – „Ja." – „Dann schlafe jetzt."

Den kleinen Müller werde ich NIE vergessen.

Heute weiß ich auch, warum Herr Müller nicht mit mir unten im Flur sprechen wollte. Weil unser Nachbar auf Parterre, also unser direkter Nachbar – er war Musiker-Unterhalter und lebte allein in seiner Wohnung – vor 14 Tagen plötzlich nicht nach Hause kam. Es wurde gemunkelt, dass er, wohl unter Alkoholeinfluss, bei einem Betriebsfest der Hitler-Büste seinen Hut aufgesetzt und einen Witz über die „Braunen" erzählt habe. Er wurde von der Gestapo verhaftet und abtransportiert. Auch Herr Müller hatte Angst vor der Gestapo und wollte nicht offen mit mir über das Thema Krieg sprechen. Er wusste auch, dass meine Schwester Doris kürzlich auf der Straße von einem Herrn in SA Uniform energisch aufgefordert wurde, das Butterbrot, das sie der bettelnden Zigeunerin geschenkt hatte, zurückzunehmen. Worauf Doris energisch und schlagfertig reagierte: „Sie können von mir nicht erwarten, dass ich das Brot zurücknehme, das diese Frau in ihren Händen gehabt hat!" So heikel ist dieses gesamte Thema. Und zusätzlich war ich ja ein Jugendlicher, der zur Hitlerjugend gehen soll, statt sich Gedanken zu machen über die Rechtmäßigkeit des Krieges und der Bombardierungen englischer Städte durch die deutsche Luftwaffe. Es hätte den Herrn Müller „Kopf und Kragen" kosten können.

Nach meinen jetzigen Recherchen kann ich das ganze Geschehen wieder besser einordnen:

1. Adolf Hitler hatte seinen Truppen befohlen, in das Land Polen einzumarschieren ohne Kriegserklärung, was mit viel Leid für die dortige Bevölkerung verbunden war.

2. Daraufhin haben die beiden Verbündeten der Polen, nämlich Frankreich und England, ihrerseits Deutschland den Krieg erklärt: finde ich gerecht. Leider leidet nur die Bevölkerung.

3. Die Wehrmacht hatte den zweiten Verbündeten Frankreich schnell besiegt. Es blieb folglich nur noch England als einziger Kriegsgegner.

4. Hitler plante und versuchte vergebens mit Hilfe der deutschen Luftwaffe durch Bombardierungen auf das Industriezentrum „Coventry" und englische Städte u.a. London, die englische Bevölkerung zu demoralisieren. Bilanz? Bis Dezember 1942 fanden 14.000 Menschen den Tod und 250.000 Wohnungen wurden beschädigt oder zerstört.

Vor diesem Hintergrund müssen und sollten die schweren Luftangriffe der ALLIIERTEN auf deutsche Städte gesehen werden, nämlich als Revanche und vor allem als Maßnahme oder als Versuch, die Kapitulation Hitlers zu erzwingen oder zu beschleunigen. Dazu gehören auch die MASSNAHMEN VON BOMBARDIERUNGEN von KÖLN und KÖLN-DEUTZ, DRESDEN und ANDERER STÄDTE.

5. Die Royal Air Force griff dann auch Ziele und Städte in Deutschland an. Nach ersten Bomben auf Köln im Mai 1940 griff auch die amerikanische Luftwaffe mit flächendeckenden Bombardierungen ein. Auf Zivilisten wurde bewusst keine Rücksicht mehr genommen.

Die schlimmsten Bombardierungen sind folgende Bombardierungen gewesen:

„Der 1.000-Bomber-Angriff" Ende Mai 1942 auf Köln und Köln-Deutz: er kostete 469 Kölnern das Leben und es gab 5.000 Verletzte. Diesen Angriff hat auch meine Familie miterlebt. Er dauerte 1 ½ Stunden

Die „Peter-und-Paul-Angriffe" in der Nacht zum 29. Juni 1943 trafen ebenfalls auf Köln und Köln-Deutz. Bei diesem Angriff waren wir bei unseren Verwandten in Bergisch-Gladbach in Sicherheit. Der gesamte Himmel war feuerrot, erschreckend zu sehen. Bis heute habe ich dieses Bild vor Augen. Wir sind dem Tode entkommen, wie so oft. Danke. Bei jedem wunderbaren Sonnenuntergang werde ich an diesen furchtbaren Abend erinnert.

In der Nacht zum 29. Juni 1943 fiel wieder Feuer vom Himmel. Beim „Peter-und-Paul-Angriff" starben 4.377 Kölner. Die Zahl der Obdachlosen stieg auf 230.000.

262 Mal wurde Köln im Zweiten Weltkrieg bombardiert. 1,5 Millionen Bomben töteten 20 000 Kölner (Brodüffel, H.P. (2012). Bombardement auf Köln, „Überall Tote, überall verbrannte Leichen").

Nur noch 40.000 Menschen leben im Frühjahr 1945 in Köln. Vor dem Krieg waren es 768.000 (Spiegel Online, Zweiter Weltkrieg in Köln: Tote durch Luftangriffe).

Gemessen an der Einwohnerzahl, wurde Köln die am meisten zerstörte Stadt Deutschlands. Nur wenige kennen die ganze Wahrheit, andere informieren sich zu wenig. Schade. Diese Fakten sollten niemals vergessen werden.

Bisher hatte auch ich nur meine eigenen Erinnerungen. Das Schreiben dieses Buches hat mir mit 85 Jahren die Augen und das Herz tiefer geöffnet. Der kleine Müller hatte recht mit seinem Hinweis „Später wirst du alles besser verstehen."

4. „Der 1.000-Bomber-Nachtangriff" (Mai 1942)

Ende Mai 1942 kam dann „Der 1.000-Bomber-Nachtangriff". Diesen Angriff haben wir „live" miterlebt. Deshalb beschreibe ihn nun ausgiebiger.

Der Abend des 30. Mai in der Familie Servais, Alarichstraße 6. Das Abendessen ist schon eingenommen. Viel war sowieso nicht da. Aber alle sind satt geworden. Brot, Marmelade und ein wenig Käse. Doris hat noch etwas für die Schule zu schreiben. Mutter und Ernst spielen Mensch ärgere dich nicht. Ernst gewinnt fast immer. Sie ärgert sich trotzdem. Doris kommt hinzu. Ernst gewinnt wieder. Die Mutter schlägt vor, schlafen zu gehen. OK. Jeder legt seine Kleider griffbereit hin, man kann ja nicht wissen. Kaum eingeschlafen, heulen die Sirenen „Fliegeralarm". Also wieder raus aus dem Bett, anziehen – auch die Schuhe. Mama drängt: „Macht voran". Es läutet an der Tür, der kleine Müller schaut, ob Frau Servais ihr Wort hält – ja, wir sind schon bereit. Doris schnappt sich das vorbereitete Köfferchen und „ab die Post". An der Tür zum Luftschutzkeller drängen sich die Bewohner. Weil die Sirene schon wieder Alarmsignal gibt, wollen nun alle so schnell wie möglich in den Keller zu kommen. „Ah, heute sind die Servais´ auch dabei!" Der Raum ist schon vorbereitet: wie immer, ein Tisch an der Wand zur Straße, ein Stuhl für jeden, ein Eimer mit Sand und eine kleine Schaufel, ein anderer mit Wasser und einigen kleinen Tüchern, ein Paar feste Handschuhe. In die Wand zum Nachbarhaus hat die Wohngenossenschaft ein Loch schlagen lassen von etwa 1,50 m auf 1,50 m als Fluchtweg, wenn Bewohner verschüttet wären, wenn´s mal nötig wäre. Einige erzählen sich das Neueste vom Tage. Alle hoffen, dass schnell Entwarnung kommt. Herr Müller wollte noch was sagen – aber da kam schon wieder Alarm. Er konnte nur noch sagen: „Hm – Hm heute haben sie´s aber ...", im gleichen Augenblick hörten alle die Motoren vieler Flugzeuge und ein lautes und scharfes, schrilles Pfeifen, das immer lauter wurde, so dass einige schon mit den Händen ihre Ohren zuhielten – bis ein Trommelfeuer von Explosionen einsetzte, unbeschreiblich – jeder dachte, das sind Bomben, viele Bomben – wir Kinder krochen unter den Tisch, einige weinten oder schrien. Herr Müller brüllte so laut er konnte: „Bomben, die pfeifen, treffen uns nicht. Wenn sie uns treffen hören wir sofort gleich die Detonation. Bei uns macht es dann Peng!" Das Trommelfeuer der Explosionen dauerte ganz schön lang, langsam verzog sich auch das Getöse. Plötzlich sprang Herr Müller auf – pst-pst-pst – er horchte und wir mit ihm – da war ein Geräusch im Kamin, als würde der Kamin gesäubert. Ein Kaminfeger hat ja für seine Arbeit ein langes Seil, an dem an einem Ende eine grobe Bürste hängt. Wir hörten alle, wie dieses Geräusch der vermeintlichen Bürste immer näher zum Boden kam, zu uns im Kamin unseres Luftschutzkellers. Plötzlich sprang Herr Müller auf und rief: „Schnell – bringt mir den Eimer mit Sand und die kleine Schaufel und die Handschuhe – schnell!" Er versuchte die Eisenklappe an der Kaminwand zu öffnen. In dem Moment stieß etwas Hartes auf den Boden des Kamins, er öffnete die Klappe, Flammen schlugen ihm entgegen. Er schaufelte Sand, viel Sand, so viel es ging in den Kamin, die Flammen waren schnell erstickt, gelöscht. Es zischte nicht mehr im Kamin. Er drehte sich zu uns um, wischte sich den Schweiß von der Stirn. „Es ist eine Stabbrandbombe, die man nur mit Sand löschen kann, nicht mit Wasser. Und wenn einem das schnell gelingt, explodiert sie nicht", erklärte er.

Er setzte sich hin und alle gratulierten ihm – ich bin jetzt noch mehr begeistert von ihm. Da heulten die Sirenen schon wieder Fliegeralarm. Müller meinte, das ist bestimmt eine neue Welle von Flugzeugangriffen. Doris und ich saßen ganz nahe bei der Mutter. Sie betete vor sich hin das Vaterunser – wohl auch an „unseren" Papa gerichtet. Viele weinten vor Angst, wir waren uns alle plötzlich so nah wie eine große Familie und hatten schreckliche Angst, klammerten uns alle aneinander. Wir hörten wieder dieses schrille, Ohren zerreißende Pfeifen und die Trommel der Detonationen der vielen Bomben, die ganz in unserer Nähe irgendwo einschlugen. Plötzlich gab es einen dumpfen Knall – ich kann es nicht ausdrücken – es war, als wäre eine schwere Last auf uns gefallen. Kalkverputz fiel von den Wänden, Staub nahm uns die Luft und legte sich auf unsere Zunge, wir konnten kaum atmen, das Licht war aus – nur das winzige

Notlicht leuchtete auf. Herr Müller meldete sich als Erster mit kölschem Humor: „Do is doch ming Pief usjejangen." Diese echt kölsche Bemerkung löste unsere Spannung. Wir schauten uns an und konnten uns gegenseitig zuzwinkern – wir leben noch, Gott sei Dank. Wir waren noch am Leben, auch Doris bewegte und streckte sich. Die Mutter wischte sich die Tränen aus den Augen und drückte uns beide fest an sich und dann konnte sie auch weinen … weinen … so allein mit zwei Kindern. Sie dachte bestimmt an Papa. Wo liegen nun Menschen unter Trümmern? Wen mag es wohl dieses Mal getroffen haben?

Auf einmal ein neues Geräusch über uns – es fällt mir schwer, dieses neue Geräusch zu beschreiben. Es war, als wenn ein riesiges leeres eisernes Fass über ein holpriges grobes Steinpflaster gerollt würde. – unheimlich! Was mag das sein? Das Rollen wurde langsam leiser, als wenn diese Tonne sich entfernen würde, dann zerriss eine Detonation die Luft. Der Hausmeister meinte: „Ich könnte mir vorstellen, dass es eine Luftmine ist – die deckt die Dachziegel von den Häusern ab. Wo sie detoniert ist, weiß ich nicht – es könnte im Eduardus-Krankenhaus gewesen sein."

Das Eduardus-Haus nach dem 1.000-Bomber-Angriff 1942 (links) und heute

Nach mehreren Angriffen meldete sich der Hausmeister erneut und bat Herrn Müller mit ihm das Haus zu inspizieren. Die Regel verlangte, dass die Lage zu zweit eingeschätzt werden muss (Ceno & Die Paten e.V. (2009), Wider das Vergessen – Deutz – ein Blick zurück, S. 189).

Herr Müller war einverstanden. Wenige Minuten später kamen sie zurück. „Es ist ein dicker Blindgänger – direkt vor Ihrem Fenster, Frau Servais." Er schaute sie wohlwollend und teilnahmsvoll an. „Glück gehabt, wir alle!!! Wahrscheinlich ist die Bombe an unser Stromkabel gekommen, sodass der Zünder abgesprungen ist. Wir müssen jedenfalls raus aus dem Keller. Jeder nimmt sein Gepäckstück mit. Die Türen auf allen Etagen bleiben geschlossen. Draußen müssen alle sehr vorsichtig sein, es liegen brennende Dachbalken, Ziegel usw. auf der Straße. In unserer Straße und am Gotenring brennen noch Dachböden. Wir versuchen uns gegenseitig über die noch glimmenden, qualmenden Dachbalken hinweg zu helfen, so gut wir können." Endlich stehen wir auf der Straße, auf Asphalt. Es ist jetzt früh morgens. Viele aus unserem Haus wissen nicht wohin. Unser Hausmeister geht mit uns zum Bunker. Dort können wir den Rest der Nacht verbringen. Ab dort habe ich für diesen Tag oder Morgen keine Erinnerungen. Mit einem Auge sah ich im Vorbeigehen, dass auch ein Teil meiner Schule brannte.

Die taktischen Methoden der Amerikaner und Engländer beim Bombardieren deutscher Städte ab 1942

In dem Buch Ceno & Die Paten e.V. „Wider das Vergessen – Deutz – ein Blick zurück" erzählen Zeitzeugen von ihren schrecklichen Erlebnissen. Hinter vorgehaltener Hand sprachen die Menschen über die neuen Taktiken der Amerikaner bei den Bombenangriffen. Diese bestand darin, dass vorausfliegende Bomber die Stadt (das Zielobjekt) in Quadrate aufteilten, mittels gezündeten „Leuchtbrandbomben" (der kölsche Humor nannte sie ironisch „Christbäumchen", die Bescherung käme dann auch von oben). Die Geschwader mussten dann innerhalb dieser Quadrate flächendeckend alle Bomben abwerfen. Wo eine solche Bombenlast niederging, gab es kaum noch Möglichkeiten zu überleben. Die bereits angezündeten Brandbomben hingegen hatten zusätzlich als Ziel, dass ganze Wohnviertel und Straßenzüge gleichzeitig brennen, also zerstört würden. Brandbomben fanden in der Tat im Gebälk alter Hauser reiches Brennmaterial. Diese Häuser würden somit vom Dach bis zum Fundament brennen. Auf die Zivilbevölkerung wurde sowieso von keiner Seite – weder in Deutschland noch in England – Rücksicht genommen. Der 1.000-Bomber-Angriff in der Nacht vom 30. auf den 31. Mai 1942 hat etwa eineinhalb Stunden gedauert. Über 1.000 Bomber-Flugzeuge waren beteiligt. Wir erlebten diese anderthalb Stunden wie eine Ewigkeit. Es hörte einfach nicht auf. Wir duckten uns unter dem Tisch oder steckten wenigstens den Kopf unter einem Stuhl. Es war grauenvoll – keiner wagte sich zu bewegen. Dann wurde es still und diese Stille war genauso schwer zu ertragen. Endlich kam eine Entwarnung. Man wagte wieder, sich zu bewegen. Jeder befreite sich aus der Starre und ging auf die anderen zu.

Flächenbombardements über Köln

262 Mal, mehr als jede andere Stadt Deutschlands, wurde Köln im Zweiten Weltkrieg von alliierten Luftgeschwadern angegriffen. Allein die „1.000-Bomber-Nacht" vom 30. Mai 1942 hatte 12.840 Häuser zerstört, 45.132 Menschen obdachlos gemacht und 468 Tote gefordert. Über 1.000 Flugzeuge, beladen mit fast 1.500 Tonnen Bomben, waren für den Angriff verantwortlich und mehr als 5.000 Piloten, Bombenschützer, Funker und Navigatoren beteiligt. Die englische Luftwaffe wollte einerseits der deutschen Armeeführung und andererseits den Kritikern des flächendeckenden Bombenkriegs in den eigenen Reihen zeigen, wozu sie fähig ist. Das schwerste Bombardement überhaupt war der so genannte „Peter-und-Paul-Angriff" am 29. Juni 1943 mit 4.400 Toten. Bei Kriegsende waren etwa 95% der Kölner Altstadt zerstört (Heimat und Welt, Westermann, Köln – Innenstadt 1945 – Kriegszerstörungen). Zu diesem Zeitpunkt waren meine Mutter und ich bei den Verwandten in Bergisch-Gladbach. Meine Schwester Doris war unterwegs zwischen Köln-Deutz und unseren Verwandten in Bergisch-Gladbach, ungefähr 20 km von Köln entfernt.

5. Die Deutzer Messehallen – Zentrum des nationalsozialtistischen Terrors in Köln

Zuerst waren die Hallen ein Sammel- und Durchgangslager für Tausende zur Deportation bestimmte Menschen, die ihrer Möbel und ihres Hausrats enteignet worden waren. Es war anfänglich wie ein Möbellager, wo die Kölner auch billig einkaufen konnten. Zuständig für die Erfassung und Verwertung war das Kölner Finanzamt. Die Bevölkerung wurde dann über die Angebote für Bombengeschädigte informiert.

Da so viele Bürger bombengeschädigt waren, wurde reger Gebrauch von diesem Angebot gemacht. Zum Verkauf kam dann auch der Besitz von Juden. Um diesen Aspekt aber nicht offen bekannt zu machen, erfanden die Verkäufer folgenden Slogan: DEUTSCHE WOCHE – DENK DEUTSCH – KAUF DEUTSCH.

Im September 1939, nach Beginn des Krieges, beschlagnahmte die Wehrmacht einen Großteil der Hallen für die Unterbringung der Kriegsgefangenen. Die ersten stammten aus Polen.

Mittlerweile „motzten" viele Kölner Bürger über die Schuttberge auf den Straßen. Es gab immer mehr Kritik an diesen

andauernden Fliegerangriffen. Um die Moral der Kölner Bürger zum Durchhalten anzufeuern und um zusätzlich mehr Hilfskräfte zu haben für die Beseitigung der Trümmer, ordnete der Reichsführer SS H. Himmler an, KZ Häftlinge einzusetzen. So entstand der neue Begriff „Einsatzbrigaden". Die Häftlinge kamen aus dem KZ Buchenwald. Die Messehallen in Deutz wurden ab sofort umbenannt in „SS Baubrigade Buchenwald". Die Gefangenen mussten weißgestreifte Kleidung tragen. Ihr Auftrag bestand darin, Schutt zu beseitigen, Bomben zu entschärfen und Leichen zu bergen.

Bei diesen Arbeiten sind viele Häftlinge zu Tode gekommen, insbesondere bei dem Entschärfen von Blindgängern, denn für diese überaus gefährliche Arbeit bekamen die Häftlinge kein spezielles Werkzeug.

Bis Kriegsende sind zirka 6.000 Gefangene von Buchenwald nach Deutz in die Messehallen verlegt worden. So wurden die Deutzer Messehallen zum „Zentrum des nationalsozialistischen Terrors in Köln" (Ceno& Die Paten, Wider das Vergessen, S. 116-117).

Ich, als kleiner 14-Jähriger, habe in einer dieser Hallen 1945 gespielt, ohne zu ahnen, welchen vielleicht blutgetränkten

Köln 1945

Boden ich betrat. Vielleicht kamen sogar die Häftlinge, die unseren Blindgänger in der Alarichstraße 6 entschärft haben, ebenfalls aus diesen Messehallen? Ich darf auch heute noch nicht darüber nachdenken. Ich kann nur beim Schreiben ein stilles Gebet zur Erinnerung an diese Häftlinge sprechen.

Beseitigung der Trümmerberge in Köln

Diesbezüglich gibt es nach meinen Recherchen verschiedene Meinungen und Einstellungen. Auf die Frage, wer die Trümmer beseitigt habe, antworteten meine Verwandten im Kölner Raum spontan: „Die Trümmerfrauen." Es kursieren im Netz viele Fotos, die Frauen zeigen, die sich nicht scheuten, Hand anzulegen, Steine vom Mörtel zu befreien und auf kleinen Gleisen in Wägelchen zu sammeln für den Wiederaufbau – mutig und fleißig, fast heldenhaft. Dafür, sagen einige, hätten sie später vom Staat eine kleine Rente zugesagt bekommen. Wie dem auch sei, viele Frauen und Männer, wenn sie nach dem Krieg wieder zu Hause waren, waren sehr fleißig, mutig und innerlich verpflichtet, sich am Wiederaufbau der geliebten Stadt zu beteiligen. Dafür plädieren viele Volkslieder aus dieser Zeit.

Andere Quellen behaupten, der Wiederaufbau und die Trümmerfrauen seien durch die Medien zu einem Mythos hochgespielt worden, je nach politischer Einstellung.

Die Wahrheit könnte vielleicht so formuliert werden:

Bis Mai 1942, d.h. bis zur 1.000-Bomber-Nacht, werden viele Frauen und Männer am Schutt vor der eigenen Türe so weit möglich Hand angelegt haben. In dieser Zeit haben die Kölner Großes geleistet und ihre Stadtliebe bewiesen. Davon zeugen auch die vielen Reportagen und Fotos von „Trümmerfrauen".

Nach dem zweiten Großangriff „Peter und Paul", am 29. Juni 1943, der gerade die Innenstadt in Schutt und Asche verwandelt hatte, musste großes und schweres Gerät anrollen, um die Trümmer zu beseitigen. Da entstanden viele Firmen, die sich dem „Enttrümmern" widmeten. Und diese Arbeit dauerte viele Jahre. Wer die Stadt nach Jahren wieder sieht, kommt aus dem Staunen nicht heraus. Als Quelle möchte ich auf das Buch „ AUFGEBAUT" hinweisen von Reinhold Louis (Jahrgang 1940),

Marcellan Verlag-Köln. Dieses Buch gibt viele lebensnahe Eindrücke und Hinweise für genau diese Epoche in der Geschichte dieser Stadt. Es ist höchst interessant.

6. Das Ende des Krieges

Als wir am 30. Mai 1942 nach dem 1.000-Bomber-Angriff zu Tagesbeginn den Bunker verließen, wurde uns bewusst, was dieser Fliegerangriff in Deutz in einer Nacht angerichtet hatte. Es roch nach Qualm und Feuer. Die Straßen waren noch voller Scherben, Balken, die noch qualmten, Schutt von eingestürzten Fassaden. Überall nur noch Chaos. Alles blieb einfach liegen. Müll häufte sich an allen Ecken auf den Straßen, wo es noch Straßen gab. Es gab nichts mehr zu essen. Viele Geschäfte waren geschlossen oder zerstört. An manchen Stellen fanden wir hungrigen Kinder gekeimte Kartoffeln. Die sammelten wir und brachten sie stolz nach Hause. Gekocht schmeckten sie nicht schlecht. Aber wir wurden davon alle krank, halb vergiftet.

Einige andere Begebenheiten aus diesen Tagen: Ein Bauer kam mit Pferd und Wagen. Auf dem Gotenring, Nähe Alarichstraße, rutschte plötzlich das Pferd aus, fiel hin und kam nicht mehr auf die Beine. Der Bauer lief weg, um sein Beil zu holen und das Pferd zu schlachten. Als er wiederkam, hatten die Umstehenden schon mit ihren Messern das Pferd geschlachtet. Jeder schnitt sich ein Stück ab. Er fand nur noch die Hufe und den Kopf auf der Straße.

Und immer wieder Fliegeralarm. Jeder lief weg, so schnell er konnte, um den Bunker oder eine Haustür zu erreichen, denn „Stukas" brausten mit schrillem Geheul über Deutz hinweg. Dieses Geräusch ging einem durch Mark und Bein. Mensch – hatten wir Angst!

Meine Mutter war mit uns beiden Kindern in großer Sorge. Als Mutter und Witwe mit zwei Kindern spürte sie förmlich eine drohende Gefahr. Die Verwandten aus Gladbach hatten angeboten, zu ihnen zu wohnen, zu gefährlich war die Lage in Köln. Sie beschloss also, mit uns Kindern nach Bergisch-Gladbach/

Heidkamp zu ziehen, die Schule war ohnehin von Bombentreffern beschädigt, und wir hatten bald nichts mehr zu essen. „Jeder nimmt sein Köfferchen und zusammen versuchen wir die erste mögliche Straßenbahn nach Bergisch-Gladbach zu nehmen, selbst wenn wir bis Buchforst zu Fuß gehen müssen."

Unsere Verwandten begrüßen uns herzlich. Und dennoch liegt etwas in der Luft. „Ist was? Ist es euch auch wirklich recht, dass wir hier bleiben?" „Aber ja", sagt Tante Hedwig und klagt uns ihr Leid. Heinz, mein Vetter, der zurzeit Soldat ist, ist bei der Flugabwehr auf der Krim stationiert. Sein kurzer Heimaturlaub ging vor einem Monat zu Ende. Freunde hatten ihm geraten: Verschwinde, versteck dich, geh nicht zurück, es steht nicht gut um den Krieg. Aber er ist ja so pflichtbewusst und religiös, wollte seine Kameraden auf der Krim nicht enttäuschen und ist zurückgefahren. Er hat auch schon eine Wehrmachtskarte nach Hause geschickt: „Bin noch durchgekommen. Gruß Heinz." Tante Hedwig ist ängstlich und besorgt. War es eine Vorahnung?

Diese Karte sollte sein letztes Lebenzeichen sein. Eine Woche später wurde eine Karte des Ortsvorstehers der NSDAP gebracht. Schluchzend liest die Tante die Mitteilung vor: „Wir teilen Ihnen mit, dass Ihr Sohn fürs Vaterland gefallen ist." Schweigend, mit Tränen auf den Wangen, saßen wir rund um den Tisch. Schließlich stand sie wortlos auf und machte uns etwas zu essen. Wir waren auch richtig hungrig, wenigstens Doris und ich.

Wir waren froh, bei unserer Tante zu sein und bleiben zu dürfen, auch wenn Doris weiterhin täglich mit der Straßenbahn nach Köln zur Arbeit fahren musste. Vielleicht war auch die Tante froh, nach dem Verlust ihres geliebten Sohnes nicht alleine sein zu müssen.

Die Tante stellte den Wecker und alle gingen schlafen. So ruhig war meine Mutter schon lange nicht mehr gewesen.

1943: Seit Anfang Juni 1942, also über ein Jahr leben wir nun bei Tante Hedwig in Bergisch-Gladbach. Doris fährt jeden Tag nach Köln zur Arbeit. „Das Leben geht weiter", dachten viele und hofften, dass dieser Krieg doch bald vorüber sein sollte. Schlimmer als der der 1.000-Bomber-Angriff im Juni 1942 könnte es nicht mehr werden. Leider war die Hölle noch nicht vorbei.

Da ich ja nicht mehr zur Schule muss, schlägt die Mutter vor, dass sie mit mir nach Sand, einem Vorort von Bergisch-Gladbach, eine Viertelstunde von Heitkamp entfernt, andere Verwandte begrüßen geht. Kaum dort angekommen, hören wir plötzlich eine Sondermeldung im Rundfunk, dass ein neuer Großangriff auf Köln im Anflug ist. Die Durchsage wird doppelt und dreifach wiederholt. Also Großalarm. Wir wollen schnellstens zurück zur Tante Hedwig. Es ist auch bereits ein dumpfes Motorengeräusch zu hören, wie wir es von dem schlimmen Angriff im Mai 1942 kannten. Wir spürten beide sofort, wie dieses Geräusch uns die Kehle abschnürte. Und schon begann ein ähnlich dumpfes Trommelfeuer von Detonationen – wir wussten sofort: Das sind wieder „Teppiche". Und Doris? Die Arme! Wo mag die jetzt sein? Warum musste sie denn auch heute schon wieder arbeiten gehen? Es klang verhalten vorwurfsvoll. „Mein Gott, beschütze sie, nimm mir nicht auch noch mein Kind, bitte nicht", betete meine Mutter. Plötzlich fing sie an zu laufen, weinend, zerrte im Laufen ein Taschentuch aus der Tasche, legte ihren Arm um meine Schultern, drückte mich fest an sich und rief laut: „Quirin [mein Vater], lass das nicht zu, bitte, ich kann nicht mehr."

Meine Tante stand schon an der Tür, umarmte meine Mutter sehr herzlich und versuchte sie zu beruhigen. „Setz dich, Guste", so hieß meine Mutter, „ich habe noch ein paar Kaffeebohnen, ich mache uns schnell eine richtige Tasse." Meine Mutter schaute auf, ein ganz kleines dankbares Lächeln auf den Lippen. „Du bist so lieb zu mir, danke!" Sie schien sich ein wenig zu beruhigen. „Vielleicht war Doris schon im Betrieb, im vorigen Jahr ist der Teil des Betriebes ja auch verschont geblieben." Sie tranken beide ihren Kaffee. „Das waren aber echte Bohnen", sagte sie bestätigend. „Woher hattest du die denn noch?" Die Tante grinste.

29. Juni 1943

Doris war schon wie in den letzten Tagen frühmorgens unterwegs. Der Rundfunk meldete am späten Nachmittag Großalarm: ein weiterer Großangriff der Alliierten auf Köln. Wir liefen vors Haus – man hörte immer wieder dumpfes Motorengeräusch der

Flieger, unterbrochen vom Geräusch von Serien-Detonationen von Bomben. Der Himmel verdunkelt sich, als wäre es schon später Abend, Nacht. Dazwischen steigen glutrote Blitze in den Himmel, schließlich ist der gesamte Himmel in Richtung Köln feuerrot. Mutter und ich laufen zur Haltestelle der Straßenbahn ... ob Doris schon zurück ist? Aber es kommt keine Bahn! Mehrere Leute warten wie wir, Taschentuch in der Hand, weinen voller Angst, alle sprechen mit allen, solidarisch in der gleichen Angst und Sorge, ob da wohl noch jemand rauskommt. Langsam kommen immer mehr Leute zur Haltestelle. Da, plötzlich fährt eine Straßenbahn in die Kurve vor der Haltestelle, kommt langsam näher und hält vor unserer Nase. Alle stürzen sich auf die Türen, sie öffnen sich. Ich löse mich von der Hand der Mutter und laufe zur nächsten Tür und entdecke plötzlich Doris. Ich springe ihr um den Hals vor Freude, drücke sie, merke dann aber plötzlich, dass diese junge Frau nicht MEINE Schwester Doris ist, lasse sie los und gehe bedrückt und verwirrt zurück zu meiner Mutter. Sie hat die gleiche Sorge um ihre Tochter. Wir weinen beide, ich spüre die Angst, die mir den Hals zuschnürt. Da kommt der Schaffner auf uns zu und sagt zur Mutter. „Ich habe über unseren Straßenbahnfunk gehört, dass noch eine andere Bahn kommt. Die war auch schon raus aus Köln ... in Köln selbst ist die Hölle los, ganz Köln brennt ... wir haben Glück gehabt, dass wir noch Strom haben. Ich muss jetzt schnell zurück, damit die andere Bahn auf unser Gleis einfahren kann." – Die Leute hatten neue Hoffnung. In kleinen Gruppen zusammengerückt, drückten sie diese aus. Nach 20 Minuten rief einer: „Da kommt ‚se'!" Ja. Und da kam dann auch die andere Straßenbahn und meine Schwester stieg aus, umarmte mich und die Mutter. Doris erzählte dann schon unterwegs, ihr Bürochef habe alle im Büro gedrängt, so schnell wie möglich die Straßenbahn zu nehmen, es wäre ein Großangriff gemeldet. Mittlerweile war es nun vier Uhr am Nachmittag. Der Himmel war so dunkel, als wäre es Nacht. Es war schrecklich und ich erlebe es fast wie ein Wunder oder eine Fügung Gottes, dass wir mit unserer Mutter rechtzeitig Deutz verlassen hatten. Glück gehabt! Den Bürochef, von dem ich nur durch meine Schwester gehört habe, und die kurze

Begegnung mit dem Schaffner werde ich nie vergessen. Dieser Angriff am 29. Juni 1943, am Fest „Peter und Paul", hat für immer dieser furchtbaren Nacht den Namen gegeben. Es war der schlimmste Großangriff auf Köln und Köln-Deutz. Er riss in einer Nacht 4.377 Menschen in den Tod. Es war der schlimmste überhaupt für Köln. Auch der Dom wurde schwer beschädigt. Es wird gesagt, dass mehrere Piloten sogar versucht hätten, das Schlimmste zu verhüten. Die unmittelbare Nähe des Hauptbahnhofs erschwerte dieses Vorhaben. Die Innen- und Altstadt dagegen wurden total in Schutt und Asche gebombt. Es entstand ein riesiges Trümmerfeld (Ceno & Die Paten e.V., Wider das Vergessen – DEUTZ – ein Blick zurück).

Beim Schreiben dieser schrecklichen Ereignisse, empfand ich das Bedürfnis, einen Überblick über das Kriegsende in Köln zu haben.

Am 2. März 1945 fand der letzte Bombenangriff auf „Kölns Trümmerfeld" statt. Dieser letzte Angriff traf die versammelte Polizei- und SS-Führung im Polizeipräsidium am Neumarkt. Die letzten NS Bonzen und die Gestapo flüchteten auf das rechtsrheinische Ufer.

Am 6. März 1945 besetzten die Amerikaner das „linksrheinische Köln" und anderthalb Monate später, am 21. April 1945, das rechtsrheinische Köln mit Köln-Deutz, wo wir früher gewohnt haben und von wo aus wir versuchen werden, Belgien und die Heimat meines Vaters zu erreichen.

Am 4. Mai 1945 wurde Konrad Adenauer von der amerikanischen Besatzungsmacht erneut als Oberbürgermeister berufen.

Am 8. Mai 1945 endete der Zweite Weltkrieg offiziell. Deutschland hatte kapituliert. Es gab dabei zwei offizielle Kapitulationserklärungen: Die erste wurde am 7. Mai 1945 im französischen Reims unterschrieben, die zweite in der Nacht zum 9. Mai in Berlin. Hitler selbst hat nie von „Kapitulieren" gesprochen und sprechen wollen. Er hat für sich am 30. April 1945 den Suizid gewählt.

Damit begann ein unschönes Tauziehen der Siegermächte um das Datum der Kapitulation der Deutschen Wehrmacht am 8. oder 9. Mai und den Ort. Schließlich haben sich die Großmächte geeinigt, dass Marschall Schukov am 8. Mai 1945 im Berliner Hauptquartier die „endgültige, umfassende, politische und militärische Kapitulation Deutschlands" unterzeichnet hat. In Amerika nennt man diesen Tag den „V DAY" („Victory Day Europe").

Daneben gibt es dann noch Teilkapitulation in verschiedenen Ländern (Ceno&Die Paten e.V., Wider das Vergessen; Deutz-ein Blick zurück).

Erster amerikanischer Panzer in Bergisch-Gladbach – Ortsteil Sand

Zu Besuch bei Verwandten in Sand erreicht uns dort die Neuigkeit, dass die amerikanischen Truppen schon seit dem 21. April 1945 das rechtsrheinische Ufer und sogar schon Bergisch-Gladbach erreicht haben.

Völlig aufgeregt kommt ein Mann die Sander Straße raufgehastet und informiert alle Leute, die auf der Straße stehen, dass ein amerikanischer Panzer bereits die Straße hinauf fährt, in der wir und unsere Verwandten wohnen. Es herrscht bedrückende Stille. In Grüppchen wird getuschelt, wie man sich denn verhalten soll oder muss. Hat Deutschland schon kapituliert oder nicht? Der Nachbar schlägt vor: „Jeder bleibt in seinem Haus und wartet ab." Er hängt ein weißes Betttuch ans Fenster als Zeichen der Kapitulation, wir warten ab. Es dauert nicht lange, dann hören wir schon die knatternden Motoren des riesigen „amerikanischen" Panzers, das Rasseln der Ketten auf dem Asphalt ... mit einer sehr langen Kanone, ein Koloss von Panzer. Vorne ist eine Luke weit geöffnet, ein Kaki-Stahlhelm guckt raus und ein freundlich lächelndes Gesicht schaut nach links, auf unser Fenster, und rechts auf das weiße Betttuch. Ich holte aus, um ihm zuzurufen: „Hello. Nice to see you – are welcome ..." hatte ich doch einiges im Englischkurs im Gymnasium in Köln-Deutz gelernt. Aber Mutter hielt mir schnell ihre Hand vor den

Mund. „Sei still!" Der Panzer gab Gas und fuhr weiter. Unwillkürlich dachte ich an meine Frage beim kleinen Müller: Warum werfen die Amerikaner und Engländer Bomben auf Köln? Der, den ich soeben gesehen hatte, schien mir nicht böse zu ein.

Für mich, meine Mutter, Doris und alle Nachbarn hier in Sand stand nun fest: „Der Krieg ist zu Ende." Wir freuten uns, fielen uns in die Arme, entspannt, glücklich, und hätten am liebsten gesungen: Der Krieg ist vorbei ... der Krieg ist aus, der Krieg ist aus ... Hitler hat verloren!

Papa hatte ja immer solche Angst vor Hitler und vor den „Braunen", den Uniformierten. Er würde sich bestimmt sehr freuen. Mama hatte Tränen in den Augen und umarmte uns beide, lange, lange Zeit.

„Wenn der Krieg zu Ende ist, müssen wir schnell nach Deutz zurück!" Jetzt war sie wieder die Entschlossene: „Ob unser Haus nach diesem Angriff noch steht, wenn ja, ob unsere Wohnung nicht von anderen Obdachlosen besetzt oder sogar geplündert wurde?" In dieser Stimmung gingen wir schnell nach Heidkamp zurück. Da war noch kein Panzer aufgetaucht. Am Abend kam dann die Neuigkeit im Tagesbericht. In die Freude mischte sich die Trauer, unser Vetter Heinz ist zu früh gestorben, wäre er nur hier geblieben.

Flucht nach vorne

Einerseits atmeten wir auf, dass nun alles vorbei wäre. Andererseits trauten wir diesem Ende des Krieges noch nicht so richtig. Jedes Malwenn ein Flieger kam, stieg die Angst in uns auf. Ob der Pilot da oben weiß, dass alles vorbei ist? Und diese Unsicherheit hatten wir alle noch lange Zeit. Wir mussten uns immer wieder mit dem angeblichen Frieden auseinandersetzen. Bis unser Gehirn diesen neuen Impuls wiederholte: Es ist vorbei, der Krieg ist vorbei ... keine Angst. Der Flieger hat keine Bomben mehr ... es ist Frieden! Es ist vorbei! Diese innere Angst mit dem Verstand auszumerzen hat noch lange Zeit gedauert. Meine Mutter beruhigte mich immer wieder. Dass ich als 14-Jähriger noch an der Mutter hing, machte mir nichts aus. Ich war zu froh, dass sie und meine Schwester neben mir standen oder neben mir gingen. Dass ich ihre Hand nehmen konnte, gab mir Sicherheit. Immerhin hatte es in Köln 200 Fliegerangriffe gegeben. 13.000 Mütter mit insgesamt 25.600 Kindern wurden teilweise zwangsweise evakuiert in andere Regionen Deutschlands. Und die wollen nun bestimmt wieder nach Köln kommen, wo alles zerstört ist, wie soll das gehen? Mama? Keine Antwort. Um uns herum sah man nur Leute mit Tüten oder kleinen Stoffsäckchen auf dem Rücken (wohl mit dem Wenigen, das jeder noch so hatte). Zu dieser Angst im Nacken möchte ich hinzufügen: Wir hatten nichts mehr zu essen. Wir waren alle unterernährt. Trotz der Flieger, die immer über Köln kreisten, oft im Tiefflug, eilten wir drei so schnell wir konnten von unseren Verwandten in Bergisch-Gladbach zurück nach Deutz. In Bergisch-Gladbach gab es wenigstens noch etwas, das wir mit Essmarken bekamen. Wir kauften kleine Vorräte in Bergisch-Gladbach, um in Deutz einige Tage leben zu können. Sobald die Straßenbahn von Bergisch-Gladbach wieder bis in die Nähe von Deutz fuhr, machten wir uns auf die Beine. Das letzte Stück zu Fuß. Unsere Wohnung in der Alarichstraße Nr. 6 stand noch und war auch noch nicht von anderen Obdachlosen besetzt oder geplündert worden. Wir atmeten auf, als wir unsere Wohnung aufschließen konnten. Wir hatten mal wieder Glück gehabt. Ein Großteil meiner Schule stand noch, teilweise ausgebrannt.

Überall waren Militär-Jeeps und Lastwagen. Amerikanische Soldaten zeigten sich freundlich, besonders uns Kindern gegenüber. Als wir unsere Wohnung wieder betraten, klopfte es an der Tür. Der Hausmeister hatte uns gesehen und fragte freundlich, wie es uns geht. Wir freuten uns, auch ihn in guter Gesundheit wiederzusehen. Er erzählte uns rasch das Neueste. Die Bombe vor unserem Fenster wurde von Sträflingen entschärft und entsorgt. Es wäre ein Blindgänger kleineren Kalibers gewesen. Er hatte auch schon erfahren, dass die Amerikaner bald Feldküchen aufstellen und Suppen verteilen würden, weil ja alle Hunger hatten. Prima – wir freuten uns. Auch meiner Mutter ging es besser. Köln hatte zu diesem Zeitpunkt keine einzige Brücke mehr über dem Rhein. Die Hohenzollernbrücke hatte die Deutsche Wehrmacht selbst gesprengt.

Die schöne schwungvolle Deutzer Brücke hat ein verhängnisvolles Ende gefunden. Sie war durch Bombentreffer beschädigt worden und sollte repariert werden, weil sie für den täglichen Verkehr unbedingt gebrauchsfähig werden musste. Wegen der Kriegslage und wegen der anhaltenden Fliegerangriffe musste sie jedoch gesperrt bleiben. Das wurde aber nicht eingesehen. Viele Eilige unterschätzten die Gefahr und riskierten dennoch die Überfahrten in beiden Richtungen, besonders da die Einnahme der Stadt durch die amerikanischen Besatzungstruppen kurz bevorstand. In meiner Erinnerung sind es jedoch deutsche Panzer und Militärfahrzeuge gewesen, die laut Befehl noch unbedingt zum linksrheinischen Ufer mussten, um auf Köln vorrückende amerikanische Panzer zu stoppen. Plötzlich und unter lautem Getöse und lauten verzweifelten Schreien eingeklemmter Menschen war die Deutzer Brücke an zwei Stellen in sich zusammengebrochen und in die Fluten des Rheins gestürzt. Das Schreien der hilflosen Menschen mit eingeklemmten Körperteilen sei so laut gewesen, dass es weit zu hören war. Die wenigen noch verfügbaren Ärzte, so wurde erzählt, konnten nur noch über die Brückenteile klettern und Todesspritzen machen. Keine andere Hilfe sei in dem Chaos noch verfügbar gewesen. So habe ich es von Erwachsenen erzählen gehört. Es sei furchtbar gewesen.

7. Wir leben noch – Aufbruch in die neue Heimat

8. Mai 1945: Adolf Hitlers Führungskräfte haben kapituliert und hinterlassen unvorstellbares Elend nach diesem Blutvergießen in der Welt. Die Tore unzähliger Konzentrationslager, Vernichtungslager und Außenlager öffnen sich und geben einen erschütternden Einblick in die grauenvolle Maschinerie, die aus gesunden Menschen körperliche und seelische Skelette gemacht hat, nur weil sie Juden sind, Sinti und Roma, weil sie kein deutsches, arisches Blut in den Adern haben, kein blondes Haar tragen oder weil sie es gewagt hatten, das Regime zu verurteilen und das Unrecht anzuprangern – der Preis war sehr hoch. Alle, die dazu beigetragen haben, dieses Blutbad zu stoppen, verdienen unsere Hochachtung und unseren Respekt für ihre Heldentaten.

Blutbäder wie die in Polen, die selbst Hitlers Generäle nicht stoppen konnten, haben nun ein Ende. Die Angst vor Hitler und seiner Gestapo regierte in den meisten Schichten der deutschen Bevölkerung. Eine kleine Bemerkung genügte, um in Strafanstalten der allmächtigen Gestapo oder sogar in den gefürchteten KZ für immer zu verschwinden.

Auch mein Vater hat sein Leben lang Angst vor diesem Hitler gehabt. Angst, Hitler würde seinen Club Wallon und das Gebiet der „Wallonie prussienne" dem Deutschen Reich einverleiben, wenn er an die Macht käme. Sie erinnern sich an seine qualmende Hose am Abend des Besuches eines „Braunen" – sprich SA Vertreters in unserer Familie, als der uns aufforderte, ich solle nun im Anschluss an die Grundschule auf die Hitler-Elite Schule gehen; Angst, meine Mutter würde sich den Mund verbrennen bei diesem Gespräch. Wie ich bereits erwähnte: das Verschwinden unseres Nachbarn, nachdem er der Hitler Büste bei einem Betriebsfest seinen Hut aufgesetzt hatte. Der Vater verfolgte bis zu seinem plötzlichen Tod die Entwicklung der Gebietsansprüche Hitlers auf die Kantone Eupen-Malmedy-St.Vith.

Der Krieg ist nun aus und wir brechen auf mit unserem Gepäck, um so schnell wie möglich wieder in unsere Wohnung einzuziehen. Es ist Gott sei Dank noch alles beim alten. Wir können also wieder unsere Sachen aus dem Koffer, den wir zusätzlich zum kleinen Handgepäck im Luftschutzkeller untergestellt hatten, einräumen. Mittlerweile arbeitet Doris, meine Schwester, in einer Wohnungsbau-Gesellschaft in der Kustodistraße, ganz in der Nähe unserer Wohnung. Herr Spelthahn, so hieß Doris´ Bürochef auf ihrer neuen Arbeitsstelle, hatte Doris gleich versichert: „Egal wie das ausgeht, die Wohnung bleibt euch erhalten." Das war sehr beruhigend für uns.

„Ab Morgen wird es für dich einfacher", meine Mutter zu Doris, „dann wird dein Arbeitsweg kürzer!"

Gott sei Dank, dass Tante Hedwig uns etwas zum Essen mitgegeben hat. Wir gehen aber gleich auch mal zur Ecke „Deutzer Freiheit – Gotenring" schauen, ob die große Bäckerei noch da ist. Wir brauchen noch Brot für morgen. Es war gar nicht so einfach, dahin zu kommen und zudem war die Bäckerei nur noch ein Trümmerhaufen – rundherum nichts als Trümmer. Und die sonst so lebhafte Kreuzung war fast menschenleer – dieser Anblick verschlug uns förmlich die Sprache. Wir standen wie versteinert an dieser Ecke ... Plötzlich kommt ein offener Militärjeep gefahren, ganz in unsere Nähe mit zwei Soldaten in Militäruniform. Auf dem Kühler stand in großen weißen Buchstaben „M P"– ich löse mich von der Hand meiner Mutter – laufe zwei Schritte nach vorne zu dem Jeep – meine Mutter wollte mich noch zurückhalten, aber ich riss mich los, formte meine beiden Hände zu einem Trichter und rief so laut ich nur konnte „Je suis Belge!". Der Beifahrer drehte sich zu mir hin, dann zu dem Fahrer. Der fuhr an den Rand eines Trümmerhaufens, stieg aus und ... stand vor mir, schaute mich an, lächelte – Doris kam hinzu. Er sagte: „Bonjour!?" Ich: „Je t´aime" (das waren die einzigen beiden Sätze, die ich in Ovifat gelernt hatte) ... „Oho", sagte der Soldat, sichtlich amüsiert, „Alors ... tu es belge?" – „Oui, Monsieur." antwortete ich.

Doris war inzwischen hinzugekommen und übernahm das Gespräch.

Er lächelte übers ganze Gesicht. In der Zwischenzeit hatte der Fahrer den Jeep ordnungsgemäß geparkt. Doris erklärte ihm unsere Lage, dass der Vater 1941 gestorben sei, dass wir nun unterernährt und sehr arm wären, keine Papiere mehr hätten und gerne nach Belgien kommen möchten zu unseren Verwandten in Ovifat. Der Vater sei ein Wallone und habe schon immer Angst gehabt vor den Nazis. Alle unsere belgischen Unterlagen und Papiere seien unauffindbar, vielleicht sogar vom Vater selbst versteckt oder vernichtet worden, eben aus Angst vor Verfolgung. Die Mutter mischte sich ein, ihr Mann sei ganz plötzlich und völlig unerwartet gestorben. Der Soldat, der mit uns sprach, schien ein Offizier zu sein – hatte ein goldenes Sternchen auf der Achselklappe, sprach gebrochen Deutsch und notierte sich vor allem die Adressen unserer Verwandten in Ovifat und unsere Adresse in der Alarichstraße 6. Dann sprachen die beiden Soldaten kurz miteinander: „Wir müssen mit unserem Kommandanten über Militärfunk in der belgischen Zentrale in Köln sprechen, wir wollen versuchen, euch zu helfen, so schnell es geht. Wie viele Gepäckstücke hättet ihr denn?" Meine Mutter zählte mit zittrigen Fingern: Für das Notwendigste, sagen wir, einen größeren Koffer, einen kleineren, und, fügte sie nachdenklich und etwas verlegen hinzu, zwei Taschen und zwei Kinder-Rucksäcke. „Okei...", (das „ei" zog er nachdenklich in die Länge) „wenn der Kommandant einverstanden ist, wird alles schnell gehen. Wir kommen ziemlich früh. Seid also bereit, in den nächsten Tagen werden wir kommen mit der Antwort." Und wieder dieses nachdenkliche ... Okeiei. Mir gaben sie dann ein Päckchen Kaugummi und ein Päckchen Plätzchen für Doris und eins für meine Mutter. „Merci", habe ich gesagt und dann musste auch ich vor Freude weinen. Der Offizier klopfte mir auf die Schulter: „Das hast du gut gemacht." Der andere machte den Motor an, drehte auf der Straße und brauste zurück. Wir gingen nach Hause ... nachdenklich. Meine Mutter sagte: „Den hat der Papa uns geschickt!"

Wir haben gut geschlafen an diesem Abend, denn es gab ja nun seit der Kapitulation keinen Alarm mehr. Am anderen Tag war nichts Besonderes los. Mutter und Doris putzten die Wohnung. Die Mutter überprüfte die Inhalte der Koffer und der Taschen. Einiges musste ja noch gewaschen werden. Der Hausmeister kam vorbei und meldete, dass es für morgen von 10 bis 12 Uhr wieder Wasser gäbe und dass um 12 Uhr mittags an der Ecke auf der Straße Brot verkauft würde – natürlich auf Ess-Märkchen – und am Abend gäbe es an der Ecke Alarichstraße warme Suppe. Das waren ja gute Nachrichten.

An diesem Tag war wieder nichts los. Ich durfte auch nicht das Haus verlassen, für den Fall, die Soldaten kämen. Die Mutter spürte, dass ich schon ungeduldig wurde. Schau doch mal, ob du nicht den kleinen Müller findest. Aber der war auch nicht mehr da und keiner wusste, wo er sein könnte. War das langweilig, fast wie Stubenarrest! In Gedanken war ich nur mit den beiden Soldaten beschäftigt, saß am Fenster und kontrollierte die Straße. Aber es kam kaum ein Auto vorbei. „Geh ein Brot kaufen und nimm eine Kanne mit – dreimal Suppe." An der Ecke stand schon eine lange Schlange von Leuten, die auch auf die Suppe warteten. Nun ja, ich war beschäftigt.

Am dritten Tag war es dann so weit. Ich weiß nicht mehr, ob wir vorher informiert wurden, die Mutter hatte jedenfalls den Wecker auf 5 Uhr morgens gesetzt. Wir hatten schon ein wenig gefrühstückt, als um 6 Uhr ein kleiner Militärlastwagen hielt. Vorne eine Kabine für vier Leute und hinten Platz für das Gepäck. Ich war wie elektrisiert. „Mama, Doris, sie sind da". Ich lief sofort zum Auto und sagte „Bonjour".

Der Offizier kam mit mir in die Küche, begrüßte höflich meine Mutter und zog sein Barett aus. „Unser Kommandant freut sich, Ihnen und Ihrer Familie zu helfen. Er hat mich und unseren Chauffeur beauftragt, Sie, ihre Tochter und ihren Sohn mit Gepäck nach Belgien zu bringen und zwar nach Brüssel in unsere dortige belgische Repatriierung-Zentrale. Dort wird Ihnen sehr wahrscheinlich alles Notwendige für die Weiterreise zu Ihren Verwandten in Ovifat mitgeteilt. Wir freuen uns mit Ihnen, dass sie die großen Bombenangriffe heil überstanden haben. Dort wird dann auch eine Befragung gemacht, was Ihre Anfrage betrifft, da Sie ja leider keine Papiere mehr haben. Sind Sie damit einverstanden, Frau Servais? Wenn ja, dann laden wir jetzt das Gepäck." Die Ziel-Adresse in Brüssel lautetete: PETIT CHATEAU – Empfangszentrum für Asylanten, Bd. du Neuvième de Ligne 27, 1000 Brüssel. Danach fahren wir dann gleich los. „Du" – er meinte mich natürlich – (ich war ja mittlerweile schon 14) „kannst zu uns nach vorne kommen. Sie, Frau Servais und Ihre Tochter können es sich bequem machen auf dem Hintersitz." Mensch war ich stolz, da vorne sitzen zu dürfen!

Es war schon eine lange Fahrt, aber ich habe sie „genossen", eine einmalige Erfahrung, inklusive der „bösen" Überraschung in Brüssel. Die beiden Soldaten unterhielten sich untereinander. Nur einmal sprach der Offizier mich an, wie alt ich sei, wo ich denn bis jetzt zur Schule gegangen sei, was meine Schwester beruflich mache usw. Ich erzählte ihm von vielen schlimmen Erlebnissen der letzten Jahre, bis meine Mutter mir ein Zeichen gab, nicht so viel zu plappern. Die Fahrt war spannend, überall sahen wir Häuser, endlich mal keine Trümmer mehr! Einmal öffnete er eine Klappe vorne am Armaturenbrett und gab jedem von uns ein Stück „belgische" Schokolade – hm, war die lecker! Alle drei sagten wir wie verabredet: Merci, merci.

Mittlerweile waren wir im PETIT CHATEAU in Bruxelles angekommen. Der Offizier ging kurz durch den großen Eingang zum Empfangsbüro und meldete uns dort an. Er erhielt mehrere Papiere zum Ausfüllen in englischer Sprache und dazu drei kleine Kärtchen mit Nummern für uns drei. Die beiden Soldaten verteilten die kleineren Gepäckstücke an Doris und mich, der Fahrer trug den großen Koffer und zusammen gingen wir in eine riesengroße Halle, in der nur Feldbetten standen, viele waren schon belegt, andere noch frei. Mittlerweile ging es schon auf Mittag zu. Der Offizier nahm meine Mutter und Doris mit in das Büro zu den Gendarmen. Der andere Soldat ging mit mir ins Auto.

Der Offizier erläuterte dem Gendarmen unsere Geschichte und unser Anliegen, über die er sich gründlich erkundigt hatte. Der Vater sei kriegsverletzt und an den Folgen 1941 ganz plötzlich gestorben. Er sei ein Wallone und habe sich für die Erhaltung der wallonischen Sprache in Belgien eingesetzt. Er sei 100% Nazigegner gewesen und habe schreckliche Angst vor Hitler gehabt. Das Angebot der SA, seinen Sohn auf die Hitler-Eliteschule zu schicken, hätten er und seine Frau strikt abgewiesen. Sein Sohn habe auch nicht zur Hitlerjugend gedurft. Aus Angst vor Verfolgung habe er seine Personalien entweder versteckt oder sogar vernichtet. Dazu gehören auch die Beweise, dass er persönlich in 1921 nach dem Versailler Vertrag die Erlangung der belgischen Nationalität angefragt und erhalten habe. Der Gendarm schaute rüber zur Mutter: „... sind Sie mit ihm verheiratet? Ja, dann sind Sie und Ihre Kinder ja auch Belgier. – Natürlich. Dann sind Sie doch keine Asylantin: SIE SIND BELGIERIN: Sie brauchen kein Asyl, sie sind hier zu Hause. Wenn er diese Unterlagen nicht versteckt hätte, wäre er vielleicht von der Gestapo in ein KZ gekommen. Ich heiße Sie und Ihre Tochter und Ihren Sohn willkommen. Wie gut, dass Sie die vielen Bombardierungen in Köln überstanden haben, dass Sie noch LEBEN." In diesem Augenblick musste Mama sich setzten. Sie schüttelte sich bei den Worten vor Weinen und umarmte Doris und mit von Tränen erstickter Stimme hauchte sie „DANKE, QUIRIN."

Zum Offizier gewandt sagte er: „Ich werde Ihren Kommandanten anrufen und ihm erklären, dass diese Familie hier fehl am Platz ist, weil die Frau ja Belgierin ist. Darf ich Sie bitten", sagte er zu den Soldaten, „ diese Familie wieder mit nach Köln zu nehmen, samt Gepäck, in deren Wohnung in Köln-Deutz. Zurzeit können sie nämlich Köln nicht per Zug erreichen. Es fährt noch kein Zug oder Bus."

8. Wieder in der Alarichstraße

Da sind wir wieder in der Alarichstraße und nicht in Belgien. Wir müssen uns andere Strategien einfallen lassen, wie wir mit den vorhandenen und nicht vorhandenen Gegebenheiten des hiesigen Alltags zurechtkommen. Noch haben wir kein Wasser, noch haben wir keine Heizmöglichkeit, das heißt kein Heizmaterial. Wasser gibt's an einem Hydranten auf der Straße. Aber Heizung? Im Keller haben wir noch eine kleine Reserve an Briketts. Und Holz kann ich in den Trümmern der anderen Häuser finden. Auf der Straße treffe ich einen jungen Nachbarn, Peter. Der verrät mir, dass man auf dem Teil der zerstörten Hohenzollernbrücke, die halb im Rhein hängt, Stücke der asphaltierten Fahrbahn der Brücke leicht mit einem Hammer abklopfen kann, ohne ins Wasser zu rutschen. Diese „Pflastersteine" sind aus Eichenholz und mit Teer getränkt, daneben liegt noch Munition, aber die würden wir ja nicht anfassen! Mit zwei leeren Sandsäcken ziehen wir los. Diese Holzklötze lassen sich leicht abklopfen. Wir werfen sie dann ans Ufer, das heißt auf den festen Boden, und sammeln sie später in unsere Säcke. Die sind jetzt ganz schön schwer, zum Tragen zu schwer, wir können sie nur über den Boden schleifend nach Hause ziehen. Die Mutter fragt natürlich, wo wir die denn gefunden haben. Sie steckt sofort ein Stück in den Ofen, das brennt prächtig und gibt viel Wärme. Die Frage der Mutter bleibt vorläufig unbeantwortet, so, als hätte ich sie überhört. Am anderen Tag machen wir das Gleiche, mit ähnlichem Erfolg. Selbst Doris staunt, wie schön warm es ist. Am dritten Tag das Gleiche. Als wir uns an die Arbeit machen wollen, steht plötzlich die Mutter oben, wo der Brückenteil schräg in den Rhein hängt und ruft uns zu, im Befehlston, der jede Diskussion ausschließt: „Kommt ihr wohl schnellstens zurück! Ich mache mir große Sorgen um euch, bin euch nachgegangen. Das Holz brennt ja gut, aber es ist hier viel zu gefährlich! Tut mir das nicht mehr an! Ich verzichte auf das Holz." Wir beteuerten, dass wir sehr vorsichtig gewesen sind. Wir wollten ja nur, dass es warm sei zu Hause und versprachen, nicht mehr hierher zu kommen. Damit war es gut.

Und noch ein weiteres kleines Abenteuer aus unserer hoffentlich letzten „Deutzer Zeit", bevor uns endlich der definitive Absprung nach Belgien gelingt.

Peter, der gleiche Peter mit dem ich auf gefährliche Art an der Hohenzollernbrücke Holz gesammelt hatte, wusste, dass alle Kölner Brücken im Krieg zerstört wurden. Aber er wusste auch,

Behelfsbrücke mit Entlausungsstation

dass die Amerikaner schon eine Behelfsbrücke gebaut hatten. Es handelte sich um die McNair Brücke, die am 22. Mai 1945 von den Amerikanern errichtet wurde (koeln-poll.info: Der Krieg zerschmetterte alle Kölner Brücken). Alle Leute, Soldaten, Heimkehrer und Zivilisten mussten sich jedoch vor dem Überqueren dieser Brücke entlausen lassen, das heißt sich mit DDT von amerikanischen Soldaten „bestäuben" lassen (DDT ist ein chemisches Desinfizierungspuder zum Schutz gegen Ungeziefer). Wir laufen hin zu dieser Stelle, voller Spannung, wie das wohl geht. Aber was schreibe ich da von Spannung, wir sahen in der Tat viel Elend und welches Elend! Soldaten, Heimkehrer aus dem Krieg! Manche hatten nur noch Lumpen um die Füße gewickelt, hinkend mit einem Stock in der Hand, schmutzige Militärklamotten als Mantel über den Schultern, lange nicht mehr rasiert, lange Bärte, schmutzig sogar im Gesicht, müde

und traurig, sichtlich ausgehungert, am Ende ihrer Kräfte – welcher Kontrast zu den amerikanischen und englischen Soldaten im Entlausungszelt, die eine Zigarette nach der anderen rauchten, das heißt, sie zogen zwei oder dreimal an der lange Zigarette und schnipsten den Rest der Zigarette hinter sich ins Gebüsch. Ich sah mit welch wehmütigen Blicken viele der Wartenden diesem Zigarettenstummel nachschauten. Peter hatte das auch gesehen, lief ins Gebüsch und fand den Stummel und noch einen zweiten. Wir knipsten das Mundstück ab und gaben die beiden Zigarettenreste dem Mann, der keine Schuhe mehr hatte, in die Hand, ganz unauffällig. Der zwinkerte uns zu und humpelte zu den Soldaten mit Mundschutzmaske. Der Amerikaner verlangte seine Papiere oder Soldaten-Erkennungsmarke. Der Heimkehrer hatte natürlich nichts verstanden, zuckte nur mit den Schultern, hilflos. Der Amerikaner sagte „Okay", besprühte ihn mit dem Puder, gab ihm ein Papier, stempelte diese Bescheinigung ab und zeigte mit dem rechten Arm Richtung Brücke. Er tat mir furchtbar leid.

Ein anderer Mann, am Ende der wartenden Schlange, besser gekleidet, winkte uns zu sich, zeigte mit seinem Zeigefinger auf die Brust, schwenkte diesen Finger hin und her, um zu sagen „ich nicht" und zeigte dann auf mich und auf Peter. Wir verstanden das so: wir sollten uns an seiner Stelle bestäuben lassen, warum? Hatte er Angst vor der Kontrolle? Wir wussten es nicht. Peter meinte, machen wir, mal sehen, ob er uns danach was gibt. Wir stellten uns wieder an zum Entlausen, der Amerikaner stutzt als er uns sieht, grinst und bestäubt uns so stark, dass wir aussehen wie Schneemänner, gibt jedem die Bescheinigung, stempelt sie und sagt: „Einmal ist OK". Wir gingen bis zum Anfang der Brücke ... da kam auch schon dieser Mann von vorhin, wir gaben ihm eine Bescheinigung. Er griff in die Tasche und gab uns eine Münze. Wir versuchten ungesehen an dem Bestäubungszelt vorbei zu kommen und flitzten nach Hause. Meine Mutter erschrak, als sie mich sah. „Du musst dich waschen, sofort! Vom Kopf bis zu den Füßen." Nachdem ich ihr von unserem „Abenteuer" erzählt hatte, meinte sie: „Dieser Mann hatte vielleicht Angst vor der Kontrolle. Vielleicht war er ein Nazi und wollte nicht kontrolliert werden?" Mit amerikamischen Zigarettenstummeln könnten wir uns ein bisschen Geld für die Spardose verdienen, dachten wir. Tolle Idee! Peter war der gleichen Meinung. Die Vorstellung, etwas Geld für mich zu haben, fand ich toll, weil es bei uns sehr arm zuging. Gesagt, getan! Also wieder zurück zu der Entlausungsstelle. Die beiden Soldaten waren abgelöst worden. Und wir spazierten so unauffällig wie möglich hinter der Entlausungsstelle am Gebüsch vorbei, wohin gestern die Zigarettenstummel weggeworfen worden waren. Und siehe, wir machten beide reiche Ernte. Da lagen mehrere Stummel im Gras und im Gebüsch des Rheinufers. Wir hoben sie unauffällig auf und steckten sie in die Hosentasche. Auf dem Heimweg erzählte mir Peter, dass sein Vater Zigaretten raucht. Er habe schon oft zugeschaut, wie man eine Zigarette dreht. Wir vereinbarten für den Nachmittag einen Treffpunkt. Bis dahin wollte Peter versuchen, von seinem Vater einige Zigarettenblättchen zu stibitzen. Peter kam und hatte die Blättchen! Nacheinander versuchten wir an dieser ersten selbstgedrehten Zigarette zu ziehen. Ich musste schrecklich husten. Es schmeckte scheußlich, pfui ... innerlich sagte ich mir: „Das versuchst du nie wieder." Peter lachte. Er hatte ja schon öfter bei seinem Vater versucht. Als ich schließlich nach Hause kam, rümpfte meine Mutter sofort die Nase. „Du riechst nach Zigarettenqualm. Habt ihr geraucht?" Ich erzählte ihr alles. Sie: „Papa hat immer sonntags nur eine Zigarre geraucht, nicht mehr. Rauchen ist teuer und ungesund. Versprich mir, dass Du die Finger davon lässt." – „Ja, Mama". – „Über einen Spargroschen reden wir später. Ich habe ja jetzt gerade genug für Brot und Kartoffeln. So ist das bei uns, seitdem Papa tot ist." Ich sah, dass sie still weinte und den Kopf zur Seite hielt, um es vor mir zu verbergen. Sie tat mir so leid. Ich umarmte sie ganz fest und gab ihr ein Küsschen.

Doris arbeitete nun in der Deutzer-Wohnungsbau-Gesellschaft aufgrund ihrer Diplome als Büroangestellte. Da der Chef wusste, dass ihre Familie in einer äußerst schwierigen finanziellen Lage war, hat er ihr sogar einen Monatsvorschuss gegeben, damit die allerdringlichsten Bedürfnisse der Familie gesichert werden konnten. Zusätzlich erlaubte er ihr, mit uns, ihrer Familie, eine Woche die Verwandten des Vaters in Ovifat zu besuchen. Alle waren sehr glücklich darüber und freuten sich auf das Wiedersehen. Eigentlich lebten wir ja sowieso nach all den Bombardierungen aus einem großen Koffer und drei Tragetaschen. Es war also schnell alles gepackt. Und schnell ging's los mit dem Zug von Köln über Düren und Aachen nach Sourbrodt. Das Schwierigste war, über die Notbrücke nach Köln zu kommen. In Düren wurde uns beim Umsteigen ein Koffer gestohlen. Doris schrie meiner Mutter zu: „Unser Koffer ist weg!". Durch schnelles Eingreifen der Bahnpolizei wurden die Diebe am Ausgang des Bahnhofs dingfest gemacht.

Bei der Ankunft in Sourbrodt wurden wir wie in alten Zeiten mit Begeisterung abgeholt. Alle waren sehr glücklich, dass wir noch lebten.

Onkel Leo, der sich der Einberufung zur Wehrmacht entzogen und sich versteckt hatte, kam zu mir: „Weißt du noch, dass du im Stal meinen Popo gesehen hast, als ich dort meine Toilette machte? Sapristi (heißt in Wallonisch so viel wie: „verdammt noch mal"), ich hatte solche Angst, du würdest dich verplappern, wenn die Wehrmachtspolizei mich suchen käme. Toll! Du hast mich nicht verraten!"

Zur Feier des Tages gab es ein kleines Festessen in Ovifat. Unvorstellbar für uns, es schmeckte herrlich – aber schon nachts wurden wir alle krank, weil wir an solch eine Ernährung nicht mehr gewöhnt waren: zu viel, zu fett! Auch in Boussires war Feststimmung mit Josef, einem Onkel, der in der deutschen Flugabwehr gedient hatte und schließlich desertiert war. Es war auch hier ein wunderbares Wiedersehen. Alle bedauerten, dass unser Vater nicht mehr dabei sein konnte.

Wir sprechen von unserem Problem, dass wir keine Papiere mehr besitzen. Leo, der früher bei der Gemeinde gearbeitet hatte, will sich für uns einsetzen und nach Belegen suchen bezüglich der belgischen Nationalität meines Vaters.

Die Woche ging viel zu schnell vorbei. Trotzdem, Mama drängte auf Abreise.

Ein „Engel" in belgischer Offiziersuniform, der zudem Deutsch spricht, meldet sich im Büro der Wohnungsbau-Genossenschaft.

Er ist von der belgischen Regierung beauftragt, sich um Belgier im Ausland zu kümmern, die jetzt nach dem Krieg und der Kapitulation Deutschlands Schwierigkeiten haben bei Ihrer Rückführung nach Belgien. Doris´ Büroleiter zündet natürlich unmittelbar und bittet Doris, an seinem Gespräch mit diesem Offizier teilzunehmen. Offiziell ist er ein sogenannter Verbindungsoffizier mit dem speziell erwähnten Auftrag. Zufallsglück oder wie würden Sie das nennen? Die Servais´ möchten nach Belgien zu ihren dortigen Verwandten, um dort zu leben und, um es genauer zu sagen, in die Region, wo Deutsch gesprochen wird. Doris beschreibt dem Offizier unsere Lage. Das heißt, dass wir keine Dokumente besitzen, die beweisen, dass der mittlerweile verstorbene Vater die belgische Nationalität beantragt und erhalten hat. Hat der Vater aus Angst vor Hitler seine Dokumente versteckt oder vernichtet? Wir sitzen jedenfalls fest in Deutz und wissen nicht, was wir tun können oder müssen, um zu unseren dortigen Verwandten zu kommen und in Belgien zu leben. Wir sind mittellos, und Ernst müsste unbedingt wieder in ein Gymnasium. Er hätte jetzt schon im Deutzer Gymnasium zwei Jahre verloren. Kann er uns helfen? Doris erzählt uns zu Hause, er habe am Kragen seiner Uniform ein kleines Kreuz getragen. Sie habe ihn sehr höflich gefragt, ob er vom Roten Kreuz sei. Er hätte gelacht und ihr schmunzelnd geantwortet: Nein, im Zivilleben in Belgien sei er ein Mönch der Abtei Maredsous – dort heiße er Père Claude Passelecq. Er notierte sich alle Unterlagen, Heiratsbuch der Eltern und die genauen Adressen unserer Verwandten in Ovifat und Boussires sowie die in Frage kommenden Gemeinden. Er würde sich so schnell wie möglich melden.

Als Doris nach Hause kommt, strahlt sie vor Glück. Aber wir müssten etwas warten, habe er gesagt. Stimmt! Nun aber begann wieder so eine Zeit, in der sich täglich, manchmal sogar stündlich, Hoffnung und Angst die Hand reichten. Eine Zeit, in der mal der Eine, mal der Andere ein Hoch oder ein Tief durchzustehen hatten. Der Ungeduldigste war wie immer ich.

Aber in der Tat, nach drei Wochen brachte Doris Pater Passelecq zur Mutter in unsere Wohnung. Er wollte der Mutter persönlich das Dokument überreichen, das bescheinigt, dass der

Vater im November 1921 die belgische Nationalität offiziell für sich beantragt und erhalten hatte. Auch der Pater war sichtlich gerührt und glücklich, uns geholfen zu haben.

Es war mir wichtig, diese fast unglaubliche Begegnung mit dem Pater aus Maredsous zu überprüfen. Ich wollte sicher gehen und schrieb eine Mail nach Maredsous. Untenstehend finden Sie meine Anfrage und die Antwort des Abbé Laurent aus Maredsous.

PROCES-VERBAL DE DECLARATION DE NATIONALITE

Souscrite en vertu de l'arrêté royal du 6 septembre 1921, exécutif à l'article 36 § 2 du Traité de Versailles et par application de l'Arrêté du Haut-Commissaire du Roi, Gouverneur, en date du 15 septembre 1921.

L'an mil neuf cent vingt et un, le 30 du mois de novembre devant nous, commissaire du district de Waimes, agissant en vertu de pouvoirs nous conférés par l'arrêté du Haut-Commissaire du Roi, Gouverneur, a comparu :
le sieur SERVAIS Jean Quirin, né à Ovifat (canton de Malmédy), le 19 juin 1890, fils de Servais Victor Joseph et de Lemaire Marie Cathérine, lequel est établi effectivement en la commune de Köln-Ehrenfeld, où il réside rue Sommerswegstrasse n° 58, et exerce la profession de menuisier.

Lequel comparant, voulant bénéficier de l'autorisation qui lui a été accordée par arrêté royal en date du 6 septembre 1921 (Moniteur Belge du 17 septembre 1921 et Journal officiel de Malmédy-Eupen de la même date), a déclaré vouloir acquérir la qualité de Bel conformément aux dispositions de l'article 36, § 2, du Traité de Versailles du 28 juin 1919.

En foi de quoi, en présence de Servais Clément et de Müller Joseph, témoins à ce requis, nous avons dressé le présent acte que l comparant et les témoins signent avec nous, après lecture.

Le comparant,	Les témoins,	Le commissaire,
(s) Jean Quirin Servais	(s) Joseph Müller Clément Servais	(s) Driessen

Pour copie certifiée conforme.

Malmédy, le 29 mai 1925

Pour le Conseiller de l'Intérieur,
Le Chef de Division ff.
signature illisible.

Copie certifiée conforme
à l'original
ROBERTVILLE, le 14-7-1949.
Le Bourgmestre.

Père Passelecq bringt das lebenswichtige Dokument und öffnet damit den Weg nach Belgien

Ernst Servais [mailto:ernst.servais@gmail.com]
Envoyé: lundi 25 juillet 2016 16:03
À: abbe@maredsous.com
Objet: Demande d´information au sujet de feu
Mr. l´abbé Passelecq
Cher Monsieur l´abbé,
En 1945/46 ma sœur DORIS SERVAIS a rencontré à COLOGNE DEUTZ Mr l´abbé Claude (ou George) PASSELECQ qui était à ce moment "Officier de liaison" ?! au nom du gouvernement belge. Comme ma mère et Doris Servais (ma sœur) et moi-même nous voulions rejoindre la famille de mon père (décédé) à Cologne début de la guerre, le père Passelecq s´est chargé de retrouver pour nous les documents requis à la commune natale de mon père. Nous en étions très heureux, cela nous a permis de rejoindre la Belgique en tant que belges d´origine. Pouvez-vous éventuellement confirmer que le Père Passelecq a exercé momentanément ce genre d´aide à la fin de la guerre. J´ai perdu sa

trace et ma sœur qui a longtemps gardé le contact avec lui, est également décédée. J´écris pour le moment un livre sur ma vie: Je n´ai donc plus aucun témoin pour cet épisode. Je serais très heureux si vous pouviez me confirmer son travail d´officier de liaison, alors qu´il était déjà Père à Maredsous.
Merci pour votre réponse, soit par téléphone 087/744674 ou via e-mail servais.fort@skynet.be
Cordialement,
Ernst Servais

Von: abbedemaredsous [mailto:abbe@maredsous.com]
Gesendet: Montag, 25. Juli 2016 16:56
An: Ernst Servais'
Betreff: RE: Demande d´information au sujet de feu
Mr. l´abbé Passelecq
Monsieur,
En réponse à votre mail, voici ce que je peux vous dire : Après la libération, le Père Georges Passelecq (son nom de religieux était Paul) a été commissionné d'office pour plusieurs missions d'information en Allemagne. Il est donc très possible que ce soit au cours d'une de ses missions qu'il a pu vous aider ainsi que votre famille. Entre 1946 et 1974, il est aussi aumônier de la Croix-Rouge de Belgique. Le Père Georges est entré à l'abbaye de Maredsous le 7 octobre 1925 et y est décédé le 27 février 1999.
Bien à vous
+Bernard Lorent, abbé de Maredsous

Durch diesen Briefwechsel mit der Abtei von Maredsous konnte ich die Bestätigung erhalten, dass in der Tat ein Pater Paul, mit zivilem Namen Georges Passelecq, nach der Kapitulation einige Informations-Missionen in Deutschland durchführen musste und dass es also durchaus möglich sei, dass er in diesem Rahmen meiner Familie helfen konnte.

9. Membach: Rue des fusillés – September 1946 und Eupen

Aufgrund der Papiere, die Père Passelecq uns besorgt hatte, konnten wir ohne Probleme nach Belgien umziehen. Eine neue Odyssee begann. Irgendjemand hatte uns in Membach – rue des fusillés (Straße der Hingerichteten!) ein möbliertes, sehr preisgünstiges Hinterhäuschen zur Miete angeboten. Wir sagten zu und brachten unseren Koffer mit den wenigen Habseligkeiten, in den „Gemeinschaftsraum". Warme Decken waren dort Gott sei Dank vorrätig. Woher hätten wir die sonst nehmen können? Wir konnten uns auch Holz und Briketts in der Nebenstraße besorgen. Der Winter sollte noch sehr kalt werden! In der Bäckerei des Ortes konnten wir Brot kaufen. Hier brauchte man ja keine Essmarken mehr wie in Deutz und in dem Geschäft fanden wir fast alles, wunderbar! Die Leute waren uns gegenüber sehr freundlich. Wo wir denn wohnen würden, und ob wir sonst noch etwas suchten? Wenn Doris und ich unser „Sträßchen" nannten, stutzten die Leute, ob denn da eine Wohnung wäre – ach ja in dem „Hinterhäuschen", sichtlich erstaunt und etwas bedauernd. Wir konnten uns das aber damals nicht erklären. Nach dem Abendessen gingen wir alle schlafen, zu dritt in einem Bett, um so richtig warm zu bekommen. Die Mutter in der Mitte, Doris und ich rechts und links von ihr. Auch die Mutter schien zufrieden, ihr erstes Ziel, eine eigene Bleibe in Belgien zu haben, war erreicht, wenigstens vorläufig. Nur für kurze Momente dachten wir mit etwas Bedauern und Heimweh an unsere Wohnung in der Alarichstraße.

Am Morgen brannte natürlich der Ofen nicht mehr. Einer musste aufstehen und Feuer anzünden. Ich meldete mich freiwillig. Die anderen durften liegenbleiben, bis es etwas wärmer wurde. Beim Frühstück war es dann warm genug. Wir diskutierten, wie es wohl nun weitergehen könnte. Die Mutter notierte die verschiedenen Punkte. Doris müsste einen neuen Arbeitsplatz finden und die Mutter auch, ich müsste auf ein Gymnasium in Eupen gehen. Wir brauchten auch Kartoffeln, Gemüse, Marmelade, etwas Kaffee und Milch. „Und", sagt die Mutter, „ich muss zum Unterstützungskomitee in Eupen, dort unsere Situation erklären und um Hilfe bitten. Dann gehen wir auch zum dortigen Gymnasium." Nach dem Frühstück gehen wir los, zu Fuß von Membach nach Eupen, zirka 4 km. Im Sozialhilfezentrum – damals hieß es Unterstützungskommission – werden wir freundlich und hilfsbereit empfangen. Eine finanzielle Unterstützung wurde beantragt – „Sie bekommen Bescheid." Doris bittet, ob man ihr helfen könne, eine Stelle in einem Haushalt als Gouvernante zu finden oder in einem Büro. Für mich überreicht sie uns die Adresse des Gymnasiums Collège Patronné. Das Fräulein, das uns empfangen hat, ist sichtlich beeindruckt von der Beschreibung unserer Lage. „Frau Servais, Sie sehen sehr müde aus." – „Ja. Es geht mir auch nicht gut, ich bin am Ende meiner Kräfte." Das Fräulein reicht ihr ein Kuvert mit belgischen Franken, als Direkthilfe. „Unterschreiben Sie nur bitte dieses Formular." Die Mutter war sehr geniert und wischte sich ein paar Tränen aus den Augen. „Guten Mut, Frau Servais. Sie werden sehen, alles wird gut. Ich erwarte Sie wieder nächste Woche." Von dort aus wollte die Mutter mit mir noch zur Schule gehen. Es war nicht so weit zum Kaperberg. Dort wäre ja die Schule, das Gymnasium, genannt „Collège patronné", im Volksmund „Kolleg" genannt. Ich hatte schon ein wenig „Pudding in den Beinen". Zum Glück war der Herr Direktor da. Nach einer kurzen Wartezeit durften wir in sein Büro, ein großer Raum mit Möbeln im alten Stil – beeindruckend. Er war sehr freundlich zu uns. „Aha, Sie kommen aus Köln, Du bist also ein richtiges Kölsch´ Jöngelche." Ich musste erklären, dass ich in Deutz bereits in die 3. Sekundar-Klasse hätte gehen müssen, wenn die Schule und der Krieg nicht dazwischen gekommen wäre, dass ich dort schon zwei Jahre Englischunterricht gehabt hatte, aber noch kein Französisch könnte. Er erklärte das belgische Sekundar-Schulsystem – sechs Jahre bis zum Abitur – und viel Französischunterricht. Es mache sich gut, jetzt sofort einzusteigen, und zwar in die „6ème Latin" – oder lieber „moderne"? Mama und ich meinten, am besten Latein und Griechisch. Der Direktor bejahte diese Entscheidung. Am 1. September würde das neue Schuljahr beginnen. „Wie kommst du denn von Membach hierher zur Schule?" Ich: „Zu Fuß!" Der Direktor: „Jeden Tag, hin und her?" „Ja!" – „Das ist sehr mutig von dir! Wirst Du das durchhalten?" „Ja, ich hoffe!" Zu Hause machte ich sofort ein gutes Feuer und die Mutter legte sich aufs Bett. Es war doch viel für sie an dem Tag. Doris und ich waren sehr besorgt um sie und überlegten, was wir tun könnten oder müssten.

Endlich der Neuanfang in Eupen (Belgien), September 1946

Ernst wurde an der Tür des Direktors vom Präfekten der Schule begrüßt und zu seiner Klasse, der „Sixième Latine", geführt und der Klasse vorgestellt: „ Bonjour tout le monde – Guten Morgen, das ist Ernst Servais, er kommt aus Köln und will hier sein Abitur machen. Ernst – drüben ist noch Platz."

Der erste Unterricht war Geographie. Alles in Französisch – ich verstand kein Wort. Nur einmal das Wort „meridional" – das kannte ich noch vom Unterricht in Köln. Denn dieses Wort gibt es ja in den beiden Sprachen. Danach war Geschichte. Auch hier verstand ich fast nichts. Dann hatten wir Mathe und Physik mit einem lustigen Lehrer, ich konnte kaum folgen und verstand auch seine Witze nicht. Er machte vor der Klasse einige Physik-Experimente. Interessant, aber um was ging es? Und vor der Mittagspause Botanik, Pflanzenkunde. Dieser Lehrer zeigte viele Bilder und zeigte dann mit einem Stock auf die Stellen der Blume, über die er sprach.

In der Pause kamen einige Schüler zu mir und wollten wissen, warum ich denn nach Eupen käme. Ich antwortete auf die Fragen. Da lachten einige ... „Der spricht aber ein komisches Deutsch!" Ein anderer: „Dat is ene richtige Kölsch." Alle lachten. Sehr unangenehm, ausgelacht zu werden. Seitdem nannten mich alle „de Kölsch" und den Namen habe ich lange behalten.

Nach der Pause habe ich überhaupt nichts mehr verstanden. Ich hatte abgeschaltet, kam nicht mehr mit. Traurig war ich, hätte heulen können. Ich schaute auch nicht mehr zum Lehrer. War physisch noch in der Klasse, aber nicht mehr geistig. Alles rauschte an mir vorbei. Nur Ärger im Bauch! Als die Klassenstunde vorbei war, wollte mich jemand ansprechen – ich ging stur weiter. Schnurstracks zum Büro des Direktors, klopfte, die Tür ging auf, da stand er – seine Stimme hörte ich nicht – warf ihm meine Schultasche mit Heften vor die Füße: „Ich mach nicht mehr mit, ich mache Schluss, ich komme nicht mehr!" Und er: „Komm mal rein. Was ist denn los?" „Ich habe nichts verstanden, nur ein einziges Wort „meridional" – es hat keinen Zweck, hier wird ja nur Französisch gesprochen, auch kein Wort in Englisch oder Deutsch, ich bin es satt!"

Der Direktor, langsam und bedächtig, fast väterlich: „Hör mal, ich werde mich um dieses Problem kümmern. Morgen wird es besser sein. Aber du musst auch den Tag beenden. Du wirfst die Flinte zu früh weg. Glaub mir, morgen wird es besser werden. Versprichst du mir das?" Mit Tränen in den Augen sagte ich leise „Ja". Zu Hause angekommen erzählte ich von diesem für mich schrecklichen Tag. Mutter hörte mir aufmerksam zu und sagte dann tröstend: „Ich kann verstehen, dass du enttäuscht bist, aber ich gebe dem Direktor Recht, es war wichtig, dass du den ersten Tag dort bis zum Ende geblieben bist, morgen wird es bestimmt besser werden".

Und so war es. Die erste Stunde gab Professor Rentges – Priester und Lateinlehrer. Er begrüßte alle und mich persönlich. „Es muss schwer sein, wenn man nichts versteht." Er wiederholte diesen Satz in Französisch. Das tröstete mich. „Ich werde ab sofort, soweit es möglich ist, in der zweiten Sprache wiederholen, manchmal nur zusammenfassen. Dir Ernst, schlage ich vor, du setzt dich da vorne neben Noël hin, er spricht Französisch und du darfst auch alle seine Notizen in Französisch von ihm abschreiben, und das in allen Fächern. Der Präfekt ist einverstanden und informiert alle anderen Lehrer." Super! Ich bedankte mich auch bei dem Mitschüler, Noël.

Der erste Winter in Belgien gestaltete sich sehr hart. Die Wohnung in Membach war klein, feucht, schwer beheizbar. Morgens gab es Eisblumen an den Fenstern. Die Wände glitzerten von einer dünnen Eisschicht, die Bettdecke auch! Das „Ankommen" in der neuen Heimat war mit vielen Hürden versehen. Nach und nach wurde es ruhiger. Aber dann wird meine Mutter plötzlich schwer krank. Wir sind besorgt, sie hat Hautausschlag und starke Schmerzen, spricht durcheinander. Ein Arzt muss her, aber woher, und womit sollen wir ihn bezahlen? Es ist tiefer Winter, hoher Schnee! Doris und ich stapfen los nach Eupen, um einen Arzt zu finden, der unsere Mutter behandeln soll. Auf der Vervierser Straße finden wir einen Arzt, den wir um Hilfe bitten. Er bietet an, uns in seinem Wagen mitzunehmen.

Wir sagen ihm, dass wir ihn nicht bezahlen können. Ich werde seine Antwort nie vergessen: „Das ist jetzt nicht wichtig. Erst will ich die Mutter sehen und ihr helfen." Seine Diagnose: „Gürtelrose". Die Behandlung war dringend.

Wir brauchen Geld und die Situation mit der Wohnung in Membach ist unhaltbar. Wieder erweist sich der Direktor als rettender Engel. Er bietet meiner Mutter an, in der Küche der Schule den Ordensschwestern zu helfen und vorübergehend in zwei leer stehenden Klassenräumen auf der ersten Etage zu wohnen, bis wir etwas Passendes in Eupen gefunden hätten. Das konnte natürlich nur eine vorübergehende Lösung sein.

10. Erneuter Umzug für die Familie

In Köln gibt es das Sprichwort: Wo Menschen sind, da menschelt es. Eine längere Zeit klappte alles gut in der Küche des „Collège Patronné" in Eupen. Dann aber kriselte es mit den Schwestern, und Unzufriedenheit äußerte sich wie kleine Risse im Stoff. Vielleicht erforderten auch die Umstände in der Schule, dass die beiden Klassenräume statt Schlafräume wieder Schulräume wurden, was gut verständlich war. In einem offenen Gespräch mit dem Direktor entschied die Mutter, dass wir in die Vervierser Straße Nr. 12 umziehen würden auf die 2. Etage eines Lebensmittel-Großhandels. Das war dann auch der Augenblick, den Umzug unserer Möbel und des Hausrates von der Alarichstraße in Köln-Deutz definitiv in die Vervierser Str. 12 in Eupen zu vollziehen. Es wurde freundlicherweise noch vereinbart, dass der Auszug aus den Räumen der Schule erst vollzogen würde, wenn unsere Möbel in der Vervierser Straße angekommen wären. Das alles vollzog sich in freundlicher Atmosphäre mit dem Direktor und dem Küchenteam der Schwestern-Gemeinschaft.

Nachträglich empfinde ich Mutters und Doris' Entscheidung für den Umzug zur Vervierser Straße als unbedingt richtig. Vorbei die aufregenden Strapazen in Köln-Deutz, wo es oft nur um das nackte Überleben ging. Vorbei die nervenaufreibenden

Unsicherheiten bezüglich unserer Nationalitätenfrage. Nun konnte Ruhe in die Familie kommen. Das tat vor allem der Mutter gut. Hinzu kam, dass Doris ziemlich schnell eine Stellung in Brüssel bekam als Erzieherin. Dieser Job war nicht immer leicht, aber es entwickelten sich auch freundschaftliche Beziehungen mit dieser Arzt-Familie. Sie konnte regelmäßig am Wochenende nach Hause kommen. Wer hatte doch noch gesagt: „Frau Servais – es wird alles gut werden." Und das betraf auch mich für mein Studium im Collège Patronné.

Schon im Dezember kam ich in allen Fächern gut mit, auch wenn sie in Französisch gegeben wurden. Ich studierte gern. Meine Resultate waren gut. Schon im ersten Jahr schloss ich mich der Pfadfindergruppe St. Martin an. Ich wurde dem Fähnlein der „Füchse" zugeteilt. Im folgenden Jahr durfte ich bereits die Leitung dieser Untergruppe übernehmen. Das ganze Programm dieser Jugendgruppe fand ich lehrreich (Knoten lernen, Konstruktionen bauen ohne Nägel ...). Besonders aufregend war für mich, verantwortlich zu sein, nachts im Wald ein Ziel zu erreichen – nur auf den Kompass angewiesen. Dabei erlebte ich, was es heißt, Verantwortung zu übernehmen. Einmal, nach einer solchen Aktivität, habe ich der Mutter gesagt: „Nun verstehe ich besser, was es für dich heißt, als Mutter – ohne Papa – verantwortlich zu sein". Ich behielt besonders die Regel im Gedächtnis: Täglich „une bonne action" – Täglich eine „gute Tat".

Jeder Pfadfinder erhält im Rahmen eines Lagerfeuers vom Rat der jeweiligen „Weisen" der Gruppe als Totem einen Tiernamen und dazu ein persönlich passendes Adjektiv. Mein Totem war zuerst „sympathische Ameise" und später „offenherzige Schwalbe". Ich konnte diese Totems gut annehmen.

Was meinen Umgang mit Mädchen anbetraf? Ich persönlich wusste schon, an welchen Mädchen mein Blick öfter hängen blieb und welches mir gefiel. Aber meine Freunde respektierten auch, dass ich diesbezüglich immer zurückhaltend war. Jeder wusste, dass ich Priester werden wollte und die Freunde respektierten das auch. Sie akzeptierten, dass ich nie zu einem Ball ging. Und wenn einige Freunde manchmal versteckt und heimlich zum Heidberg rüber gingen (Mädchen-Lyzeum), dann hieß

1. Georg Stommen
2. Rudi Rosenstein
3. Richard von Schwarzenberg (+)
4. Hans Emontspohl
5. Victor Moreau
6. Adrien Ries (+)
7. Paul Schoonbroodt
8. (Frère sj)
9. Ernst Servais
10. Edgar Ohn
11. Alfred Mathie
12. Hugo Pelzer
13. Paul Zilles (+)
14. Raymond Houbier
15. Robert Noël
16. Prof. René Hardy (+)
17. (Père sj)
18. Prof. Arthur Nisin (+)
19. Félix Francois

Abitur CP Eupen 1952 (Xhovémont) - 2002

es „Den Ernst brauchen wir nicht zu fragen, der kommt ja sowieso nicht mit, der will ja Priester werden." Ich habe mich nie diesbezüglich von den Kameraden gehänselt gefühlt.

1952 war dann das Abiturjahr und wie alle hatte auch ich Angst vor den Prüfungen. Ich erinnere mich, dass ich Chemie überhaupt nicht mochte. Zum Glück wurde ich geprüft in der Hälfte des Stoffes, den ich noch in letzter Stunde gelernt hatte. Mein schwächstes Fach war Religion! Der Direktor verstand das auch nicht. Er gab mir nur einen letzten Rat: „Ernst, Du kannst sehr gut improvisieren. Das kann auch gefährlich werden z.B. bei Predigten. Bereite Deine Predigten später gut vor."

Das sind einige meiner Erinnerungen an das Eupener Gymnasium und die dortigen Freunde. Statt „Germanisierung" erlebte ich hier „Französierung". Abschließend wurde dann noch eine Bierzeitung gestaltet und dem Direktor und den Lehrpersonen überreicht.

Betriebsausflug der Abiturienten des Collège Patronné

Anschließend ging es für zwei Jahre Philosophie ins Priesterseminar, und zwar nach Sint Truiden und das angeschlossene Internat.

11. Erinnerungen an meine psychologische, theologische und menschliche Ausbildung

„Kleines Seminar" Sint Truiden in Flandern, zwei Jahre Philosophie und vier Jahre Theologie im „Großen Priesterseminar" in Lüttich – davon vier Monate Krankenpflege und Begleitung von erkrankten Soldaten, im Militärlazarett Lüttich.

Das war schon ein großer Umschwung für alle in der Familie. Die Mutter allein in Eupen, Doris in einer kinderreichen, französischsprachigen Familie und ich in einem französisch- und niederländischsprachigen Internat. Ich bekam im Unterricht Tuchfühlung mit bekannten Psychologen, Philosophen, berühmten Vertretern neuzeitlicher Denker usw. Die Referenten oder Professoren waren alle Priester. Interessiert haben mich die philosophischen Vorlesungen, die Logik und deren Anwendung im Umgang mit Menschen, die Vertiefung neuzeitlicher, sogar atheistischer Literatur, Sartre, der Nihilismus. Über Psychologie habe ich in dieser Phase weniger mitbekommen, soweit ich mich jetzt daran erinnern kann.

Ich denke, dass in der Ausbildung zum Priester meine innere Überzeugung gewachsen und gestärkt wurde, dass in persönlichen schweren Entscheidungen das eigene Gewissen des Menschen entscheidend ist, auch für deren Konsequenzen, die manchmal für immer gelten. Diese Überzeugung begleitet und führt mich bis heute. Im Nachhinein haben mir ähnliche Seminare und Weiterbildungen in vielen Bereichen mehr zugesagt und geholfen als die priesterliche Ausbildung im Priesterseminar, z.B. Weiterbildung in personenzentrierter Gesprächsführung mit Prof. Bommert der Universität Münster, Themenzentrierte Interaktion, die Ausbildung zum Sozialtherapeuten – ein Angebot der EKD Deutschland. Sie alle gingen gepaart mit den Erfahrungen in meinem Einsatz bei drogenabhängigen Jugendlichen.

Ich möchte aber auch die Erfahrungen erwähnen, die wir Seminaristen im Rahmen der Monate unseres normalen Militärdienstes im Militärhospital Lüttich gewannen. Diese Zeit war in meinen Augen sehr hilfreich für den späteren pastoralen Einsatz in Pfarreien, irgendwo in der Wallonie oder der Deutschsprachigen Gemeinschaft. Dazu zähle ich an erster Stelle, dass wir endlich mal das behütete SeminarNEST verlassen konnten oder mussten. Der Kontakt mit weiblichen „Pflegerinnen", die ihren Unteroffiziersrang manchmal ganz schön ausnützen konnten: „Ernst, machst du mir mal eine gute Tasse Kaffee?" – und wenig später das Gleiche nochmal. Der gezielte Werbeeffekt war deutlich spürbar. Der eine oder andere entdeckte hier, dass es neben dem zölibatären Ziel noch Alternativen gab. Eine weitere wertvolle Erfahrung war der unmittelbare Kontakt zu kranken Soldaten, oft seelisch Kranken, deren Wunsch, sich über familiäre, seelische oder berufliche Probleme vertraulich aussprechen zu können, einfach nicht zu leugnen war. Dabei denke ich auch an den Kranken, der mich rief, weil er einfach nicht schlafen konnte. Die Pflegerin riet mir, ihm zwei Milliliter destilliertes Wasser zu spritzen. Am anderen Morgen bedankte er sich bei mir, dass ich ihm so gut geholfen hatte – den Placebo Effekt kannte ich bis dato nicht.

Nach dem Dienst in der Armee mussten wir Seminaristen zurück ins Seminar. Es ging voran. Der „Weihe zum Subdiakonat", das heißt dem Versprechen vor dem Bischof zur Ehelosigkeit, folgte ziemlich rasch die Weihe zum „Diakonat", das heißt die Übertragung an den Kandidaten einiger Dienste in Begleitung eines Priesters. Die Zeit verging wie im Fluge. Wir trugen bereits die

Sutane. Bei Ausgängen sollten wir immer zu dritt spazieren gehen: zwei Wallonen und ein Flame, oder zwei Flamen und ein Wallone. Der Vorteil dieser Pflicht war, dass wir die Zweitsprache wie von alleine lernten, für mich die flämische. Die Deutschsprachigen galten ja als Wallonen!

Wenn wir dann „unters Volk" kamen, merkten wir, wie manche Leute sich distanzierten oder „QUAAAK – QUAAAK" riefen. Das war mir sehr unangenehm und peinlich. Es distanzierte mich von den Menschen. Eines Tages, bei einem Windstoß längst der Maas, habe ich meinen neuen „Karrenhut" in die Maas segeln lassen. Ich war froh ihn los zu sein und versprach mir davon etwas weniger Distanz oder, besser gesagt, etwas mehr Nähe zu den Menschen. Ich war innerlich zufrieden mit mir selbst. Natürlich musste ich den Verlust dieses Kleidungsstückes meiner priesterlichen Uniform beim Präsidenten melden. Der meinte mich zu trösten: „Ist nicht schlimm, Ernst. Vor einigen Wochen ist ein Pfarrer gestorben. Du kannst aus seinem Nachlass gerne morgen einen solchen Hut bei mir abholen." Ob er wohl an meinem Gesichtsausdruck meine Enttäuschung gesehen hat? Die beiden anderen Spazier-Freunde haben jedenfalls den Mund gehalten.

Ab hier verflog die Zeit wie noch nie und unsere Angst und Nervosität wurde immer größer. Einige eifrige Kandidaten spazierten schon in den Seminargängen und beteten die um diese Zeit vorgesehenen Passagen aus dem Brevier.

Und eins möchte ich gerne weitergeben. Der Morallehrer versammelte uns in dieser spannungsgeladenen Zeit, um uns zu beruhigen und gab uns wertvolle Ratschläge mit auf den Weg, u.a. folgenden: „Wenn ihr demnächst als Neupriester die Beichten abnehmen sollt und wenn in diesem Rahmen vertrauliche Ehefragen vom Beichtenden angeschnitten werden, dann – mein Rat – hört gut zu, stellt keine Fragen und gebt ohne Diskussion die Absolution – denn ihr kennt nichts von diesen Problemen." Seine Ratschläge habe ich nie vergessen, weil sie auch mir so wertvoll beruhigend schienen. Sie waren befreiend und nahmen uns viele Ängste vor unvorhersehbaren verantwortungsvollen Situationen. Er vermittelte Zuversicht und Freude, im Namen Gottes Menschen Befreiung und Frieden zu vermitteln. Hier gab es viele Gelegenheiten, die gleiche Haltung wie Jesus von Nazareth, nämlich wie Gott zu handeln, in aller Demut vor dem im Beichtstuhl Frieden Suchenden. Er sollte nicht Diskussionen über sich ergehen lassen müssen über theologische Spitzfindigkeiten. Jesus sagte immer nur: „Gehe hin – in Frieden."

Und noch eins als Rückblick und Ausblick auf diese so aufregende Zeit vor uns in der Seelsorge, die wir bald in Pfarreien irgendwo beginnen würden: In der theologischen Ausbildung freute ich mich am meisten auf die Exegese, die die Vertiefung der Person des Jesus von Nazareth beinhaltet, seine Botschaft, seinen Umgang mit den Menschen, den einfachen Leuten, mit den Menschen, die „Dreck am Stiefel" haben. Seine Art mit den Menschen zu sprechen, in Bildern, die immer für alle verständlich war, begeisterte mich. Heutzutage begeistert mich die „Fotosprache". Jesus konnte Leuten seine Meinung sagen ohne sie zu verdammen.

Ich vermute, dass Seine Art, mit Gefühlen umzugehen, mich sehr geprägt hat für meinen späteren Umgang mit den Menschen, denen ich als Priester oder einfach als Ernst begegnen durfte. Viele „moral-theologische" Richtlinien, die oft das Leben eher einengen als befreien, musste ich natürlich lernen und in Prüfungen wiedergeben, um die nötigen Punkte zu bekommen.

Aber mein Herz schlug und schlägt rund um folgende Frage: „Wie kann ich mein Leben und die Ereignisse meines Alltags aus der Sicht Jesu Christi beleuchten und vertiefen?" An Gespräche bezüglich dieser Fragen kann ich mich in keinem Fach erinnern. Wir studierten Jesus und seine Botschaft, aber nicht, wie ich sie für mein Leben anwenden und den Menschen unserer Zeit übersetzen kann. Wie seine Botschaft in unserer Zeit verdeutlichen, visualisieren, mit welchen Bildern unserer aktuellen Zeit? Ein solch „lebendiges Evangelium" hat mich ein Pater-Missionar aus Chile viele Jahre später entdecken lassen. Er arbeitete in „Equipos", wie er sie nannte, Teams von Gleichgesinnten, Priestern und Laien, die zusammen versuchten, das Evangelium in ihren Alltag zu übertragen, die Probleme im Alltag im Licht des Evangeliums zu lösen. Und das kann und möchte jeder, der es einfach erlebt hat, weitergeben – als Priester, als Laie (auch dieses Wort hat Jesus nie gebraucht), als sein Jünger.

Die Priesterweihe von vier Seminaristen aus unserer deutschsprachigen Gegend (Willy Kessel, Richard von Schwarzenberg, Carl Pauqué und ich selbt) fand in Eupen am 14. Dezember 1958 unter großer Beteiligung der Bevölkerung in der St. Nikolaus Kirche statt. Erhaben und feierlich zogen wir mit den Messdienern vor dem Bischof durch den Mittelgang der Kirche zum Altar. Die Kirche war voll besetzt und der Organist zog alle Register der Orgel. Ich musste – wie alle anderen – schön feierlich vor mich hin schauen, obschon alle Leute uns anschauten. Mir war das Ganze unheimlich peinlich. Tief ergriffen und im vollen Bewusstsein des neuen Auftrags, den ich annahm, d.h. im Namen Jesu zu den Menschen zu gehen und die „Frohe Botschaft" zu verkünden, störte mich eher das ganze „Drum und Dran", das Gediegene, fast Pompöse. Ich kann auch heute noch nicht ertragen, wenn ich im Fernsehen Bischöfe und Kardinäle im „vollen Ornat" sehe, die Einzug halten in Kirchen oder Kathedralen.

Als das „Großer Gott wir loben dich" verklungen war, löste sich der feierliche Krampf. Hände wurden geschüttelt, Geschenke überreicht – mir überreichten die Nachbarn einen vergoldeten Kelch mit der Inschrift: „In primis pro Ecclesia tua sancta catholica", d.h. „Zuerst für deine Kirche, die Heilige und allumfassende, weltweite, d.h. universelle Kirche", so hieß meine Devise. In dem Kelchgriff war dann auch der Ehering meines Vaters eingearbeitet. Darüber habe ich mich sehr gefreut. Diesen Kelch besitze ich natürlich immer noch. Und ich bin allen dankbar, die ihn mir geschenkt haben.

Das „rote" Seraing

Mein Urlaub nach der Priesterweihe und der Primiz war nur kurz, der Bischof entsandte mich als einzigen aus unserer Gruppe nach Seraing in die Pfarre „La Chatqueue". Das bedeutete einmal in die Wallonie, also französisch sprechendes Gebiet, zum anderen in ein ausgesprochenes Arbeitermilieu der Metallindustrie und der Hochöfen. Abends, wenn Stahl gegossen wurde, war der Himmel feuerrot und es roch nach Qualm und Staub. Meine Mutter war vorerst erschrocken, weil sie dort ja ohne französische Sprachkenntnisse völlig isoliert sein würde, unfähig Kontakte mit Nachbarn zu pflegen. Mein Vater war zwar Wallone gewesen, aber meine Mutter konnte weder Französisch noch Wallonisch. Der Bischof bat sie ausdrücklich um ein Opfer von zwei Jahren. Danach würde er mich dann in das deutschsprachige Gebiet versetzen. Die Mutter ging auf die Bitte des Bischofs ein, aber hatte es doch sehr schwer, damit fertig zu werden.

La Chatqueue ist eine Pfarre, die mitten an einem Hang liegt, mit „herrlicher Aussicht" auf die Schwerindustrie. Es gab viele kleine Arbeiterhäuschen, vom Staub verdeckt, kaum Busverbindungen zum Tal und nach Lüttich, d.h. auch keine Zugverbindung nach Verviers und Eupen.

Aber, aber, aber ... sehr freundliche Menschen, die die Mutter des neuen „vicaire" (Kaplan) sehr herzlich aufnahmen.

Und ein überaus offenherziger Pastor, Monsieur le Curé Francotte und sein erster, ebenso fantastischer Kaplan Lamotte. Sie nahmen mich sehr herzlich in ihrer Equipe auf. Sie lebten ein Christsein, wie ich es mir vorstellte. Sie stellten nicht viele Fragen, erklärten mir ihre pastoralen Ziele. Ich wurde schnell einer der ihren. Sie erzählten mir, dass es bei ihnen nur wenige Christen gebe, die zur Kirche kommen und dass diese nur selten beichten. Sie machten regelmäßig Haus- d.h. Barackenbesuche – ich bekam schnell den Eindruck eines „nach Jesus gelebten Christseins".

Ich möchte jetzt nur einige Beispiele geben, die zeigen, dass es ihnen auf das Wesentliche ankam.

Da nur wenige zur Sonntagsmesse kamen, motivierten sie diese, ihre Nachbarn und Freunde in der Straße zum Gespräch bei sich zu Hause einzuladen, um mit dem „Klerus" ins Gespräch zu kommen bei einer Tasse Kaffee. Das Wort Klerus kannten diese Leute nicht. Deshalb sagten sie: unsere Freunde von der Kirche wollen sich mit euch treffen und eine Tasse Kaffee trinken. Dabei kommen alle ins Gespräch und lernen sich kennen. Und das ist nachher oft sehr wichtig in der Großstadt.

Manchmal kommt es auch, ganz unkonventionell, zu einer Haus- oder Wohnviertelmesse. Brot zum Brotbrechen und ein Glas Wein ist in jedem Haus meistens vorhanden. Auch wenn z.B. jemand gestorben war, wurde spontan in der Nachbarschaft ein kleines Gebet für ... „une petite prière pour" gesprochen.

Wenn es draußen sehr kalt war, besonders in den Baracken, bat der Priester oft bei der Messe: „Wer von euch einige Kohlen abgeben kann – stelle sie vor die Tür. Wir (Pastor und Kaplan) kommen mit meinem Wagen, sammeln diese Kohlen ein und bringen sie nach der Messe zu denen, von denen wir wissen, dass sie nicht genug zu heizen haben." So hätte Jesus auch gehandelt.

Nach meiner ersten Messe in der Kirche standen die wenigen Christen an der Kirchtüre, um mir zu sagen, dass sie für mich gebetet hätten, es möge mir gelingen, meine erste kleine Predigt „gut hinzukriegen". Sie waren eher mit mir beschäftigt als mit dem Inhalt meiner ersten Predigt. Ich habe mich sehr herzlich bei ihnen bedankt – mein Herz jubilierte.

Ein anderes Beispiel:

Bei einem Treffen unter uns dreien schlug der Pfarrer vor, dass jeder in seinem Bekanntenkreis Mütter ansprechen möge, die bereit wären die zukünftigen Kommunionkinder vorzubereiten – schriftliches Material wäre vorhanden. Beim nächsten Equipen-Treffen legte jeder von uns dreien einige Namen auf den Tisch. Als ich dran war, stutzte der Mr. le Curé: „Ernst, oje, weißt Du nicht, diese Dame ist geschieden und kommt nur selten zu unserem Gottesdienst." Das war mir sehr peinlich.

Aber dann verbesserte er sich sofort: „Ach ja Ernst, du kanntest sie ja nicht". „Doch, ich kenne sie, dieser Frau habe ich neulich die Kommunion gebracht, weil ich gehört hatte, sie sei krank." Der Pfarrer: „Ach was soll´s, wer weiß, wofür es gut ist." Ich atmete auf: Ich hatte also als neuer Kaplan doch keinen so großen Fehler begangen. Das tat dem jungen Neuling sehr gut.

Und noch eine Begebenheit, die mich sehr nachdenklich gemacht hat. An meiner Haustüre steht eine ärmlich gekleidete, ältere Frau. „Mein Mann ist sehr krank und wird bald sterben, wünscht aber unbedingt, dass ein Priester zu ihm kommt."

Ich sage sofort zu. Unterwegs hatte sie kaum Luft, weil die Straße steigt. „Woran leidet denn ihr Mann?" Sie holt Luft. „Er hat eine Staublunge von der Arbeit im Bergwerk, monsieur le vicaire. Was werden Sie denn mit ihm machen?" – „Ich werde ihm das Sakrament der Kranken spenden." Ich sagte nicht: „Ich spende ihm die letzte Ölung." Das hatte ich so im Seminar gelernt. „Wie machen Sie das denn?" – „Ich mache ihm auf die Stirn ein Kreuz mit heiligem Öl." – „Wofür ist das denn gut?" – „Öl ist ein Heilmittel, das wissen Sie doch. Ich lege ihm dann ganz sachte meine Hand auf den Kopf, (Handauflegung), so wie Jesus es gemacht hätte." Sie reagiert. „Ich will aber nicht, dass mein Mann sieht, was Sie da machen. Sie kommen leise von hinter dem Bett, ich beuge mich dann über ihn, so dass er nicht sieht, was Sie machen." „Gut", sage ich, „so mache ich es. Aber – wissen Sie denn, warum Ihr Mann jetzt den Besuch eines Priesters wünscht, obschon er nicht sehen soll, was ich mache?" – „Das kann ich Ihnen sagen: Früher hatte er mal ein Erlebnis, er transportierte mit seiner Karre Ware von einem Kunden zum anderen. Dabei musste er eine leicht gewölbte Brücke über die Maas überqueren. Die hinter ihm fahrenden Autos hupten vor Ärger. Er aber war am Ende seiner Kräfte. Da spürte er plötzlich, dass sein Karren schneller fuhr. Als er die Steigung erreicht hatte, sah er, dass ein Priester in einem langen Rock (Soutane) mehrmals in eines der Karrenräder gegriffen hatte, um ihm voran zu helfen. Wissen sie, er war nie ein Kirchgänger. Aber jetzt spürt er, dass sein Ende naht. Da hat er sich dieses Mannes im schwarzen Rock erinnert und mich gebeten: rufe einen Pfaffen, damit er mir jetzt noch mal hilft, jetzt über den Berg zu kommen." Mit Tränen in den Augen habe ich ihm von hinten ein winziges Kreuzchen mit heiligem Öl gemacht und dann meine warme Hand ganz vorsichtig, liebkosend, kurz auf seine Schulter gelegt, schweigend, und ganz still bin ich aus dem Zimmer geschlichen mit einem dankbaren Gruß an Jesus. Als ich die Straße zurückging, dachte ich nach über die Sakramente und ihre Symbole. Der Handkontakt und meine schweigende Präsenz, von hinten, wie gewünscht, waren genügend. Warum macht die Liturgie oft alles so kompliziert, dass jede Geste genau vorgeschrieben wird von

Experten der Liturgie, wenn doch das Herz spricht? Bei Jesus war alles viel einfacher, weil er das Herz, die Liebe und die Zuneigung sprechen ließ: „Geh hin, du bist gesund."

Eine weitere Begebenheit: Eine Frau bittet mich um einen Hausbesuch, wiederum in einem Holzhaus. „Meine Eltern feiern am Sonntag Goldene Hochzeit. Aber sie haben noch nie mit Kirche irgendeinen Kontakt gehabt. Sie haben das immer vorgehabt, sich deswegen aber immer geschämt. Aber jetzt zum 50. Jahr ihrer Ehe, hätten sie doch gerne Ihren Besuch." Ich habe zugesagt, aber gebeten, dass ich ein kleines Segensgebet sprechen dürfte. Die junge Frau strahlte und hatte Tränen in den Augen. Ich habe sie gebeten, schon jetzt ihren Eltern zu gratulieren und dass ich mich freue auf diesen Besuch in ihrem Häuschen.

Ich fühlte mich wohl in dieser Pfarre unter den Hochofenarbeitern, von denen viele von Kirche keine Ahnung hatten, im Gegenteil gegen Kirche eingestellt waren, aber oft das Herz auf der Hand hatten. Wenn auch manche Quaack, Quaack riefen, wenn sie einem von uns auf der Straße begegneten, oder nach Eisen im Bus griffen, weil – so meinten sie – es Unheil bringt, wenn man einer Soutane, einem „Schwarzrock" begegnet.

Nach zwei Jahren wurde ich nach St. Vith versetzt – wohl aus Rücksicht auf meine Mutter, die ja in La Chatqueue sehr einsam war, ohne mit den Leuten, den Nachbarn, sprechen zu können. Sie freute sich über diese Versetzung.

Für mich war es ein schwerer Abschied. Ich mochte diese Menschen, ihre Einfachheit, ihre Direktheit und ihre menschliche Wärme. Zum Abschied bekam ich ein schönes Ölbild einer Baracke am Hang und einen Akten-Schrank für mein zukünftiges Büro.

Für mich waren es sehr lehrreiche Jahre, in denen ich einsehen musste, dass ich mit meiner Seminar-Theologie von diesen Menschen einfach nicht verstanden wurde: Was ist ein Sakrament? Wozu dienen Sakramente? Was hat das mit unserem Leben zu tun? Selbst einfache Wörter und Begriffe der Sprache waren ihnen unbekannt oder nicht gebräuchlich in ihrem Sprachgebrauch. Die Liturgie der Sakramente setzt oft das Verständnis von Begriffen voraus, die ein Stahlarbeiter nicht kennt, weil es nicht sein Leben ist. Jemand fragte mich zum Beispiel. „Was heißt ‚praktisch'?" Für mich selbst meinte ich schon, das Wesentliche der Pastorale verstanden zu haben. Man muss schon über einen gewissen Sprachschatz verfügen – und dann ist man schon in den Augen der Werktätigen ein „Studierter" – und in diesem Wort spürt man schon die isolierende Distanz zu der Person, die sich als Arbeiter versteht und sich in dem Verein „Kirche" sowieso nicht wohl fühlt, auch weil er nirgends spürt, dass diese Kirche etwas für ihn tut. Folglich will er auch nichts mit diesem Verein zu tun haben will. Es ist eben eine andere Welt.

Oh – wie gerne wäre ich ein Arbeiter wie mein Vater, um die Sprache der Arbeiter zu verstehen und mich auf Augenhöhe mit Arbeitern unterhalten zu können über Jesus. Das wäre eine Chance, ihr eigenes Leben nachempfinden zu können und dann mit ihnen die Sprache von Jesus zu verstehen versuchen.

Auf der einen Seite bin ich stolz, der Sohn eines Arbeiters, d.h. eines Werktätigen mit echter Arbeitergesinnung zu sein, und zudem der Sohn einer Arbeiterin mit ähnlicher Gesinnung, die sich auch als Witwe mit zwei Kindern tapfer durch harte Kriegs- und Lebensbedingungen geschlagen hat.

„Mit dieser frohen Überzeugung einerseits im Gepäck und andererseits einer wertvollen ersten Konfrontation mit der Arbeiterwelt in La Chatqueue und mit einer doch soliden, wenn auch lückenhaften Seminarausbildung, setze ich mich auf mein kleines Moped und fahre bei bitterer Kälte die 80 km von Seraing nach St. Vith im Auftrag des Bischofs für eine erste Tuchfühlung mit der neuen Pfarre. Unterwegs habe ich Zeit, um mich innerlich auf ein Gespräch mit dem dortigen Herrn Dechanten vorzubereiten. Gespannt, was dort auf mich zukommen wird, spreche ich ein Stoßgebet zum Hl. Geist. Ich suche seine Wohnung und schelle. „Ich bin Ihr neuer Kaplan. Ernst ist mein Vorname." Er schaut mich freundlich an, von oben bis unten – „So so, du bist also der neue Kaplan. Komm herein und setz dich bitte. Du kommst also aus Seraing." Er scheint nachzudenken. „Schön dass du da bist. Sag mal, diese Lederjacke solltest Du hier nicht mehr anziehen, die passt nicht hier in St. Vith."

Ich: „Herr Dechant, auf dem Moped ist es sehr kalt – schauen Sie mal – ich öffne den Reißverschluss der Lederjacke und zeige ihm das Paket Zeitungen, das ich mir unter der Jacke auf die Brust gelegt habe. Wenn Sie mir ein kleines Auto zur Verfügung stellen, verzichte ich gerne auf mein Moped und auf diese Lederjacke." Er: „Ja Ernst, ich verstehe schon, aber so hier herumfahren als Kaplan, das passt nicht." Er nachdenklich: „Ich sehe das ein – setz dich mal erst – ich mache dir eine heiße Schokolade." Und dann fügte er hinzu: „Wann kommst du denn mit deiner Mutter und euren Möbeln? – Da drüben ist die Kaplanei." Nachdenklich und versöhnlich fügte er noch hinzu: „Weißt du, wir beide sind verschiedenen Alters, aus zwei Generationen, aber wir werden schon miteinander auskommen, fahr vorsichtig." Auf der Heimfahrt hatte ich Zeit zum Nachdenken und musste an meinen Pastor in La Chatqeue denken. Wir waren in der Tat zwei Welten. Der Mutter erzählte ich meine ersten Eindrücke. Sie hörte aufmerksam zu – auch nachdenklich. Am nächsten Morgen erzählte ich auch dem Herrn Francotte meine ersten Eindrücke. Ich sah an seinen Augenbrauen, dass er sich Sorgen machte, aber nur schweigend. „Wird schon gut gehen, aber nun ja, schade, dass du nicht mehr hier sein wirst!"

In den nächsten Tagen musste ich mich um den Umzug kümmern – schon wieder umziehen.

12. Seelsorge in St. Vith

Als meine Aufgabe in der neuen Pfarre sah ich, die Zusammenarbeit mit den Verantwortlichen der bereits bestehenden Jugendorganisationen Chiro, Pfadfinder, Christliche Arbeiterjugend (CAJ), Katholische Landjugend (KLJ) zu fördern. Ferner war mir wichtig, mich um die Messdiener, Kommunionkinder, Firm-Vorbereitung, die Gruppe Marien-Legion zu kümmern.

Der Start in St. Vith war nicht immer einfach. Als junger Kaplan musste ich mich nun auf andere Mentalitäten, eine andere Art Christ zu sein, und eine andere Pastorale einstellen. Sehr schnell hatte ich in manchen Kreisen den Namen: „Der rote Kaplan".

Der Empfang in einer bestimmten Organisation war für mich persönlich gefühlsmäßig belastend. Mein Vorgänger war ein sehr beliebter, aufgeschlossener Priester. Das erschwerte meine Kontaktaufnahme in diesem Kreis. Wenn ich versuchte Kontakt aufzunehmen, sangen einige den Anfang des Liedes: „Die Gedanken sind frei, wer kann sie erraten ..." Ich erlebte dieses Lied als gegen mich gerichtet. Welche Gedanken sind frei? Und hat das – unausgedrückt – etwas mit mir zu tun? Vielleicht war ich auch etwas zu sensibel und zu „ernst" gewickelt. Ich konnte doch nichts dafür, dass mein Vorgänger versetzt wurde. Die Politik der Bischöfe, ihre Kapläne in regelmäßigen Zeitspannen zu versetzen, oft nach nur fünf Jahren, war für manche Aufbauarbeit jedenfalls nicht immer förderlich.

Im Anschluss an eine erste Besprechung mit dem Dechanten sah ich meine Aufgabe in der Pfarre folgendermaßen: Verständnisvolle Tuchfühlung mit der Leidensgeschichte dieser Pfarre vor dem Hintergrund der geschichtlichen Vergangenheit: die „Von Rundstedt" Offensive und die völlige Zerstörung der Stadt, der „ Millionenberg"(*), der „Büchelturm"(**), die unzähligen Opfer in der Zivilbevölkerung, die Spaltung der Bevölkerung quer durch die Familien in „pro Deutsch" oder „pro Belgier", der Verlust des früher so wichtigen Bahnhofs. Das bedeutete: ein enormer Arbeitsplatzverlust und folglich Arbeitslosigkeit für Jugend und Arbeitnehmerschaft. Erfreulich war der vollendete Wiederaufbau der Kirche. Was aber im Endeffekt bedeutete, wieder ein Arbeitsplatz weniger. Was noch blieb, war der Wiederaufbau der sogenannten „Neustadt" einerseits und die Beseitigung der dortigen Notunterkünfte (im Volksbund „Baracken"), das alles unter dem Segen des Stadtpatrons, des heiligen Vitus.

(*)Millionenberg: bei der Beseitigung der Trümmer mit großen Baggern hatte man entschieden, den ganzen Schutt der Häuser auf einen Haufen zu bringen – ohne Rücksicht auf Wertsachen jeder Art.

(**)Auf der Suche nach Schutz vor den „Bombenteppichen"(***) der anfliegenden feindlichen Bombergeschwader, hatten einige Sankt Vither Zuflucht in dem sogenannten „Büchelturm" gesucht. Eine Volltreffer-Bombe auf den Turm tötete alle dort Schutzsuchenden.

(***)Bombenteppich bedeutet, dass alle Flugzeuge ziellos ihre gesamte Bombenlast mit einem Klick abwerfen. Zivilisten oder Soldaten sind dann chancenlos. Köln hat viele dieser Bombenteppiche in der „1.000-Bomber-Nacht im Mai 1942" und in der „Nacht zum Fest Peter und Paul Juni 1943" erlebt.

Ich erlaube mir hier, an vorige Kapitel meines Buches „Kriegsjahre in Köln-Deutz 1940-1946" zu erinnern. Damit möchte ich nur betonen, dass ich mich mit meiner Familie, Mutter und Schwester, spontan verbunden fühlte mit vielen Erlebnissen der Menschen dieser Stadt, vor dem Hintergrund meiner eigenen Erfahrungen in den Kriegsjahren sowie meiner Erfahrungen im Arbeitermilieu meiner ersten Kaplans-Stelle in La Chatqueue – Seraing „La Rouge". Von daher hatte ich später bei manchen, auch in Eupen, aufgrund meiner regen Kontakte im Arbeitermilieu den Namen „De rugde Kaplon".

Zurück zum Gottesdienst. Meine erste Sonntagsmesse um 10 Uhr vormittags bei voller Kirche war für mich unter anderem mit einer kleinen kalten Dusche verbunden. Eine „Messe lesen", wie Leute im Volksbund sagen, ist gar nicht so einfach am Anfang der „Karriere" für einen Neuling wie mich. Als Neupriester haben wir das natürlich üben müssen. In der Liturgie ist jede Geste, Haltung der Finger und so weiter genau vorgesehen. Fragen Sie bitte nicht, warum das so ist. Da hatte Jesus es beim Abendmahl schon leichter. Später wird vieles Routine und leichter. Aber jetzt so öffentlich, auf voller Bühne, im „Bildfokus" und scharf eingestellt, muss der Priester doch vieles beachten und in dem dicken Altarmessbuch zum richtigen Zeitpunkt das Gesuchte griffbereit finden – wehe, wenn jemand mein Merkzettelchen irrtümlicherweise ungewollt verlegt hätte – Panik! Natürlich spreche ich hier aus meiner Erfahrung als Neupriester im Jahr 1960. Ich hatte auch eine kurze Predigt vorbereitet, auswendig gelernt – so hatte man uns geraten. Erst einmal sich einige Sekunden Zeit lassen, um in Ruhe einen freundlichen Blick über die Anwesenden schweifen zu lassen. Der sollte nur ausdrücken: „Ich freue mich, dass Sie da sind." Ich stellte mich kurz vor. Dabei fiel mir auf, dass die meisten – wohl Männer – sich unten an der Kirchentüre stauten. Vor dem Schlusssegen wünschte ich herzlich und kurz: „Ich wünsche allen einen schönen Sonntag in ihren Familien." Alles hatte gut geklappt. Ich war sehr zufrieden. Die Messdiener führten mich in die Sakristei zum Umkleiden. Der Dechant kam hinzu: „Hat gut geklappt, Ernst. Aber – den familiären Ton zum Schluss solltest du doch in der Liturgie heraus lassen." Diese Bemerkung war für mich eine kalte Dusche und verschlug mir fast die Sprache. Ich zog die Messgewänder aus und ging nach Hause in die Kaplanei. Heute ist ja die Schluss-Sendungs-Zeremonie nun völlig normal und üblich geworden, Gott sei Dank.

Meine Gedanken hingen bei den Männern, die ich unten in der Kirche gesehen hatte, die still und unauffällig miteinander redeten. In mir reifte der Wunsch, mit ihnen über die Messe und die Predigt ins Gespräch zu kommen. Hatte etwas sie getroffen? Hatte etwas sie gestört? Der Küster informierte mich: „Die sind arbeitslos. Wenn Sie mit denen sprechen wollen, die meisten müssen ‚stempeln' gehen."

Am anderen Morgen war ich kurz nach neun Uhr am Gemeindehaus. Da stand eine lange Schlange von Arbeitslosen. Ich stellte mich hinzu, „Guten Morgen" in St. Vither Plattdeutsch. So kam es dann zu folgendem Gespräch: „Was wollen Sie denn hier?" – „Ich möchte mich vorstellen, ich bin der neue Kaplan. Seid ihr alle ohne Arbeit?" – „Ja, schon lange, hier ist ja nichts mehr los, seitdem der Bahnhof geschlossen ist und die Stadt neu aufgebaut ist. Die Baubetriebe haben sich zurückgezogen. Wir müssen jetzt weit fahren, um Arbeit zu finden" – „Sie, Herr Pastor, Sie haben doch schon morgens ihr Geld verdient, wenn Sie – wie gestern sogar sonntags – die Messe gemacht haben." Ein anderer drehte sich um, höhnisch: „Wie hat denn der Wein gestern Morgen geschmeckt?". Diese Bemerkung ließ ich so stehen. Ich fügte nur hinzu: „Es tut mir leid, dass ihr keine Arbeit habt und ich finde das schlimm für euch und eure Familien. Ich war bis jetzt Kaplan in Seraing. Dort habe ich diskutiert mit den Stahlarbeitern und den Arbeitern aus dem Kohlenpott. Das interessierte mich. Darf ich denn auch mal mit euch sprechen? Keine Arbeit – das ist schrecklich. Wie kommt ihr dann mit dem Stempelgeld aus? Wir könnten uns ja mal nach dem Stempeln in einer Wirtschaft treffen. Ich gebe einen aus, als neuer Kaplan." – „Hört euch das an, das war ja noch nie da." – „Ich komme nächste Woche wieder!"

In der Zwischenzeit hatte es aber bereits ängstliche Diskussionen in einigen Familien gegeben, weil etliche Frauen nicht einverstanden waren, dass ihre Männer mit dem neuen Kaplan in eine Wirtschaft gehen sollten – aus Angst, einige Männer würden dann in der Wirtschaft hängen bleiben und „pötten" (heißt: zu viel Bier trinken). Das hätte ja nun nichts mehr mit Kirche zu tun, meinten einige Frauen. Frühschoppen nach der Sonntagsmesse, ja – aber in der Woche nochmal, nein! Es war eine heikle Situation.

Mehr und mehr kam ich auch zur der Gewissheit, dass der Alkoholkonsum ein echtes soziales Problem in dieser Gegend bei „Alt und Jung" war. Viele Sitten und Gebräuche sind mit Alkoholkonsum verknüpft. Was könnte ich dagegen unternehmen? Seitdem verließ mich diese Sorge nicht mehr. Später wurden u.a. diese Erfahrungen sehr wichtige Bausteine für unser EU Projekt: „Bevor es zu spät ist", ein Drogen-Präventionsprojekt. Dieses Projekt plante, die Suchtprobleme ganzheitlich und gesamtgesellschaftlich anzugehen. Mit der Zeit haben sich Gemeinden in elf ost- und westeuropäischen Ländern miteinander für diese Basisarbeit vernetzt. Näheres dazu im weiteren Verlauf des Buches.

Was gehörte noch zu meiner Aufgabe als Kaplan? Ich denke an die vielen Male, wenn ich nachts zu Sterbefällen gerufen wurde, um das Sakrament der Krankensalbung (damals noch „letzte Ölung" genannt) zu spenden und – zum Trost der Angehörigen – bis zum letzten Atemzug mit ihnen ausharrte. Ich erinnere mich, wie ich mich dann müde und ausgelaugt förmlich nach Hause in die Kaplanei schleppte, um dann die Eindrücke und Gefühle zu verarbeiten. Der Priester ist dann allein.

Schlimme Situationen waren auch, wenn ich – manchmal sogar durch die Polizei – gerufen wurde bei Eheschwierigkeiten und weinenden Kindern, die sich verzweifelt an den einen oder anderen Ehepartner klammerten mit der Bitte: „Mama, geh nicht weg – Papa, geh nicht weg" und sich manchmal vor die Tür stellten, um das Weggehen des einen oder des anderen Partners zu verhindern, um dann schließlich mit Gewalt bei Seite geschoben zu werden.

Oder wenn der junge Kaplan in der Nacht von der Polizei gerufen wird, weil ein junger Autofahrer sich unter Einfluss von Alkohol totgefahren hatte. Ich bin noch in der Nacht mit meinem Moped von Wirtschaft zu Wirtschaft gefahren, überall wo noch Licht brannte, um dort den jeweiligen Wirten und den Umstehenden, verbittert und aggressiv an den Kopf zu schleudern: „Euer Alkohol hat wieder einen jungen Menschen auf dem Gewissen." In der Kaplanei war natürlich kein Licht. Ich musste allein mit diesen Gefühlen fertig werden.

Wenn ich die ganze Liste der Aufgaben machte, der Bereiche, um die ich mich als Kaplan kümmern sollte, wenn ich das alles und vieles andere überlegte, fragte ich mich, wann ich das alles tun sollte und könnte, das musste ich mit dem Dechanten besprechen!

Persönliche beratende, seelsorgliche Gespräche führen;
Predigten vorbereiten;
Prozessionen planen;
Kommunionkinder, Firmlinge vorbereiten, Ministranten schulen;
Kranke besuchen;
Elternversammlungen, Jugendgruppen begleiten;
Vorbereitungen der verschiedenen Sommer-Jugendlager;
Jugendgruppenleiter schulen;
Familien mit großen Problemen besuchen;
Brevier täglich beten und selbst auch Freizeit nehmen?!
Und – und – und.

Dazu meinte der Dechant: „Du kannst natürlich nicht alles machen. Wir beide könnten uns Prioritäten von Woche zu Woche festlegen. Ich würde mir gern vornehmen, dass wir pro Woche – jeder für sich – einen Hausbesuch festlegen, vorerst in der Neustadt, so wie ihr das in La Chatqueue machtet." Das fand ich prima! Eine Anekdote: Er trank einen guten Schluck aus seiner Tasse, dann nahm er sein Löffelchen und kratzte den Kaffeesatz (natürlich aus echten Kaffeebohnen) aus seiner Tasse. „Bah", sagte ich, „Sie essen noch den Rest Kaffeesatz." – „Das ist so'ne Gewohnheit bei mir. Ich habe immer Bohnenkaffee geliebt, auch als er im Krieg selten wurde. Da war jede Kaffeebohne etwas Besonderes." – „Ja, kann ich bestätigen. Für meine Mutter war das auch so." Und ich freute mich, dass er mir so etwas erzählte. Ich kam ihm dadurch ein Stück näher. „Übrigens Ernst, Samstag ist Beichtsamstag. Wir fangen um zwei Uhr an. Ja?"

Als wir am Samstag zur Kirche kamen, wartete an meinem Beichtstuhl eine Schlange von mindestens zehn Personen. Ich gab mich mutig dran. Es ging zügig voran. Nach einer halben Stunde schaute ich mal durch das Gitter des Beichtstuhls: die Reihe der Wartenden wurde nicht kleiner. Wenn ich an Seraing dachte, dort kamen zwei bis drei Personen zur Beichte. Und das waren viele in unseren Augen.

Gegen vier Uhr klopfte der Dechant an meinen Beichtstuhl: „Komm eine kleine Pause machen." Ich: „Sagen Sie mal, ist morgen ein besonderer Feiertag?" „Nein Ernst, das ist immer so hier in St. Vith."

Zum Schluss sagte der Dechant: „Bis morgen, ich übernehme die 10 Uhr Messe, ja!" – „Bis morgen." Innerlich freute ich mich.

Während dieser Messe des Dechanten bin ich mal unauffällig zur Taufkapelle gegangen, unten in der Kirche. Ich tat, als wenn ich etwas dort holen müsste. So kam ich dann auch an den unten stehenden Männern vorbei. Ich meinte, zwei oder drei hätten mir zugezwinkert. Das machte mich froh.

Am Montagmorgen war ich zeitig in der Reihe der Wartenden am Rathaus. Einige wenige sagten mir, ja, wir kommen zum Ratskeller, aber nur eine Stunde, um 12 wollen wir zu Hause sein fürs Mittagessen." Das war ein erster, kleiner Erfolg. Ich freute mich. Und die sangen nicht: „Die Gedanken sind frei." Der erste Kontakt mit „Arbeitern" war mir gelungen.

Auszug von Ludwig Henkes, in meinem Gratulationsbuch zum 80-jährigen Geburtstag:

„Bei uns zu Hause hörte ich meine Eltern über den Glauben sprechen und verstand, dass mein Vater darin nicht immer ganz mit meiner Mutter übereinstimmte. Ernst Servais wurde von meinem Vater in den höchsten Tönen gelobt: Das sei ein Priester nach seinem Geschmack, einer mit dem man auch Streitgespräche führen konnte, einer der frühmorgens beim ersten Frost noch hinten auf den Lastwagen aufspringt und eine Flasche Schnaps gegen die Kälte dabei hat.

Letzteres muss sich wohl an einem kalten Montagmorgen auf der Fahrt zur Arbeit zugetragen haben: Mein Vater Clemens (Jahrgang 1927) arbeitete bei der Interkommunalen Straßen-Verwaltung. Das war eine harte Arbeit und auch zur kalten Jahreszeit saßen die Arbeiter hinten auf einem offenen Lastwagen und mussten oft mehrere Stunden zur Baustelle fahren. Dabei hat Ernst sie wohl einmal begleitet und sich mit ihnen unterhalten. Auch scheint es, dass Ernst damals gerne mal beim Frühschoppen die Predigt vertiefte. So kam es, dass mein Bild von Kirche und ihren Priestern bis heute durch das Bild dieses jungen, engagierten und sichtlich fröhlichen Menschen geprägt wurde."

Das Leben des Arbeiters stand für mich als Arbeiterkind immer im Vordergrund. Es war mir wichtig, in der Pastorale die Verbindung zwischen dem Evangelium und der Lebenssituation des Arbeiters herzustellen. Um diese Einstellung zu verdeutlichen und erlebbar zu machen, kam es zu folgender Situation, natürlich mit der Einwilligung des Dechanten. Am Feste des „Heiligen Josef", einem Schreiner, trugen beim Eingangslied in der vollen Kirche vier Schreiner eine große, richtige Hobelbank feierlich nach vorne zum Hauptaltar. Dort wurde die Hobelbank – wie der Hauptaltar – für die Messe gedeckt. In der Predigt ehrte der Dechant den Beruf des Schreiners, der gut genug war, die Heilige Familie zu ernähren. Mit dieser Aktion sollte eine Meditation über den Wert der Arbeit angeregt werden und eine Verbindung zum Leben Jesu aufgezeigt werden.

Für mich war natürlich die Verbindung zu meinem Vater, ebenfalls Schreiner, deutlich, der aus Mangel an Arbeit in seinem Heimatdorf, die Gegend, seine Heimat, verlassen musste, um Arbeit zu finden. Beim Priester Adolph Kolping fand er dann eine „Herberge". Ich jubilierte innerlich – „Papa, das schuldete ich dir".

Eine brisante Express-Intervention

Aus dieser St. Vither Zeit möchte ich Ihnen noch eine schöne Blitzaktion erzählen. Eine Familie klopft bei mir an für eine scheinbar ausweglose Situation. Die Mutter eines ehemaligen SS Soldaten ist plötzlich gestorben und soll am anderen Tag beerdigt werden. Der in Belgien Verurteilte darf lebenslang belgischen Boden nicht mehr betreten, also auch jetzt nicht beim Tod seiner Mutter. Nun wartet der verurteilte Sohn an der nur 25 km entfernten Grenze und darf nicht an der Beerdigung teilnehmen. „Er hat kein Verbrechen begangen, er ist ein guter Junge", betont die Familie. „Können Sie, Herr Kaplan, da nichts machen?" So lautet die verzweifelte Anfrage an mich. Auch ich finde das unmenschlich. Nach Überlegung bitte ich meinen befreundeten Nachbarn, einen Arzt, der einen schnellen Mercedes fährt, ob er einverstanden wäre, diesen jungen Mann in seinem Wagen zur Beerdigung zu bringen. Für den deutschen Zoll stellt sich kein Problem. Er muss dagegen von den belgischen Behörden sofort verhaftet werden, wenn er belgischen Boden betritt. Die Bitte ist, ob dieser sozial sehr engagierte Arzt, der viele Zöllner gut kennt, bereit wäre, den jungen Mann in seinem Auto zur Beerdigung zu bringen, damit er, wenn auch nur für zehn Minuten, am Grab der Mutter stehen könnte. Zweite Bitte meinerseits: Ob er bereit wäre, im Notfall den jungen Mann sofort wieder zum deutschen Zoll zu fahren. Der Arzt ist einverstanden. Anschließend gehe ich zum Kommandanten der hiesigen Gendarmerie, den ich auch persönlich kenne, und frage ihn, ob er in diesem Notfall auf eine Verhaftung verzichtet, wenn der Mann anschließend wieder sofort zur Grenze gebracht würde. Der Kommandant, der auch mir „Kaplan" einen Gefallen tun will, ist bereit, „humanitär" zu helfen. Einzige Bedingung: „Wenn bei den Trauergästen und Bekannten der Familie Reklamationen kommen, muss ich als Kommandant sofort intervenieren, das heißt, den jungen Mann verhaften, außer, der Arzt ist schneller". Und so kam es: der Kommandant kommt plötzlich zu mir: „Es gibt Reklamationen, in fünf Minuten muss ich intervenieren. Ich reiße mir das „Rochett" von der Schulter, laufe quer durch die Menge zu „meinem Arzt im Mercedes", der junge Mann springt in den

Wagen des Arztes, der braust davon in Richtung Grenze – und ich atme auf. „Gott sei Dank – hat geklappt!" Die Trauerprozession war schon unterwegs in Richtung Stadtmitte, als ich zurückkam und meinen Platz wieder einnahm, neben dem Ministranten mit dem Kreuz und neben dem Küster.

Noch im hohen Alter erzählte der Kommandant i.R. Herr Boutez zufrieden seiner Frau den Notfall, den er mit mir erlebt hatte. Ihn und auch den beherzten Arzt, Dr. Huppertz werde ich nie vergessen!

Krankenbesuche mit meinem Moped – ohne Lederjacke

Die üblichen Krankenbesuche in der Pfarre machte ich immer mit meinem kleinen Moped (ohne Helm), und zwar nach einem vorbereiteten Plan. Gut gelaunt beginne ich die Visitentournee gleich nach dem Frühstück. Als ich in die Bahnhofstraße einschwenke – dort wohnt der Arzt, der mit seinem Mercedes schon einmal geholfen hatte – gebe ich Gas, spüre plötzlich einen Ruck, der mich etwas bremst und einen starken Druck am Hals ausübt, so als wenn jemand mir den Hals zuschnüren würde, mit festem Griff an meiner Kehle schneidet, das tut mir weh. Ich bremse, so schnell ich kann. Als ich beide Füße am Boden habe, sehe ich, was los ist: auf der Straße hängt von einer bis zur anderen Seite ein Kabel und das genau auf der Höhe meiner Kehle. Ich vermute, dass dieses Strom- oder Telefonkabel von einer Panne herrührt. Priester tragen oft am Hals ein weißes Stück Plastikkragen. Dieser kleine Kragen war schon in der Mitte von diesem Kabel durchgeschnitten. Am Hals hatte ich nur einen kleinen Schnitt. „Da hast Du aber Glück gehabt", sagt mir der Arzt, bei dem ich erschrocken einkehre, „nur wenige Sekunden später hätte dieses Kabel deine Kehle durchgeschnitten, Luft- und Speiseröhre. Da hätte ich hier ohne OP auch nicht mehr helfen können. Mensch, Kaplan, heute ist das Fest „St Johannes-Enthauptung! Haben Sie Glück gehabt!" Und im Herzen dankte auch ich still für mein Glück.

Was ist eine „Displaced Person" (D.P.)

Irgendwann erhalte ich einen Brief vom damals schon bekannten Pater PIRE, einem Dominikaner-Pater.(*)

Dieses Schreiben war ein Aufruf zu Gunsten von Patenschaften über Menschen aus den Balkanländern – Sammelbegriff D.P.(**)

(*)Pater Dominique Pire (1910-1969) war ein belgischer Dominikaner, Gründer von Hilfsorganisationen und Friedensnobelpreisträger)

(**)Der Begriff DP (Displaced Person) wurde im Zweiten Weltkrieg vom Hauptquartier der alliierten Streitkräfte geprägt. Damit wurden Zivilpersonen bezeichnet, die sich kriegsbedingt außerhalb ihres Heimatstaates befanden und ohne Hilfe nicht zurückkehren oder in einem anderen Land neu ansiedeln konnten (Genfer Flüchtlingskonvention-28.Juli 1951). (Displaced Person, Wikipedia)

Josef Dobrowolska ist eine solche D.P.

Woher er genau kam (Polen, Sudetenland, Siebenbürgen) weiß ich nicht mehr. Jedenfalls erfuhren wir, dass er alkoholkrank sei. Meine Mutter, meine Schwester sowie ich selbst entschieden uns, die Patenschaft über ihn zu übernehmen. Daraufhin erfuhren wir, dass er augenblicklich in einer Klinik in Erlangen sei für die Behandlung seiner Krankheit. Wir fuhren zusammen dorthin und lernten einen sympathischen Mann mit Vollbart kennen. Er hatte kleine freundliche Augen, trug gerne einen kleinen Hut mit vielen Anstecknadeln. Er war uns auf Anhieb sympathisch. Josef wohnte später in Aachen und wurde von der „Katholischen Männerfürsorge" begleitet. Wenn er zu uns zu Besuch kam, musste er eine Grenze überqueren, die zu der Zeit noch kontrolliert wurde. Da er als Staatenloser (DP) keinen Pass hatte, um sich auszuweisen, gab es da-

Josef Dobrowolska, aus der Feder von Boris Servais

bei immer wieder Probleme. Ich erwähne diese Lage, denn wie oft wurde er erwischt, wenn er trotzdem versuchte, die Grenze zu überqueren. Er bettelte dann bei den Zöllnern, sie möchten seinen Freund Kaplan in Belgien anrufen. Es gelang ihm mehrmals, die Sympathie der Zöllner zu gewinnen. Wenn sie mich dann anriefen, um die Richtigkeit seiner Aussage zu überprüfen, war er schon zufrieden. Ich fuhr dann schnell zur Grenze und Josef durfte einige Tage zu uns kommen. Ich dagegen musste versprechen, ihn zur Grenze zurückzubringen. Mir als Priester schenkten die Grenzbeamten dann Vertrauen.

In meiner Familie und in meinem Freundeskreis erwarb er sich im Handumdrehen die Sympathie aller.

Dank der bewundernswerten langjährigen Begleitung seines damaligen Sozialarbeiters der KMS (Kath. Männerfürsorge) in Aachen und seinem eisernen Willen, sein Leben wieder komplett selbst in die Hand zu nehmen, durfte Josef schließlich in einer kleinen Sozialwohnung in Aachen selbstständig leben. Josef war nun strikt alkoholabstinent. Er konnte schließlich vor einem Richter in Aachen die Vormundschaft ablegen und seine Mündigkeit wieder erlangen!

Er war ein Lebenskünstler und hat uns immer wieder verblüfft! Seine Freundlichkeit und Hilfsbereitschaft machte ihn in Aachen und Eupen stadtbekannt, beliebt und geachtet. Für unsere beiden Jungs war er später der Opa, der gerne mitspielte. Seine Lungenschwäche zwang ihn später zu einem Krankenhausaufenthalt, wo er dann auch gestorben ist. Beim Beginn unserer Freundschaft bat er uns, ihn Dobrowolsk"a" zu nennen, also wie seine Mutter. Den Namen Dobrowolk"i", diesen Namen wolle er nicht, denn er bezeichne seinen Vater: Und den habe er nie gekannt. Möge er seine Mutter im Himmel wiedergefunden haben – er hätte es verdient. Er machte sich immer nützlich, wenn er Zeit in unserer Familie verbrachte. Auf den Kirmes- und Zirkusveranstaltungen in Aachen und Umgebung, wo er des Öfteren arbeitete sammelte er – als Lohn – Kleinigkeiten, die er dann auf unseren Familientreffen jedem Anwesenden als persönliches Geschenk verteilte. Diese menschlich so geschätzte Geste verblüffte jeden Anwesenden. Er hatte sich einen Platz in der Großfamilie erobert! Wir haben ihn als ein Mitglied unserer Familie zu Grabe getragen und danken Pater Pire, dass wir Josef als einem so wertvollen Menschen begegnen durften.

Ganz früh in seinem Leben war er in die Klauen der Gestapo geraten, möglicherweise trug das zur Entstehung seiner Alkoholerkrankung bei. Seine Würde als Mensch hat er sich trotzdem nie nehmen lassen.

Mein Ziel in der Seelsorge: Die Menschen erreichen

Ich nahm mir Zeit, um über meine Arbeitsmethode nachzudenken, aus der Sicht des Jesu von Nazareth und mit dem Wunsch, junge Menschen anzusprechen, sie zu erreichen. Es wurde mir klar, ich muss mehr

KOORDINIEREN: versuchen, Vertreter der Jugendgruppen an einen Tisch zu bringen für gemeinsame Jugendaktivitäten, z.B. das kommende „Christ-Königs-Fest" gemeinsam vorbereiten und suchen, was dieses Fest für die jeweilige Jugendorganisation bedeutet, ursprünglich und in der jetzigen Zeit.

AKTUALISIEREN: Nicht nur immer Gesänge aus dem üblichen Repertoire der Kirchenlieder nutzen, sondern auch moderne neue Lieder mit tiefem Inhalt einführen und statt der Orgel ab und zu begleitende Gitarrenmusik, dem Instrument junger Menschen. Das gefiel der jüngeren Generation, darauf reagierten aber manche aus der älteren Generation eher ablehnend. Warum wohl? Wie könnten wir darauf reagieren, antworten, verstehend, positiv wertend?

In diesem Zusammenhang erinnerte mich neulich – nach 50 Jahren – eine ehemalige Schülerin an sogenannte „Jugendmessen" in St. Vith. Sie schrieb mir wörtlich: „Als langjährige Internatsschülerin der Maria Goretti Schule in St. Vith ging ich regelmäßig, zusammen mit anderen Jugendlichen montagabends in die Kaplanei in der Bahnhofstraße. Dort bereiteten wir mit Kaplan Ernst Servais die wöchentlichen Jugendmessen vor, die gemeinsam in der kleinen Seitenkapelle der Kirche gefeiert wurden. E. Servais hat es verstanden, uns jungen Menschen auf unkonventionelle Art und Weise das Christentum näher zu bringen, es mit Leben auszufüllen und es verständlich zu machen. Die Gespräche, das Gitarrenspiel, unser gemeinsamer Gesang und sein fröhlicher, geduldiger und offener Umgang mit uns Schülern hat viele von uns geprägt. Mich hat das, was ich damals erfahren und gelernt habe, ein Leben lang begleitet und gestützt."

DAS LEBEN ERFASSEN: Nicht nur Lieder aktualisieren, sondern vor allem auch Lebensthemen aufgreifen. Sich auf das konzentrieren, was „Jugend" lebt, was sie braucht, welchen Problemen sie begegnet, bei den jungen Arbeitnehmer/innen, Studenten/innen, Landwirten, Mädchen – die zu Hause am Herd, auf dem Feld arbeiten und das in ihrer Sprache. Das erfassen, was sie in ihrem jeweiligen Lebensmilieu und Kontakten erleben.

MITARBEIT ANSTREBEN in der Jugendarbeit, in der Vorbereitung des Christkönigsfestes, in der Kirche überhaupt, Verantwortung übernehmen.

Ich verfasste mit einigen Jugendlichen eine ansprechende und herzliche Einladung an alle in den Jugendgruppen Engagierten. Sie mögen andere Jugendliche zur Mitarbeit motivieren für die Vorbereitung des anstehenden Christkönigsfestes. Viele hatten ihre Argumente, um nicht mitzumachen. Eine junge Studentin schrieb sich spontan und interessiert zur Mitarbeit ein. Dank ihrer und der Überzeugungskraft einiger anderer Jugend-

Vorbereitungsreise der nächsten Jugendreise Chiro, JOC, KLJ nach Tirol

Jugendreise der Jungen nach Hamburg und Dänemark.

lichen startete eine dynamische, interessierte und engagierte Jugendgruppe, die mit planen wollte und konnte. In St. Vith entstanden die ersten mit Jugendlichen geplanten Jugendreisen, die später Bestandteil der Zusammenarbeit zwischen verschiedenen Jugendbewegungen wurden. Die ersten Ziele mit jungen Männern aus St. Vith waren Hamburg und Dänemark. Junge Mädchen der CHIRO und der CAJ verbrachten gemeinsam ihren Urlaub in Tirol. Es waren die ersten Schritte zu Erlebnisreisen, die u.a. zur Emanzipation der jungen Leute beitragen sollten.

Chiro-Mädchen und -Jungen beim Jugendtreffen

13. Jugend in Bewegung bringen

Von 1960 bis 1975 hat sich die Jugendarbeit in Ostbelgien folgendermaßen entwickelt. Die KLJ (Katholische Landjugend) hing von ihrer Zentrale in Löwen BAUERNBUND ab und war finanziell gut abgesichert. Zusätzlich stellte sie den ostbelgischen ländlichen Dorfgruppen Freigestellte zur Verfügung, inklusive zweier Fahrzeuge und eine Beteiligung am Gehalt des Regionalpräses für dessen Betreuung der KLJ Gruppen auf ostbelgischer Ebene. Im Rahmen dieser Lage ließ sich gut pastorale Jugendseelsorge machen.

Die JOC, Jeunesse ouvrière chrétienne / CAJ, Christliche Arbeiterjugend hingegen war, was die jungen Arbeitnehmer anbetrifft, in einer völlig anderen Position, nämlich angegliedert an die CAB, Christliche Arbeiterbewegung/MOC, Mouvement ouvrier chrétien.

Erlauben Sie mir einen kleinen Exkurs, um deutlich zu machen, in welcher Struktur und auf welchem Hintergrund ich mich fortan um die Begleitung und den Aufbau der CAJ kümmern sollte.

Die erste deutschsprachige JOC (CAJ) in Belgien wurde am 3. Oktober 1925 in Kelmis gegründet unter der Leitung des Kelmiser Kaplans Wenders und des damaligen Direktors der sozialen Werke, Vahsen. Bald darauf wurde in der Umgebung von Kelmis, d.h. in Welkenraedt, Bleyberg, Moresnet und Gemmenich ebenfalls die JOC bzw. die CAJ ins Leben gerufen. (CAJ, Hrsg., Info-Express, Festschrift November,1975). Während des Krieges war die CAJ verboten und blühte nach Kriegsende in diesen Ortschaften wieder auf. In Eupen und St.Vith kamen nun Gruppen hinzu. Verschiedene Ortschaften waren inzwischen einsprachig Französisch geworden, übrig blieben als deutschsprachige CAJ Gruppen die der Orte Kelmis, Eupen und St.Vith. Diese Gruppen waren verschiedenen Sektoren der Föderation Verviers zugeteilt.

Die Entwicklung der CAJ ging, parallel zur wirtschaftlichen Lage in der Region, auf und ab. Nach dem Zweiten Weltkrieg z.B. beschäftigten sich viele Unternehmen mit dem Neuaufbau der völlig zerstörten Stadt St. Vith. Nach dem Wiederaufbau verließen jedoch viele Firmen die Stadt und zahlreiche Arbeitnehmer, auch junge Leute, wurden arbeitslos.

Anfang der 60er-Jahre musste man einen starken Rückgang der Mitgliederzahlen in der CAJ feststellen. Bis 1968 war die CAJ auf zwei Sektionen zurückgegangen. Von einer Massenbewegung (vor dem Krieg) entwickelte sie sich zu einer „Militantenbewegung", d.h. einer Bewegung, in der eine kleine Anzahl Aktiver sich für das Wohl aller jungen Arbeitnehmer einsetzen wollte. Ab 1968 laufen zwei Dinge parallel. Der Bischof von Lüttich macht aus den Gebieten Kelmis, Eupen, Büllingen und St.Vith einen eigenen Seelsorgebereich in der Diözese. Er ernennt mich zum Jugendseelsorger für Ostbelgien, Präses der „Sozialen Werke" und Rektor des „Alten- und Pflegeheims" in Eupen. Von der Jugendseelsorge erwartet er, dass die Jugendbewegungen in dieser Gegend mehr zusammenarbeiten, ohne zu verschmelzen. Und somit beginnt die CAJ aus Kelmis, Eupen und St.Vith sich zu einer Einheit zusammenzufinden. Zum ersten Mal in der Geschichte der hiesigen CAJ gibt es eine eigene Freigestellte. Die „Militanten" der CAJ fühlten sich bald im Rahmen der Bindung an die Föderation Verviers in der Auswahl der Aktionsthemen eingeschränkt. Hinzu kam, dass alle Schulungen in Verviers in französischer Sprache abliefen. Die deutschsprachigen „Militanten", Arbeiter(innen) und Angestellte, waren nicht alle zweisprachig. Das Gleiche galt natürlich auch für die französisch sprechenden Mitglieder, die nicht deutschsprachig waren. Daraus ergab sich immer wieder folgende Lage auf den Bezirkstreffen: die deutschsprachigen Teilnehmer des Bezirks fühlten sich nicht verstanden, sie konnten sich nicht mitteilen und fühlten sich als zweitrangige Mitglieder in der JOC des Bezirks Verviers. Die JOC, das heißt die französisch sprechenden Mitglieder aus dem Bezirk Verviers, meinten ihrerseits, es würde über sie gesprochen, wenn unsere jungen Arbeitnehmer unter sich Deutsch sprachen. Eine unhaltbare Situation. Wir begannen Studientagungen in deutscher Sprache zu organisieren und freuten uns über die rasant wachsenden Teilnehmerzahlen – 40 Teilnehmer bei der ersten Tagung! Das war eine deutliche Sprache!

Die Überzeugung, wir bräuchten eine unabhängige deutschsprachige CAJ für Ostbelgien, reifte immer mehr heran. Stramm zu stehen hatte ich als Präses! Der Bischof von Lüttich hatte mich zum Präses der „Sozialen Werke deutscher Sprache" im Bezirk Verviers ernannt, neben dem ausschließlich französisch sprechenden Priesterkollegen. Weil ich mit den beiden Regionalverantwortlichen und den „Militanten" auf das Recht der deutschsprachigen jungen Arbeitnehmer/innen pochte, die Studiertage unter sich und in ihrer Muttersprache abhalten zu können, wurde ich schließlich zur MOC (Mouvement Ouvrier Chrétien) in Verviers zitiert, um mich bezüglich „gewisser Entwicklungen in der Jugendarbeit" zu rechtfertigen. Es wurden in dieser, von mir als „Gerichtsverhandlung" empfundenen Konfrontation, Befürchtungen laut, es gäbe einen Trend nach Deutschland hin. So hätte alles auch zurzeit mit Leon Degrelle(*) begonnen. Der Vervierser Präses sprach von der Gefahr einer Bewegung „Heim ins Reich", wie in der Vergangenheit.

*(*)„Léon Joseph Marie Ignace Degrelle alias José Leon Ramirez Reina (*15.Juni 1906 in Bouillon, Belgien; †31.März 1994 in Malaga, Spanien) war der Führer der belgischen Rexisten und ein Offizier der Waffen SS, zuletzt offiziell im Rang eines SS-Standartenführers (Léon Degrelle)".*

Er gilt als der Führer der wallonischen faschistischen Bewegung Rex (von lateinisch Christus Rex für Christus ist König), „die während der deutschen Besatzung während des Zweiten Weltkrieges mit den Nationalsozialisten kollaborierten. Aufgrund ihrer engen Anlehnung an die Dogmatik der katholischen Kirche wird die Bewegung von manchen Historikern dem Klerikal Faschismus zugeordnet" (Rexismus).

In seinem Leitartikel spricht Heinrich Toussaint, Chefredakteur des GE, am 11. Juli 1970 den Konflikt innerhalb der wallonischen JOC und der CAJ offen an.

„Tausend Jungarbeiter aus dem wallonischen Landesteil und Brüssel werden am 19. Juli in Castelgandolfo vor dem Papst stehen. Sie werden ihm die ‚Akte Rom 70' überreichen, einen Situationsbericht über das Leben der belgischen JOC, ein Dossier der Forderungen, die christliche Jungarbeiter an die Welt und die Kirche gerichtet haben …

Ostbelgische Jungarbeiter werden an dieser Wallfahrt nicht teilnehmen. Sie wurden nicht eingeladen. Für die Brüsseler JOC

AUF EINEN BLICK

Akte Rom '70

Tausend Jungarbeiter aus dem wallonischen Landesteil und Brüssel werden am 19. Juli in Castelgandolfo vor dem Papst stehen. Sie werden ihm die »Akte Rom '70« überreichen, einen Situationsbericht über das Leben der belgischen JOC, ein Dossier der Forderungen, die christliche Jungarbeiter an die Welt und die Kirche zu richten haben, ein Appell an die Kirche, durchsetzt mit herben Kritiken. Ist die Kirche tatsächlich einer bourgeoisen Mentalität verhaftet, wie es dort heisst? Die JOC erhofft eine Antwort vom Papst, der schon als Sekretär Pius XII. ein Freund ihres Gründers Cardijn und damit der JOC war.

Ostbelgische Jungarbeiter werden an dieser Wallfahrt nicht teilnehmen. Sie wurden nicht eingeladen. Für die Brüsseler JOC-Zentrale gibt es offiziell keine ostbelgische CAJ, die als dissident gilt. Aber das steht nicht in der »Akte Rom '70«. Man spricht nicht gern darüber. Man sollte es totschweigen, wünschen manche, damit »nicht wieder eine Polemik daraus entsteht«.

Vielleicht wünschen das auch die Verantwortlichen der ostbelgischen JOC, die sich inzwischen an ihr fast »illegales« Schattendasein gewöhnt hat. Halten Sie lieber den Mund, das wird uns nur Aerger machen, würden sie wahrscheinlich gesagt haben, wenn sie vorher gewusst hätten, dass wir dieses Thema anschneiden würden. Soll es Aerger machen, sollen sich auch die Eupener CAB, die Vervierser JOC und die Brüsseler Zentrale darüber ärgern! Vielleicht merkt man dann erst, wie sinnlos diese Situation ist, in der die deutschsprachige ostbelgische CAJ und die Gesamt-JOC Belgiens seit Jahren aneinandervorbeileben. Wir fragen beide Seiten: Ist das normal, ist das christlich, entspricht das denn überhaupt noch dem JOC-Ideal, für das sich doch angeblich alle Jungarbeiter und ihre Leiter einsetzen?

Präses Ernst Servais, vom Bischof von Lüttich mit der Betreuung der deutschsprachigen Jugend beauftragt, ist in CAB-

(Fortsetzung siehe nächste Seite)

AUF EINEN BLICK

Aktion Rom '70

Fortsetzung der 1. Seite

Augen ein Revoluzzer. Als damaliger Leiter der Sozialwerke fiel er unliebsam auf, als er sich für ein Eigenleben der ostbelgischen CSC einsetzte. Bei der Jugend hat er seine Ideen durchgesetzt, mit der Folge, dass es bei der CAJ statt zur gewünschten sprachlichen Eigenständigkeit, die »oben« keine Gegenliebe fand, zur fortschreitenden und schliesslich endgültigen, wenn auch stillschweigenden Trennung kam. CAB und CAJ leben seitdem auf Kriegsfuss und im übrigen aneinander vorbei. Vom Leben der innerbelgischen JOC erfahren die hiesigen Jocisten aus der Presse. Sie organisieren ihre Studientage usw. allein, holen sich Material aus Deutschland.

Ist das eine Situation, die man als geeignete Ausgangsbasis für die soeben erst wieder geforderte ostbelgische Vertretung im Landesjugendrat bezeichnen könnte? Gewiss, in anderen Jugendorganisationen ist die Situation verschieden. Die Landjugend hat, von der Zentrale gefördert, eine starke ostbelgische Organisation aufgebaut, die Scout-Zentrale in Brüssel stellt, wie uns noch gestern der Landespräses der jungen Pfadfinderinnen, Dr. Gatzweiler, berichtete, bereitwillig deutschsprachiges Material zur Verfügung. Für die Christlichen Jungarbeiter Ostbelgiens kann die Situation, in der sie leben, auf die Dauer zu keinem erspriesslichen Resultat führen. Sollten sie nicht auch selbst Interesse daran haben, in Zukunft wieder gemeinsam statt aneinander vorbei zu arbeiten? Das gleiche Interesse müsste in Brüssel bestehen.

Es sollte möglich sein, auch über die sprachlichen Meinungsverschiedenheiten zu einer Verständigung zu kommen. Eigenleben braucht keine Trennung zu bedeuten. Bei der Pressekonferenz, auf der die »Akte Rom '70« vorgestellt wurde, sprach man viel von der internationalen Solidarität. Sollte diese »innere Verbundenheit der Glieder einer Gemeinschaft und das Handeln aus der Verpflichtung des Gemeinwohls« (laut »Grosser Herder«) nicht zuerst auf nationalem Boden Grundpfeiler des Zusammenlebens sein? HT

Zentrale gibt es offiziell keine ostbelgische CAJ, da diese als dissident gilt. Aber das steht nicht in der ‚Akte Rom 70'. Man spricht nicht gerne darüber. Man sollte es totschweigen … damit nicht wieder eine Polemik daraus entsteht."

Diese Situation zeigt, dass die Atmosphäre immer schwieriger wurde und auf vielen Fehlinterpretationen und Befürchtungen basierte. Unser Ziel war es lediglich, eine sprachliche Eigenständigkeit zu erlangen.

Unterstützung fanden wir drei Vorkämpfer David Thyssen, Christa Fort und ich selbst auch bei dem damaligen Ministerpräsidenten Tindemanns, dem wir unsere Situation erläuterten und der uns in unserm Vorhaben bestärkte, für mehr Autonomie zu kämpfen. Es war eine spannende, herausfordernde Zeit, aber auch mitunter eine sehr harte Zeit.

Es war ein Bedürfnis nach Gerechtigkeit, das mich vorantrieb, und die Überzeugung, dass der junge Arbeitnehmer ein Recht darauf hat, sich in seiner Muttersprache mitzuteilen und für seine Bedürfnisse kämpfen zu können.

Klare Lösung bei der Christlichen Arbeiterjugend

CAJ nun dritte autonome Landesgemeinschaft Belgiens neben JOC und KAJ!

Es sollte schließlich nicht mehr nur darum gehen, Eigenständigkeit im Bezirk Verviers zu erlangen, unser Anspruch war schließlich, eine dritte eigenständige CAJ-Gemeinschaft auf Landesebene zu werden. Der gesamte Widerstand der JOC Verviers und auch des Landesverbandes der JOC hatten wohl zur Folge, dass im Bewusstsein der hiesigen „Militanten" und Verantwortlichen die Überzeugung immer klarer wurde: Was wir hier sein müssen, ist weder ein autonomer Sektor innerhalb der frankophonen Föderation JOC Verviers, noch selbst eine eigenständige Föderation innerhalb des Landesverbandes der wallonischen JOC, wir wollten nun innerhalb Belgiens neben JOC und KAJ (Katholieke Arbeidersjeugd) der dritte Nationalverband CAJ sein und als „Partner" unser Wort mitreden, wenn es um die Belange der Arbeitnehmerschaft in Belgien geht" (CAJ Info-Express, Festschrift Nov.'75).

Am 14. November 1972 teilt das GE in seinem Artikel „Klare Lösung bei der Christlichen Arbeiterjugend" mit: „CAJ nun dritte autonome Landesgemeinschaft Belgiens neben JOC und KAJ. Auf die Erklärung folgen die positiven Antworten der beiden Landesgemeinschaften KAJ und JOC. Laut Artikel löste die von David Thyssen vorgebrachte Mitteilung auf einem Jugendtreffen in St.Vith brausenden Applaus seitens der Jugendlichen aus. Endlich war ein vierjähriger Kampf besiegelt! „Und Christa Fort fügte hinzu: Heute beginnt ein neuer Start für eine gute Zusammenarbeit mit JOC und KAJ. Zusammen müssen wir eine CAJ Belgiens weiterbauen zum Besten aller jungen Arbeitnehmer Belgiens."

Wenig später ratifizierte auch das „Exekutivkomitee der internationalen CAJ" diese Situation. Die CAJ hatte bereits seit 1968 autonom die Finanzierung ihrer Bewegung übernommen. Die Freigestellte Bezirksleiterin war Christa Fort, verantwortlich für den weiblichen Teil der CAJ und die Geschäftsführung der Bewegung. Verantwortlich für die männlichen jungen Arbeitnehmer der CAJ war David Thyssen. Rudi Schröder übernahm einen großen Teil der Verwaltungsarbeit. Die gute Fee Irmgard unterhielt lange Zeit ehrenamtlich die Räumlichkeiten der CAJ.

Diese neue Zusammenarbeit „Präses für Landjugend und Arbeiterjugend auf dem Gebiet Ostbelgiens" ermöglichte nun auch mir und den Freigestellten gemeinsame Jugendprobleme aufzugreifen und Lösungen zu erarbeiten. Die Zusammenarbeit zwischen den Jugendbewegungen, insbesondere zwischen der KLJ und der CAJ wurde weiter ausgebaut. Wenn ich als Kaplan von St.Vith in Zusammenarbeit mit dem Präses der KLJ, H. Lennertz, die Aktion „Heiße Eisen" im Jahr 1964 startete, folgten andere gemeinsame Aktivitäten wie die „Friedensrallye" 1969, Jugendreisen usw.

Christ-Königs-Feste

Christus ist mein Leitbild. Schon in meiner theologischen Ausbildung war es mir wichtig, Seine Botschaft an die Menschen zu verstehen. Die Erfahrung der Pastorale in La Chatqueue in Seraing zeigte mir mögliche Wege zum gelebten Evangelium. Das Christkönigsfest als kirchliches Fest bot sich mir an, zu versuchen, die Botschaft Christi an die Jugendlichen heranzutragen. Es war eine Möglichkeit, mit den Jugendlichen auf der Suche zu sein: Was willst Du, Jesus, uns sagen für unsern Alltag, welche ist Deine Botschaft an uns?

„AKTION HEISSE EISEN" 1964 setzten sich drei Jugendbewegungen zusammen, um die berufliche Situation der jungen Menschen in den Dekanaten St.Vith und Malmedy (deutschsprachiger Teil) zu untersuchen. Es handelte sich um die KLJ, die CAJ (damals noch JOC genannt – Jeunesse ouvrière chrétienne) und die CHIRO St.Vith. Die Chancen unserer Jugendlichen, einen Wunschberuf zu ergreifen, waren gleich null. Die Situation war für die Mädchen noch prekärer als für die Jungen. Selbst

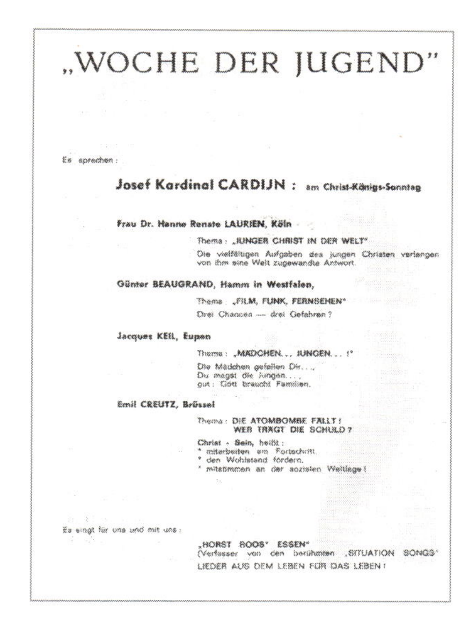

„WOCHE DER JUGEND"

Es sprechen:

Josef Kardinal CARDIJN: am Christ-Königs-Sonntag

Frau Dr. Hanna Renate LAURIEN, Köln

Thema: „JUNGER CHRIST IN DER WELT"

Die vielfältigen Aufgaben des jungen Christen verlangen von ihm eine Welt zugewandte Antwort.

Günter BEAUGRAND, Hamm in Westfalen,

Thema: „FILM, FUNK, FERNSEHEN"

Drei Chancen — drei Gefahren?

Jacques KEIL, Eupen

Thema: „MÄDCHEN... JUNGEN...!"

Die Mädchen gefallen Dir...,
Du magst die Jungen...,
gut: Gott braucht Familien.

Emil CREUTZ, Brüssel

Thema: DIE ATOMBOMBE FÄLLT!
WER TRÄGT DIE SCHULD?

Christ - Sein, heißt:
* mitarbeiten am Fortschritt.
* den Wohlstand fördern.
* mitstimmen an der sozialen Weltlage!

Es singt für uns und mit uns:

„HORST ROOS" ESSEN"
(Verfasser von den berühmten „SITUATION SONGS"
LIEDER AUS DEM LEBEN FÜR DAS LEBEN!

nach einer Ausbildung in einer technischen Schule oder durch einen Lehrvertrag waren die Möglichkeiten sehr begrenzt.

„K., 22 Jahre, besitzt das Diplom der technischen Schule A2. Aber was soll er hier in der Gegend damit anfangen? Nach seiner Militärzeit hat K. das Studium wieder aufgenommen. Er will jetzt auf Mittelschullehrer umsatteln."

„Ich bin in der Lehre", schreibt O. „Mein Fach war immer mein Wunsch. Aber ich würde nie mehr einen Lehrvertrag anfangen, oder nur zwei Jahre. Werde versuchen, in meinem Fach unterzukommen. Wenn das nicht gelingt, werde ich wohl meinen Beruf wechseln müssen, oder ich gehe ins Ausland."

„U. ist 21 Jahre, jetzt Hausangestellte im Innern des Landes. Mein Wunsch war immer Kinderpflegerin zu werden. Aber meine Eltern haben es nie erlaubt. Sie haben mir immer vorgehalten: ‚Was sollst du einen Beruf erlernen? In einigen Jahren wirst du sowieso heiraten. Schau, dass du jetzt den Haushalt lernst und etwas verdienst.' Und sie besorgten mir eine Stelle, wo ich gut verdiene: 3.500 BF." Das sind einige von hunderten Zeug-

nissen junger Menschen, die das Grenz-Echo in seinem Artikel zitiert (GE, 14. Oktober 1964), um über die Vorbereitungen des Christkönigsfestes zu berichten.

3.281 Jugendliche zwischen 15 und 25 Jahren (GE vom 29.10.1964) gaben Auskunft über ihre Berufswünsche, ihre aktuelle Beschäftigung, ihre Zukunftspläne oder -erwartungen. Das ergab schon ein relativ repräsentatives Bild der wirtschaftlichen und sozialen Lage der Jugendlichen.

Am Christ-Königs-Fest im Oktober 1964 strömten etwa 1.500 Menschen in den Saal Even in St. Vith, um das Resultat der Umfrage bekannt zu machen und ihre Vorschläge und Forderungen an die Öffentlichkeit und führenden Persönlichkeiten aus Politik, Wirtschaft, sozialen und religiösen Institutionen zu richten. Es ging der Jugend dabei nicht darum, die Vergangenheit zu kritisieren – was leider manche Eltern so verstanden – sondern den Blick nach vorne zu richten und neue Zukunftspläne zu schmieden. Im Zuge der Vorbereitungen auf dieses Fest hatten bereits Arbeitstreffen mit Politikern (wie z.B. Provinzgouverneur Clerdent, Provinzialrat Haas, Bürgermeister Pip) mit Leitern der Jugendbewegungen (Präses Lennertz, R. Georges, A. Eicher, B. Louvet, P. Maaswinkel und mir selbst) gegeben. Die Bereitschaft der Politiker, Lösungen für die wirtschaftlichen und sozialen Probleme der Jugendlichen zu suchen, schien groß. „Schließlich wurden die Arbeitsbereiche eingeteilt und Bezirkskommissar Hoen erklärte sich bereit, mit der Verwaltung den wirtschaftlichen und sozialen Teil der Arbeit zu übernehmen, während der psychologische und kulturelle Teil den einzelnen Arbeitskomitees obliegt", beschreibt Carlo Lejeune in seinem Beitrag und kritisiert gleichzeitig die „Bevormundung" der Jugend, die es sich nicht nehmen ließ, ein „Wirtschaftskomitee" und ein „kulturelles Komitee" zu gründen (Lejeune, C & Brüll, C., 2014,S. 262-265).

Ich möchte hier nicht weiter auf Details eingehen, die Carlo Lejeune ausführlich und kritisch in seinem Beitrag beschreibt.

Dank der Dynamik, die die Jugendlichen mit ihrem kolossalen Einsatz in Gang gebracht hatten, können wir auf einige positive Resultate zurückschauen: Die Stadt St.Vith erhielt ihre erste

Industriezone; das Straßennetz sollte ausgebaut werden; mehrere Kleinbetriebe siedelten sich im Laufe der Jahre in der Gegend an – nicht immer ohne Probleme, da die Jugendlichen, allen voran die CAJler, immer wieder für würdevolle und positive Arbeitsbedingungen kämpften. Dies geschah in Anlehnung an die Soziallehre der Kirche „Mater et Magistra" (1961), in der Johannes der XXIII deutlich sagt, dass der Arbeiter mit Recht aktive Teilnahme am Leben seines Unternehmens fordert, dass bei der Arbeit und beim Ausbau des Unternehmens auch die Stimme des Arbeiters gehört und seine Mitverantwortung angesprochen werden soll usw. Diese Soziallehre sollte von Oktober 1973 bis Mai 1974 zu einer Schulung der CAJ in Arbeiterpastorale führen (mit Jeff Van Praet und Roger Masure, in Zusammenarbeit mit den beiden Verantwortlichen D. Thyssen und C. Fort und meinen zwei Konfraters A. Mertes und H. Pint). Die jungen Arbeitnehmer wollten mit Christus entdecken und entdecken lassen, worin die echte Befreiung des Menschen liegt. Sie wollten entdecken, welchen Wert sie haben, wozu sie im Stande sind, was die Welt von ihnen erwartet, um mitentscheiden und mitverantworten zu können.

Mit Freude lasen meine Frau und ich kürzlich im GrenzEcho vom 8. Juni 2016:

Jubiläum: St.Vither Gießerei feierte ihr 50-jähriges Bestehen - Gründung erfolgte mitten in schlimmer wirtschaftlicher Rezession

„Savimetal ist eine Erfolgsgeschichte"

St. Vither Gießerei feierte ihr 50-jähriges Bestehen

„Vor etwas mehr als 50 Jahren, Anfang 1966 fassten einige St. Vither am Stammtisch des Hotel Pip-Margraff den mutigen Entschluss, quasi auf der grünen Wiese an der Prümer Straße eine Gießerei aus dem Boden zu stampfen. Aus einer „Schnapsidee", auch „Heißes Eisen" genannt, wurde eine regelrechte Erfolgsgeschichte ... St.Vith und die Eifel waren in den 60er-Jahren eine industrielle Wüste ..." Nein, es war keine „Schnapsidee" versicherte uns Josef Knauf, Mitgründer des Unternehmens, mit dem meine Frau und ich Kontakt aufnahmen, um uns zu vergewissern, dass die Gründung des Betriebes mit der damaligen Aktion „Heiße Eisen“ zusammenhing, was die Einleitung zum Artikel vermuten ließ.

Ein sympathischer Herr Knauf empfing uns bei sich zu Hause und erzählte über die mitunter sehr schweren Zeiten bei der Entstehung der Fabrik. Ja, die Idee zur Gründung eines Betriebes nahm ihren Lauf bei einem Stammtischgespräch im Hotel Pip-Margraff in St.Vith, wo sich Freunde regelmäßig trafen, und über Politik und Zeitgeschehen diskutierten (Josef Knauf, Richard Schwall, Viktor Walter Schütz, Jonas Gennen †, Dr. Walter Linden † und Paul Zilles †). Als es wieder einmal um die trostlose wirtschaftliche Lage der Menschen und insbesondere der jungen Menschen im Süden der Deutschsprachigen Gemeinschaft (DG) ging – genau die Problematik, die etwa ein Jahr zuvor durch die Aktion „Heiße Eisen“ angeprangert wurde – entstand die Situation, die Richard Schwall, Mitgründer des Unternehmens und Verwaltungsrat Präsident be seiner Rede zu Gelegenheit der 50 Jahrfeier des Betriebes hielt und die er uns freundlicherweise zur Verfügung stellte.

„Um Abhilfe zu schaffen, hat unser damaliger, sehr sozial engagierter Kaplan Ernst Servais, mit Johann Haas und einigen Mitarbeitern die Aktion „Heiße Eisen“ gegründet. In seiner Predigt im sonntäglichen Hochamt erklärte er den Sinn und Zweck dieser Aktion und appellierte an alle Anwesende: Jeder möge nach seinen Möglichkeiten versuchen, Arbeitsplätze für arbeitslose Mitbürger zu schaffen, damit diesem elendigen Zustand abgeholfen werden könnte.

So kam auch dieses Thema zur Sprache bei unserm sonntäglichen Frühschoppen im Hotel Pip-Margraff. Von den 8-10 Teilnehmern fand keiner eine persönliche Möglichkeit hier etwas zu unternehmen.

Deshalb fragte unser Freund Jonas Gennen, bekannter Englischlehrer an der Bischöflichen Schule Josef Knauf: „Du als Ingenieur, hast du keine Idee?“ Nach kurzem Nachdenken meinte Josef, es gäbe vielleicht die Möglichkeit, eine Gießerei in St.Vith zu bauen. Keiner von uns konnte sich etwas unter einer Gießerei vorstellen. Dafür aber müssten 10 Millionen BF (ca. 250.000 Euro) zur Verfügung stehen. Wir waren von der Idee begeistert und versprachen, ihm das Geld zu besorgen. Aber, wäre er bereit, sein Arbeitsverhältnis des festangestellten Ingenieurs mit sehr guten Aufstiegschancen bei der Fa. Magottaux aufzugeben und in St. Vith das Risiko einzugehen, eine Gießerei aufzubauen, ohne Sicherheit, dass das Unternehmen gelingen könnte? Da Josef von einer erfolgreichen Verwirklichung seines Projektes überzeugt war, mussten wir versuchen, wie versprochen, das nötige Geld zu beschaffen. Wir haben versucht, mehrere Geldgeber zu überzeugen, Geld in ein Projekt zu investieren, dass nur auf dem Papier bestand, ohne Sicherheit auf Erfolg oder Rendite. Mit Mühe haben wir nur etwas mehr als 6 Millionen Franken mit festem Versprechen Josef präsentieren können und wir waren bereit, 4 Millionen Franken zu leihen, die wir gegen vielfache Garantien erhalten haben.

Nun konnte es losgehen, erzählte uns Josef Knauf bei unserer Begegnung. Problematisch war nur, dass eine Wirtschaftskrise herrschte, viel schlimmer als die jetzige, beteuerte er! „Die positive Seite war, wir konnten zu günstigen Preisen bauen. Die negative Seite war, wir haben ein Jahr lang keinen einzigen Auftrag an Land ziehen können! Einige „Investoren" wurden nervös, vor allem die, die darauf gehofft hatten, eine gute Rendite zu erzielen. Diejenigen, die aus sozialen Gründen investiert hatten, blieben etwas gelassener. Dann plötzlich nach einem Jahr war es plötzlich wie ein Boom, die wirtschaftliche Entwicklung hob an, wir bekamen unsere ersten Aufträge und von da an ging es stetig bergauf. Die große Durststrecke war vorüber. Wenn wir mit drei Personen angefangen hatten zu arbeiten, wurden es schnell 12, dann bis Ende 1969 50 usw. Seit vielen Jahren beschäftigen wir zwischen 80 und 100 Personen."

Es war eine herzerfrischende Begegnung mit Herrn Knauf. Wir freuten uns über die Erfolgsgeschichte des Betriebes und auch über diese wunderbare Folge der Aktion „Heiße Eisen". Nach der Aktion, ab Anfang 1965, hatten sich verschiedene ausländische Betriebe in unserer Gegend etabliert, jedoch leider meistens nur für kurze Zeit.

Herr Schwall schrieb uns: „Ohne die Aktion „Heiße Eisen" hätte zu der Zeit niemand von uns daran gedacht, eine Gießerei in St.Vith aufzubauen. Gott sei Dank ist so ein Betrieb damals entstanden, der seit 50 Jahren vielen Menschen in unserer Gegend einen guten Arbeitsplatz gesichert hat. Ohne die Idee „Heiße Eisen" hätten wir damals keine Geldgeber gefunden."

Wir bewundern den Mut, die Kreativität und die Einsatzbereitschaft dieser beiden Herren, Josef Knauf und Richard Schwall und der Freunde, die sie dabei unterstützt haben. In dem Gespräch, das wir mit Herrn Knauf haben durften, spürten wir seine soziale Einstellung, was die Haltung den Arbeitern gegenüber und die Sorge um gerechte Gehälter betrifft. Eine soziale Einstellung, die ihm sichtlich bis heute geblieben ist.

Zu den wirtschaftlichen Errungenschaften kamen im Laufe der Monate und Jahre viele Aktionen im kulturellen und sozialen Bereich hinzu. Der Unmut der Eltern nach der Bekanntgabe der Resultate der Umfrage wurde aufgegriffen. Im Rahmen der Radio-Sendung „Glaube und Kirche" wurden Vorträge angeboten zum Thema „Heiße Eisen der Eltern". In den Pfarren wurden viele „Heiße Eisen" aufgegriffen wie: Aufgaben der Jugendlichen, Berufswahl, Lehrvertrag, höhere Studien, Generationskonflikte, Lohnabgabe u.v.a. (s. Grenz-Echo, 16.02.1965). Und wie mir kürzlich ein Ehepaar versicherte, das ich nach langer Zeit mit Freude wiedertreffen durfte: „Für uns war „Heiße Eisen" die Zeit der sexuellen Aufklärung! Wir sehen uns noch im Dorfsaal sitzen und „heiß debattieren" zum Thema Liebe und Ehe. Das war für uns damals sehr wichtig, wir waren erst 16 und erlebten unsere erste Liebe."

Friedensrallye 1969

Gerne erinnere ich mich auch an die Friedensrallye, die im Oktober 1969 mit 17 Bussen und etwa 700 Teilnehmern aus acht ostbelgischen Jugendvereinigungen durch die gesamte Deutschsprachige Gemeinschaft tourte. Die Jugendlichen wollten ein Zeichen setzen, im Zeitalter u.a. des Vietnamkrieges. Es war ihnen bewusst, weit weg konnten sie nichts für den Frieden tun, aber in ihrer Familie, an ihrem Arbeitsplatz, in ihrer Freizeit schon.

Fröhliche Jugendliche strömen zu den Bussen, die anschließend durch Ostbelgien touren.

Das war dann auch das Ziel dieser Friedensrallye, in verschiedenen Bereichen ihres Lebens anzusetzen, wie in den Bereichen „Bekanntschaft und Liebe", „Verhältnis zu den Erwachsenen" und „Friede am Arbeitsplatz".

Wir erlebten einen frohen, offenen Bischof in „Zivil", ohne die übliche Bischofstracht. Wir erlebten Persönlichkeiten, die die Botschaften der Jugendlichen anhörten, wir erlebten bei der Abschlussfeier in St. Vith ein begeisterndes Theaterstück des „Thespiskarren" Düsseldorf. Und wenn mir dabei viel Sympathie entgegengebracht wurde, kann ich heute nur wiederholen, was ich damals schon sagte: „Was wäre ich ohne euch?" Ich gebe zu, an Ideen und Kraft,

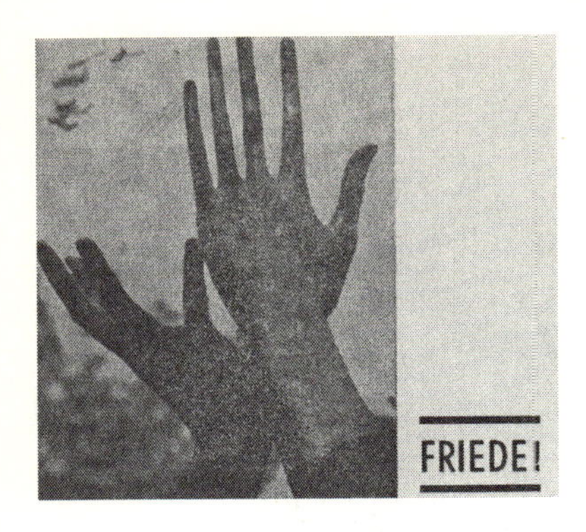

sie umzusetzen hat es mir nie gefehlt, aber alleine hätte ich gar nichts erreichen können. Es ging eine Kraft aus von den Verantwortlichen und den Teilnehmern der Jugendbewegungen, die fähig war „Berge zu versetzen".

Jugend bekennt sich zur Welt

Ein Highlight in meinem Leben als Jugendseelsorger war der Besuch des Kardinal Cardijn, dem Gründer der Welt-CAJ, als er im Oktober 1966 zum Abschluss der Jugendwoche im Saal Even in St. Vith die Schlussfolgerungen einer erneuten Umfrage entgegennahm.

Eine kleine Anekdote dazu, die kaum jemand kennt. Der Saal war brechend voll, die Menschen standen zusammengepfercht vom Eingang des Saales bis zur Bühne. Es war kein Durchkommen mehr. Der Kardinal sollte aber auf die Bühne, wie sollte das geschehen? Nach einigem Grübeln kam der Wirt auf mich zu und vertraute mir an: „Der einzige andere Zugang zur Bühne ist durch einen anliegenden Hühnerstall. Meinst du, wir können dem Kardinal das zutrauen?" Und so kam es, dass Cardijn auf diesem Wege zur Bühne fand, wo er mit tosendem Applaus empfangen wurde.

Seine Botschaft, als Jugendlicher von 84 Jahren, wie er sich selbst bezeichnete, war eindeutig: „Die Jugend bestimmt die Zukunft, auf sie kommt es an, in ihrer Macht liegt es, ob die Welt von morgen von Krieg und Zerstörung oder vom Frieden bestimmt sein wird" Und weiter: „Jugendliche müssen sich zusammenschließen, um zu handeln. Jugendbewegung ist Jugend in Bewegung." Diese Botschaft und Aufforderung ist eigentlich immer noch aktuell!

Er war ein großartiger Mensch

Joseph Cardijn wurde am 13. November 1882 in Schaerbeek, Brüssel als Sohn einer belgischen Arbeiterfamilie geboren. Als Joseph aus der Schule kam, sollte er in einer Fabrik arbeiten gehen. Aber sein Leben bekam eine andere Wendung. So erzählte er es selbst:

Als meine Geschwister schon im Bett waren, schlich ich noch einmal barfuß in die Küche hinunter, wo trotz der späten Stunde noch meine Eltern beim Ofen saßen. „Vater", sagte ich, „ich möchte dich um etwas bitten. Bitte lass mich studieren." „Aber du weißt doch recht gut", antwortete mein Vater, „dass du der Älteste bist und dass wir mit deinem Verdienst rechnen." Ich sagte ihm, dass ich den Ruf Gottes fühle, Priester zu werden. Es war eine Weile still, dann sagte mein Vater: „Wir haben jetzt schon schwer gearbeitet, aber für diese Freude werden wir noch schwerer arbeiten, nicht wahr, Mutter?!" (†25. Juli 1967)

Berühmte Zitate von Joseph Cardijn:
„Jeder junge Arbeiter ist mehr wert als alles Gold der Erde, weil er ein Sohn Gottes ist!"
„Die ersten und unmittelbaren Apostel der Arbeiter müssen die Arbeiterinnen und Arbeiter selbst sein."
„Die Kirche ohne die Arbeiterklasse ist nicht mehr die Kirche Christi."
Seine letzten Worte kurz vor seinem Tod im Juli 1967 waren: „Wir müssen anfangen ... Wir stehen erst am Anfang."
Er wurde in der Liebfrauenkirche zu Laeken, Brüssel, beigesetzt.
CAJ – Christliche Arbeiterjugend Deutschland e.V. Wir über uns (2014)

14. Die CAJ und Cardijns Methode: Sehen - Urteilen - Handeln

Joachim Meurer aus Düsseldorf war Leiter der dortigen Studiengruppe für Kommunikation und einer der wichtigsten technischen Berater der verantwortlichen Kernequipe für die Planung und Gestaltung der „Christ Königs Feste" der KLJ und CAJ. Immer wieder konnten wir ihn um Rat fragen, wenn wir neue Ideen und Wünsche hatten. Alle fühlten sich von ihm ernst genommen und hatten Vertrauen zu ihm. Genau deshalb war er uns so wichtig, genau deshalb soll sein Name nicht vergessen werden. Alle Untersuchungen, die in der CAJ im Laufe der Jahre im Anschluss entstanden sind, fußen auf folgender Vorgehensweise, die ich hier in kurzen Zügen zusammenfasse, um ein besseres Verständnis zu ermöglichen.

Initiatoren sind immer junge Arbeitnehmer oder Angestellte, die Beobachtungen am Arbeitsplatz, in der Freizeit, in der Familie, auf dem Weg zur Arbeit machen und in ihrer jeweiligen Gruppe einbringen und besprechen.

Es sind also immer – und das ist wichtig festzuhalten – die so genannten „Militanten" (ein Begriff, der von Kardinal Cardijn, Gründer Welt-CAJ, geprägt wurde und die aktiven Mitglieder meint), die in ihren Lebensmilieus Beobachtungen machen und sie untereinander teilen. Dabei fielen oft Erkenntnisse wie: „Ach, ist das bei euch auch so?" Das waren dann erste Aha-Erlebnisse, die weitere Aufmerksamkeit förderten und den Boden bereiteten für zusätzliche Erkenntnisse. Der nächste Schritt war die Frage: „Meinst du, das wäre wichtig festzuhalten? Meinst du, das wäre ein Problem, worauf wir achten sollten und das wir in der CAJ-Versammlung besprechen sollten? Oder auch zu Hause erzählen?" Oft kam dann die Rückmeldung aus dem Elternhaus: „Pass nur auf, dass du nicht deine Stelle verlierst." Es wurde abgewogen: „Ist das, was ich oder du beobachtet hast, so wichtig? Ist es wirklich ein Problem? Wie wichtig sind unsere Beobachtungen?" Solch eigene kleine Wahrnehmungen bei sich selbst oder bei anderen ernst zu nehmen und dazu zu stehen, erforderte schon gehörig Mut. Das dann in der CAJ Versammlung vor anderen zu erzählen und dazu zu stehen, erforderte noch mehr Mut. Etwas von sich selbst anderen mitteilen, stärkt natürlich das Selbstbewusstsein und die Selbstsicherheit. Und das gehört zum „Militant/in-sein" dazu. Es ist ein wichtiger Schritt der „Methode Cardijn", eine Lebensschule. Wie oft haben die Bezirksleiter und ich selbst als Priester mit Freude diese Entwicklung im Bewusstsein, in der Persönlichkeit der jungen Arbeiternehmer/innen, der „Militanten", beobachtet. Ihre Zufriedenheit über die Entwicklung ihrer Persönlichkeit konnten wir auch auf ihren Gesichtern ablesen.

Sehen lernen – der erste Schritt der „Cardijn Methode"

J. Meurer „formulierte" unsere Beobachtungen um. Er stellte uns Fragen, die uns nachdenklich machten: Was ist das Problem? Wie verbreitet ist es? Wie sind Alter, Geschlecht, Elternhaus, Schule, Betriebe derjenigen, mit denen ihr in Kontakt seid? Was wollt ihr erreichen, was ist euer Ziel? Aus den verschiedenen Überlegungen wurde mit seiner Hilfe ein Fragebogen erstellt und eine Untersuchung gestartet, um die gemachten Beobachtungen, das Sehen, noch zu vertiefen.

Heute, im Zeitalter des Computers, den es zu Beginn unserer Untersuchungen noch nicht gab, ist es vielleicht interessant zu erwähnen, dass die Auswertung aller Untersuchungen noch per Hand vor sich ging. Das heißt, bei der ersten Untersuchung mussten wir noch mit Strichlisten die Resultate zusammenzählen. Bei den folgenden Untersuchungen ging es dann schon moderner zu, als wir die Resultate auf gelochten Bögen ausgehändigt bekamen und sie dann per „Stricknadel" – ja, Sie haben richtig gelesen – auswerten mussten. Wer es nicht erlebt hat, kann es wohl kaum glauben, wie wir die Resultate abzählen mussten. Z.B. bei einer Frage wie „Wie viele Mädchen antworten auf die Frage 1 mit JA?", musste man mittels der Stricknadel den Stoß Bögen am Rand an einem bestimmten Loch auffädeln, die Bögen schütteln und alle Karten, die der Antwort entsprachen, fielen aus dem Stapel heraus und wurden abgezählt.

Man kann also sagen, dass Joachim Meurer unserer Arbeit mehr und mehr Methodik bei der Konzeptualisierung unserer Projekte und auch in gewisser Weise mehr „Wissenschaftlichkeit" garantierte. Immerhin ging es manchmal um die Auswertung von mehreren hundert Fragebögen, die dann für die weitere Aktion ein ziemlich repräsentatives Resultat ergab.

Er gehört zu den Menschen, die ich nicht vergessen will. Mit ihm und seiner Frau Ingrid verbindet uns immer noch eine tiefe Freundschaft. Die beiden führen inzwischen in Düsseldorf ein kleines Theater.

Nähe zum Theater bestand immer schon. So gestaltete Meurer anlässlich der Friedensrallye eine Theaterperformance mit dem Titel „Frieden". Im Herbst 1970 gastierte sein Theater

„Thespiskarren" auf Einladung der KLJ/CAJ in St. Vith mit Thornton Wilders Theaterstück, „Wir sind noch einmal davongekommen." Auch hier war das Thema wieder Krieg und Frieden. Im Mai 1971 dann wieder eine Performance zum CAJ Kongress in Kelmis mit dem Titel „Das ist unmenschlich". 1973 zum Festival des 50-jährigen Bestehens der CAJ gestaltete Meurer eine Theatercollage unter dem Titel „Der Mensch am Arbeitsplatz". Alle diese Produktionen begleiteten künstlerisch die Arbeit und Themen der CAJ und KLJ in diesen Jahren.

Urteilen – der zweite Schritt der „Cardijn Methode"

Das erweiterte und vertiefte Sehen wurde analysiert. Das geschah in den Gruppen, auf Studientagungen und Kongressen. Welche Beweggründe könnten Jugendliche veranlassen, bestimmte Dinge zu tun oder zu glauben, und hat der Arbeitsplatz Einfluss darauf? Wie ist das bei euch selbst? Und was meint ihr müsste, sollte geändert werden? Warum, euer Ansicht nach? Kennt ihr andere, die auch diese Lage ändern möchten? Wie ist es möglich, etwas zu ändern? Die Palette der bearbeiteten Themen deckte das ganze Leben der jungen Arbeitnehmer/innen ab. Mal standen Themen wie „Ausgehen", „Zeitschriften",

„Fernsehen" im Vordergrund, mal „Unser Zuhause nach der Arbeit", wo auch gleich Eltern auf der Tagung mit dabei waren und mit den Jugendlichen die Probleme besprachen, die sich auftun, wenn der junge Mensch von der Arbeit heimkommt.

Zentral standen immer wieder Themen, die das Arbeitsleben des jungen Menschen direkt betreffen. Es wurde untersucht, wie die Stimmung am Arbeitsplatz ist, wie es um die Weiterbildung der jungen Arbeitnehmer bestellt ist, welchen Sinn der junge Mensch in seiner Arbeit sieht u.v.m. Immer wieder stand dabei die christliche Dimension im Vordergrund, was hat Christus mit meiner Arbeit zu tun?

info
express
fest
-schrift
nov. '75

„Ich bin gekommen,
dass sie das Leben haben in Fülle"

Handeln – dritter Schritt

Jedes gemeinsame Urteilen mündete in Aktionen, in Ziele, die die jungen Arbeitnehmer in ihrem Umfeld umsetzen wollten. Das fand in unserer Gegend nicht immer ohne Polemik statt.

Die Untersuchungen zum Thema Sexualität, Stellung der Frau, Einfluss der Medien usw. führte dazu, dass die CAJ eine Zeitschrift herausgab, um ihre Sicht der Dinge zu verbreiten und

„aufzuklären", die „Etappe 69". Heinrich Toussaint (damaliger Chefredakteur des Grenz-Echos) nimmt dazu Stellung in seinem Leitartikel „Auf einen Blick". Am 21. Juni 1969 verwirrte er damit einige Leser, die den Beitrag als Kritik missverstanden und ihrerseits in Leserbriefen Position FÜR die „Etappe 69" ergriffen.

„Mir ist eine aufregende Lektüre in die Hand gefallen. Von Sex und Aufklärung ..."

AUF EINEN BLICK

Aufklärung

Mir ist eine aufregende Lektüre in die Hand gefallen. Von Sex und Aufklärung ist da die Rede, von dem, was junge Mädchen denken und was den Jungen am Mini-Kleid gefällt, von dem, was erlaubt ist, und wie man küsst. Auch vom vorehelichen Verkehr und von Oswalt Kolle. Kurz, an dieser Zeitschrift ist »alles dran«. Das tollste aber ist: Sowas wird in unserer Gegend Kindern in die Hand gedrückt. Jungen und Mädchen ab 14 Jahren. Noch mehr: Halbwüchsige gehen mit diesem Blatt von Tür zu Tür und wollen es Erwachsenen verkaufen.

Wir haben uns den Verantwortlichen vorgeknüpft und von ihm erfahren: Das ist unsere neue Art, Jugend an die Welt und ihre Probleme heranzuführen, ohne Scheuklappen, indem wir die Dinge beim rechten Namen nennen.

Ernst Servais heisst dieser Mann, und wir wollen ihm, bevor wir fortfahren, den Titel voransetzen, der ihm zusteht (obwohl er Titel nicht ausstehen kann). Er ist Priester und als Präses verantwortlich für die Jugendbewegungen im deutschsprachigen Gebiet der Diözese Lüttich.

Die Zeitschrift, von der hier die Rede ist, heisst »Etappe 69« und ist eine Sonderausgabe zum Werkheft der Militanten der Christlichen Arbeiterjugend (CAJ) des Gebiets Kelmis, Eupen, St. Vith.

Ausgebeutet wurden die Jugendlichen früher, so heisst es in dieser Schrift. Heute verdienen wir mehr. Aber die gleichen Ausbeuter sind heute wieder am Werk. Die Freizeitindustrie produziert neue Artikel und trommelt uns ein, dass wir sie haben müssen als »moderne« junge Menschen unserer Zeit.

Schonungslos setzt sich die Sonderausgabe, von Jugendlichen gestaltet (und, unter uns gesagt: gut aufgemacht) mit den verschiedenen Problemen auseinander, die alle in irgendeiner Weise mit der Freizeitgestaltung, dem Leben zu zweit, der Entspannung nach Feierabend, Mode, Sex und Liebe, zu tun haben. Die Freizeit wird immer grösser. Aber was fängst du damit an? ist eine der Fragen, mit denen sich CAJ-Militanten in unserer Gegend befasst haben; die Antwort darauf füllt die erwähnte Schrift. Die Jungen und Mädchen gehen erstaunlich direkt an ihr Thema heran, vermeiden Schnörkeleien, wie sie oft von Erwachsenen verwendet werden, wenn sie über gewisse »unbequeme Themen« schreiben müssen, und drücken sich nicht um eine klare Antwort.

Generalvikar Meunier, der eine CAJ-Tagung hier besucht hat, mahnte die Jungen: Die Jungarbeiterin ist kein Spielzeug. Er sagte aber im gleichen Atemzug den Mädchen: Ihr könnt einen tiefen Einfluss auf die Jungen haben durch Euer Benehmen. Vergesst das nicht. Fragt nicht immer: Was ist zwischen Jungen und Mädchen erlaubt? sondern vielmehr: Was ist schön, macht glücklich? Und was steht dem entgegen?

Wie man sieht, wird jeder salbungsvolle Ton vermieden. Das hat uns an dieser Schrift so ausserordentlich gefallen. Für 5 Fr. kauft man mehr echte »Aufklärung« als in manchem teuren Buch mit anspruchsvollem Titel. Eltern heranwachsender Jungen und Mädchen bietet sich hier eine einzigartige Gelegnheit, zu lesen, was ihre Kinder denken, wie sie das Leben sehen. Die meisten Eltern wissen das ja gar nicht. Sie glauben nur, ihre Kinder zu »kennen«. Ein Blick in »Etappe 69« wird sie erstaunen.

HT

Wem »Etappe 69« nicht an der Haustür angeboten wird, kann das Heft (unter Beifügung von 5 Fr. in Briefmarken) bestellen bei : CAJ, Heidberg 4, Eupen.

Lehrlinge wehren sich ihrer Haut

Weshalb kam es 1972 zum offenen Bruch zwischen dem Lehrlingssekretariat St.Vith und der CAJ? Unbekannte hatten nachts an den Häusern verschiedener Arbeitgeber Flugblätter angebracht, es war darauf die Rede von Unterdrückung und Sklavenarbeit. Sofort wurde die CAJ verdächtigt. Sie war aber nicht der Urheber dieser Aktion und hieß sie auch nicht gut. Sie startete jedoch daraufhin eine Untersuchung, bei der 200 Lehrlinge befragt wurden, um ihre Arbeits- und Ausbildungssituation besser zu erfassen. Mit dem Resultat dieser Untersuchung suchten sie den Kontakt mit dem Verwaltungsrat des Lehrlingssekretariates.

Bei der Generalversammlung des Lehrlingssekretariates kam es dann zum Eklat, als der Präsident die Teilnahme der anwesenden CAJler verweigerte – der Grund dazu lag wohl bei einem Missverständnis zwischen den Parteien vor der Versammlung. Kaplan Mertes erhob Einspruch im Namen der CAJler mit dem Argument, juristisch gesehen könnten der Generalversammlung auch Nicht-Mitglieder beiwohnen. Daraufhin wurde die Generalversammlung aufgehoben.

Lediglich zwei Teilnehmer blieben sitzen, um sich die Argumente der CAJ und deren Vorschläge anzuhören.

Es kamen zahlreiche Fragen auf: Können die Lehrlinge nicht selbst für sich sprechen oder deren Eltern? Muss das die Aufgabe der CAJ sein? Die CAJler ihrerseits hatten klare Vorschläge, wie in Zukunft die Situation im Sinne aller besser gemanagt werden könne, nach dem Motto: „Lehrjahre sind keine Herrenjahre ... aber auch keine Hundejahre". Die CAJ beantragte schließlich die Aufnahme zweier Lehrlinge in diesen Verwaltungsrat und die Aufnahme von 3 Lehrern, damit alle an der Ausbildung Beteiligten ihre Standpunkte vertreten könnten. (Grenz-Echo, 4. Dezember 1972). Die Aktion verbesserte im Allgemeinen die Situation bei vielen Lehrlingen, weil sie auch jetzt den Mut hatten, für ihre Bedürfnisse einzustehen.

Mitsprechen und mit entscheiden zu können war ein wichtiges Ziel. Der junge Arbeitnehmer sollte sich seiner Würde bewusst sein und auch seiner Verantwortung. Er sollte seine

Pflichten kennen, aber auch seine Rechte. In dem von mir erteilten Religionsunterricht in der Berufsschule Eupen hat mir diese Einstellung den „Rausschmiss“ beschert. Auch hier war für mich die Frage des Religionsunterrichtes: „Wie kann ich Christus diesen jungen Menschen näher bringen?“ Es wurde mir schließlich der Vorwurf gemacht, der Religionsunterricht sei zu „sozial“ ausgerichtet. Man hatte eher von mir erwartet, dass ich über das Gebet, die Messe, die Beichte spreche und man verzichtete auf meine weiteren Dienste.

Bischof W.M. Van Zuylen
„an die CAJler und Leser dieser Zeitung“

LESEN SIE
- Dancing vor Gericht
- Wir geben nicht nach, Herr Minister
- Ich bin es satt, mein Leben hat doch keinen Sinn mehr

etappe ’72
caj-Zeitung · Sonderausgabe Juni ’72

LEHRJAHRE sind weder HERREN- noch ... HUNDEJAHRE

Stein für Stein

Das kann so nicht weitergehen

So lautete eine Aktion der CAJ, von der auch das Grenz-Echo am 4. März 1971 berichtet.

„Wer kennt schon die Probleme jener Jugendlichen, die sich nach einem Arbeitstag von acht Stunden und oft mehr durch Abendkurse weiterbilden. Oft haben sie kaum Zeit um sich umzuziehen, geschweige in Ruhe zu Abend zu essen. Von der Arbeit zur Schule. Spät zu Hause, früh wieder weg. An den anderen Abenden für diese Kurse lernen. Wer kennt schon ihre Probleme? Niemand spricht von ihnen. Jeder findet das normal.“

Unter der Leitung von Bezirksleiter David Thyssen und Bezirksleiterin Christa Fort wurde eine große Fragebogenaktion gestartet, um das Problem zu untersuchen. 800 von 2.000 ausgeteilten Fragebögen kamen ausgefüllt zurück! Anschließend wurde ein großer Kongress einberufen (200 Teilnehmer) und festgestellt:

Sehr viele junge Arbeitnehmer sind an Weiterbildung interessiert, aber bei den jetzigen Möglichkeiten scheint diese mit vielen Schwierigkeiten verbunden zu sein, sodass Weiterbildung nicht als Chance für die Zukunft erfahren wird. Weiterhin wurde festgestellt, dass es ungenügend Weiterbildungsangebote, sowohl auf beruflicher als auch auf kultureller Ebene gibt und vor allem keine Informationsquelle vorhanden ist, um zu erfahren, wo es welche Angebote gibt.

Auf nationaler Ebene und ebenso auf regionaler Ebene wurde seitens der Arbeiterbewegung und der Gewerkschaften die Idee laut, ein System zu schaffen, dass es jungen Arbeitnehmern ermöglichte, konsequent an Weiterbildungen teilzunehmen, sei es um sich innerhalb seines Berufes zu qualifizieren, sei es, um sich umzuschulen. Auf nationaler Ebene war die Idee der „Kreditstunden" geboren. Der Jugendliche, der an Abendkursen teilnimmt, sollte die Möglichkeit haben, zwei Stunden früher seine Arbeitsstelle verlassen zu dürfen. Ich möchte hier nicht auf Details des finanziellen Ausgleiches durch den Staat eingehen, nur erwähnen, dass die hiesige CAJ an diesem Kampf teilnahm und ihrerseits auch Aktionen startete, um hiesigen Jugendlichen mehr Möglichkeiten anzubieten. So wurden beispielsweise Kochkurse und Nähkurse für Schichtarbeiterinnen eingerichtet, die vierzehntägig stattfanden, damit die Arbeiterinnen regelmäßig daran teilnehmen konnten.

Schließlich wurde eine Infostelle für die Gegend aus der Taufe gehoben: das WIDA (Weiterbildungsinstitut für Deutschsprachige Arbeitnehmer), das der Sozialarbeiter und aktive CAJler Günther Manz lange Zeit geleitet hat.

„Damals", so schreibt Günter Manz „gab es ein Manko an Informationsdiensten in deutscher Sprache in der DG, kein eigenes Arbeitsamt ... Die Infoläden wurden in dieser Zeit ebenfalls gegründet auf Initiative des Jugendrates, ... beschränkten sich aber auf Jugendliche. WIDA hatte auch erwachsene Arbeitnehmer als Zielpublikum. Während meiner Zeit bei WIDA habe ich mich sehr für die Wiedereinführung der provinzialen Kurse im Bereich der Gemeindeverwaltung (dreijähriger Abendkurs) in deutscher Sprache in St. Vith eingesetzt. Auch habe ich gemeinsam mit der Frauenliga einen Kurs für Familien- und Seniorenhelferinnen auf die Beine gestellt, der für Arbeitslose und Wiedereinsteigerinnen in die Berufswelt gedacht war ...

Wochenlang bastelten junge Arbeitnehmer Weihnachtsschmuck und Krippen.

WIDA gab ein Informationsblatt heraus, u.a. über Abendkurse, Kreditstunden, Sozialgesetzgebung in Zusammenhang mit Weiterbildung."

Da die Struktur der CAJ und ihre Finanzierung ab meiner Heirat praktisch „implodierte", nachdem der Bischof mir und meiner zukünftigen Frau nach der Ankündigung unserer Heirat jegliches weitere Engagement in der Bewegung verbot, musste auch Günter Manz seine wertvolle Arbeit für die Weiterbildung der Arbeitnehmer in Ostbelgien aufgeben. Zu Beginn des Jahres 1978 wurde die GoE WIDA aufgelöst. Günter verdanken wir jedenfalls ein starkes Engagement in diesem Bereich.

Die Finanzierung der CAJ, die ja von keiner anderen Organisation unterstützt wurde, war eine sehr aufwendige Aufgabe. Glücklicherweise waren viele Menschen von der Daseinsberechtigung der Jugendbewegung und ihrer Arbeit überzeugt, sodass wir mit vielen Helfern rechnen konnten. Es gab sogar Unternehmer, die die Bewegung tatkräftig unterstützten – obschon sie vielleicht damit rechnen mussten, dass auch in ihrem Betrieb die CAJler „ungemütlich" werden konnten. Es gab Konfratres, die monatlich die CAJ unterstützten. Es gab finanzielle Unterstützung seitens der Deutschsprachigen Gemeinschaft,

wie für alle andere Jugendbewegungen. Ja, und dann mussten die Jugendlichen selbst für Einkünfte sorgen. Zusätzlich zu den Mitgliedsbeiträgen wurden Aktivitäten geplant, wie u.a. der Weihnachtsmarkt der CAJ. Ich glaube, wir waren die ersten, die in unserer Gegend Weihnachtsmärkte organisierten. Die Idee stammte von Joachim Meurer, dem wir viele neue Ideen verdankten. Es war der Anfang der Weihnachtsmärkte in den Großstädten, daher auch in Düsseldorf. Es wurde gebastelt, wochenlang.

Wir bastelten auch Krippen, die soziale Probleme in der Welt ansprachen. Es wurden Weihnachtsartikel beim Großhandel

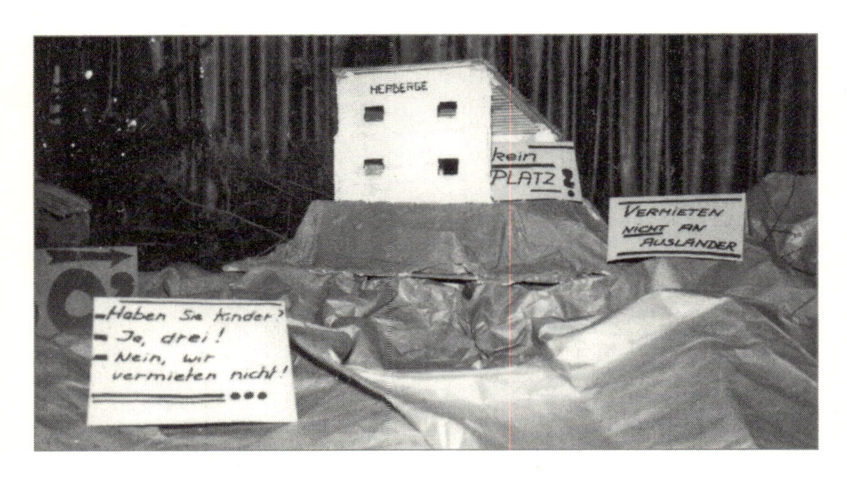

gekauft und dann verkauft. Es war eine arbeitsreiche Zeit, die es uns ermöglichte, uns über Wasser zu halten.

Eine andere Aktion, die mit Weihnachten verbunden war, waren unsere Heilig-Abend-Besuche bei Menschen, die an dem Abend arbeiten mussten.

Es gab eine Menge Jugendliche, die nicht wussten, wohin sie nach der Christmette gehen könnten. Ich machte sie aufmerksam, dass es noch viele andere Menschen gibt, die Weihnachten nachts arbeiten müssen und nicht zu Hause feiern können, weil sie für unser aller Gemeinwohl sorgen! Meinen Vorschlag, einigen dieser Menschen an ihrem Arbeitsplatz in der Nacht ein frohes Fest zu wünschen und ihnen zu danken für ihren Einsatz, fanden mehrere toll. Mit einem oder manchmal zwei PKW fuhren wir los.

Am Bahnhof Aachen waren es die zwei, die am Stellwerk Dienst hatten; bei der Gendarmerie, die Polizeibeamten; am Kabelwerk Eupen staunten die Nachtwächter; im Krankenhaus meldete sich jemand, der Nachtdienst auf Station hatte. Alle waren überrascht, dass junge Leute an sie dachten. Auch die jungen Weihnachtsbastler waren glücklich, ein ganz klein wenig Weihnachtsfreude denen gebracht zu haben, an die in dieser Nacht kaum jemand denkt. Der Einsatz dieser jungen Leute wurde von allen Besuchten beim Abschied mit Händeschütteln honoriert. Auch ich war glücklich und froh, dass alle die echte Weihnachtsbotschaft verstanden hatten – auch ohne zu Hause einen gut bestückten Gabentisch beim Nachhause kommen vorzufinden, denn die meisten, die daran teilnahmen, hatten kein richtiges Zuhause.

Die Vorbereitung auf das Arbeitsleben unter dem Namen „Arbeitstreff" war eine jährliche Veranstaltung und hatte zum Ziel, junge Menschen zwischen 14 und 17 Jahren mit wichtigen Fragen zu konfrontieren: Will ich arbeiten gehen oder studieren? Welchen Beruf möchte ich ergreifen? Welche Vorstellungen habe ich von diesem Beruf? Was ist ein Lehrvertrag? Wie kann ich mich bewerben? Was muss ich über Krankenkasse, Gewerkschaft, usw. wissen?

Die Besichtigung der Kammgarnwerke soll Einblick geben in das Leben und die Arbeitsbedingungen einer Fabrikarbeiterin.

Um die oft etwas vagen Berufsvorstellungen zu verdeutlichen, wurde in diesen Tagen den Jugendlichen Gelegenheit gegeben zur direkten Konfrontation mit dem wirklichen Arbeitsleben, sei es durch Besichtigungen (z.B. einer Druckerei, einer Produktionsstätte, eines Krankenhauses, einer Fabrik...), oder durch Begegnung mit Menschen, die bereit waren, ihre eigenen Berufserfahrungen mitzuteilen und zur Diskussion zu stellen. Referenten und Berufsberater wurden eingeladen, Filme geschaut, erste Kontakte mit Einrichtungen wie Gewerkschaft, Krankenkasse, Lehrlingssekretariat, Arbeitsamt usw. hergestellt.

Zugegeben, die Spannweite der in den 70er-Jahren zur Verfügung stehenden Berufe war nicht sehr groß. Bei den Mädchen ging es vorwiegend um den Beruf der Verkäuferin, Frisöse, Haus- oder Büroangestellten, bei den Jungen ging es z.B. um Besichtigungen von KFZ -Werkstätten, Druckereien, Schlossereien, Elektrowerkstätten usw.

Die Erfahrung dieser jährlichen Tagung führte schließlich dazu, dass die CAJ Brücken schlagen wollte zwischen Schule und Arbeitsleben, wie das GE in seinem Artikel vom 24. Mai 1975 berichtete. In Mont-Rigi diskutierten Vertreter von Schulen und Elternräten, wie Synergien geschaffen werden können, um den jungen Menschen, der aus welchem Grund auch immer die Schule verlassen will, zu begleiten, damit er diesen Schritt nicht unüberlegt, sondern möglichst gut vorbereitet tut.

15. Gibt es ein Drogenproblem in Ostbelgien?

Immer öfter wurde Anfang der 1970-Jahre von Drogenkonsum unter Jugendlichen gesprochen, es gab auch vereinzelt Verhaftungen.

CAJ untersucht
Ist Arbeiterjugend rauschgiftgefährdet?

„CAJ untersucht: Ist Arbeiterjugend rauschgiftgefährdet?"

„Nein, die CAJ hat ihre Arbeitsmethode nicht geändert, sie ist keine „Privatdetektiv-Kompagnie" geworden (GE, 2. Februar 1972)! 420 Jungarbeiter/innen wurden befragt, um das Phänomen „Drogenkonsum" zu untersuchen. „Bist du für oder gegen Rauschgift? Kennst du junge Arbeitnehmer, die Rauschgift nehmen oder genommen haben? (Ohne Namen); Warum nehmen deiner Ansicht nach junge Arbeitnehmer Rauschgift?

Jetzt wird die Jugend noch mehr auf Rauschgift aufmerksam gemacht, so war die befürchtete Einstellung bei manchen Erwachsenen. Dass aber Jugendliche Rauschgift konsumierten, war ein offenes Geheimnis. Wir wollten das Thema enttabuisieren und als erstes eine nüchterne Information zusammensuchen und ausarbeiten durch die Untersuchung, durch Interviews mit Fachleuten, durch Lektüre von Fachbüchern etc. Die Auswertung ergab, dass die Befürchtung berechtigt war, es gebe in unserer Gegend in allen Milieus, auch in Schulen, Drogenprobleme.

Es war eine Realität. So erklärte sich auch, dass die Verantwortlichen der Jugendgruppen und ich selbst damals so viele Anfragen um Hilfe hatten.

Bei einer Wochenendtagung mit 90 Teilnehmer/innen wurde über Herkunft, Wirkung und Gefahren der einzelnen Rauschgifte nachgeforscht und in Form von „Pro" und „Kontra" das neuartige Phänomen „Rauschgift" unter die Lupe genommen.

Der Einsatz der Militanten und der Fragebogen-Verteiler war bewundernswert und soll nicht vergessen werden. Sie stellten fest, dass es in der Öffentlichkeit an Information fehlt, die aber sehr wichtig ist, um vorbeugende Hilfe zu leisten.

„Was würdest du tun, wenn du eine Hasch-Zigarette gratis angeboten bekämest?" war eine Frage der anschließenden Evaluation. Ein Mädchen antwortete auf diese Frage: „Vor drei Monaten hätte ich sie noch genommen!" „Und warum jetzt nicht mehr?" – „ Weil ich jetzt besser informiert bin." Die Nacharbeit dieser Aktion geht für die CAJ weiter, schrieben die CAJler später in ihrer Festschrift „Info-Express" im November 1975.

Ich erinnere mich noch genau. Als ein junger Mensch, seelisch krank und höchst abhängig von LSD und anderen Drogen, sich das Leben genommen hatte, stellte ich mir als Seelsorger verzweifelt die Frage: Kann man denn wirklich nichts tun bevor es so spät – zu spät ist? Und ich sah sie alle, die sich mir und den Bezirksleitern anvertrauten. In langen Gesprächen konnten manchmal die seelischen Wunden aufgedeckt werden: keine Wertschätzung – weder in der Schule, noch am Arbeitsplatz, geschweige denn in der eigenen Familie. Gefühle, die nicht ausgedrückt werden konnten, die nur mit der einen oder anderen Droge als Ersatz gelindert oder im Unterbewussten wie Atommüll vergraben wurden. Dort wurden sie gut abgesichert, damit sie nie mehr bewusst werden könnten. Wie oft tröstete sich der eine oder die andere, „dann kann ich mir ja den ‚goldenen Schuss' setzen." Ja, in Ostbelgien gab es ein Drogenproblem, aber jeder sagte: „Nicht in unserer Familie, nicht in unserer Schule, nicht in unserem Betrieb. Zugegeben, es wird schon mal „eins" über den Durst getrunken. Aber Drogen … das würde ich schon merken, dann fliegt er raus, aus der Schule oder dem

Betrieb." Ja, was kann man denn auch tun? Als besorgte Eltern? Als katholische Schule? Als Staats – oder Gemeindeschule? Als Arbeitgeber? Als Mitmensch? Als Jugendseelsorger?

Die große Lüge

Einige Jugendliche kamen eines Tages mit einem ihrer Freunde zu mir. „Er steht kurz vor dem Abitur, aber er geht jetzt nicht mehr zur Schule, er hat ein riesiges Drogenproblem, ist hochgradig abhängig und weiß nicht mehr, was er tun soll. Ihm ist alles egal. Er fühlt sich völlig verloren. Kannst Du ihm helfen, Ernst?"- Da steht er nun vor mir, weiß nicht, ob er stehen bleiben oder sich hinsetzten soll. Er schaut mich mit glasigen Augen an, völlig verloren, ohne jegliche Reaktion.

Ganz spontan fühle ich Mitleid mit ihm.

„Du hast sicher noch nicht gefrühstückt – Du willst nicht mehr zur Schule. Schade. Kannst Du mir denn helfen, ich habe so viel zu tun." Er nickt „Ja". Zu mehr war er nicht mehr fähig. Kaputt von den Drogen, auf Entzug, konnte er sich nicht lange auf eine Sache konzentrieren. „Kannst du mir denn diese Artikel aus der Zeitung ausschneiden, die sind für mich sehr wichtig – und sie auf diese Blätter hier aufkleben. Wenn ja, bin ich dir dankbar. Wenn du fertig bist, können wir einen Teller Suppe essen. Den hast du dir dann selbst verdient, du bist ja kein Bettler." Er nickt zustimmend. Plötzlich sagt er dann noch: „Kann meine Freundin auch zu Ihnen kommen, sie weiß auch nicht weiter." „Ja, wenn sie auch bereit ist mir zu helfen. Wir können dann zusammen planen, wie es weitergeht." Meine erste Frage war nicht: „Was nimmst du für Drogen?" Ich war nicht geschult mit Drogenabhängigen umzugehen, konnte nur mit „gesundem Menschenverstand" an die Sache herangehen. Ich wollte eine Beziehung aufbauen, dem jungen Menschen begegnen, ihn verstehen und dann mit ihm zusammen nach Wegen suchen, die ihm helfen, sein Leben wieder in die Hand zu nehmen.

Der, der ihn zu mir gebracht hatte, nimmt ihn wieder mit – wohin, weiß ich nicht. Nach kurzer Zeit kommen sie zu zweit wieder und wollen mir bei meiner Arbeit helfen. Zur Schule gehen? „Nein" – mir helfen? „Ja." Wir setzen uns zusammen in die Küche und essen gemeinsam: „Wie heißt du denn?“ Und auch seine Freundin hat die Nase voll von Schule und Abitur. Bei der Suppe packen dann beide aus. Dazu ich: „Aber scheinbar helfen die Drogen auch nicht.“ Dem stimmen beide zu.

Er kam weiterhin zu mir, schaffte selbstständig seinen Entzug, übernahm ehrenamtlich Verwaltungsaufgaben. Er hat es schließlich geschafft, sich von seiner Abhängigkeit zu befreien und konnte diese positive Erfahrung später nutzen, um anderen Drogenabhängigen zu helfen. Nicht alle haben die Kraft gehabt, ihr Leben so neu in die Hand zu nehmen und zu gestalten. Er bildete sich weiter, stieg ins Arbeitsleben ein und wurde schließlich Leiter eines kleinen Unternehmens. An den anderen glauben, wenn man selbst nicht mehr an sich glaubt, wenn man selbst nicht mehr weiter weiß, erklärte mir später dieser junge Mann, sei das Licht im Tunnel, das man selbst nicht mehr sieht. Als Drogenabhängiger habe man keine Hoffnung mehr, kein Licht mehr im Dunkel, das einzige Licht sei dann das Vertrauen des anderen.

So allmählich hat sich in meinem Leben als Seelsorger das Problem DROGEN einen festen Platz erobert. Ähnlich ging es der Bezirksleiterin der CAJ Mädchen, Christa Fort. Das hat sich in Eupen und Umgebung bald herumgesprochen und immer öfter wurden wir, sie oder ich, angesprochen: „Der oder die nimmt Drogen. Könnt ihr da nicht mal Kontakt aufnehmen?“ Ärzte, Eltern oder auch Freunde schickten junge Leute einfach zu mir.

Eines Tages mussten wir nach Amsterdam, eine 15-jährige Drogenabhängige suchen, deren Eltern uns alarmiert hatten, weil sie sich Sorgen machten. Wussten sie doch, dass ihre Tochter nach Amsterdam abgehauen war. Bei unserer Suche nach ihr waren wir ausschließlich auf ihr Foto angewiesen. Mit Hilfe der Polizei durchstreiften wir Cafés am Hafen und die alten Frachtkähne, in denen die Drogenabhängigen für einen Gulden übernachten konnten. Welches Elend! Da lagen sie, wie Ölsardinen in einer Büchse, dicht an dicht, es war schwer zu ertragen, das zu sehen. In einem Café sagte uns ein etwa 20-Jähriger: „Ich habe höchstens noch zwei Jahre zu leben!“

Schließlich fanden wir das Mädchen und sie ließ sich von uns mit nach Hause nehmen. Durch unseren Kontakt mit den jungen Menschen nahm das Thema zunehmend Raum ein in der Jugendarbeit. Wir waren guten Willens, fühlten uns aber oft nicht kompetent, und nach und nach reifte der Gedanke, es müsse in unserer Gegend eine Jugend- und Drogenberatungsstelle geschaffen werden.

16. Katholische Landjugend – KLJ

Erinnerungen von Rolf Kolvenbach,
Bezirksleiter von September1969 bis Dezember 1972
Jugend in der Dorfgemeinschaft fördern –
Ziele der KLJ zwischen 1955 und 1970

Die Katholische Landjugend in Ostbelgien wurde 1955 von Priestern aus den Dekanaten Eupen, Malmedy und St. Vith gegründet, die ein Jahr zuvor in einem Schreiben an den Lütticher Bischof Kerkhofs darum gebeten hatten, die damals bereits bestehenden Jugendgruppen der wallonischen JAC (Katholische landwirtschaftliche Jugend) an die flämische Zentrale der KLJ in Löwen anzuschließen. Dies blieb zwar nicht ohne Kritik und Protest aus manchen wallonischen Kreisen, doch der Bischof ernannte bald einen Präses (Hermann Lennertz) für die gesamte Landvolk-Organisation, dem für die Jugendarbeit zwei freigestellte JugendleiterInnen (Martha Veithen und Anton Hardt) zur Seite gestellt wurden.

In einer Broschüre zum 10-jährigen Bestehen der KLJ Ostbelgien wurde 1965 die Zielsetzung wie folgt formuliert: Die KLJ ist *Katholisch:* Sie will die Jugendlichen zu echten Christen und vollwertigen Menschen erziehen.
Ländlich: Sie spricht die gesamte Dorfjugend an; Ihre Arbeit ist eigens auf das Landmilieu abgestimmt.
Jugendlich: Sie wendet sich an die Jugend, und zwar in einer jugendlichen Art und mit jugendlichen Leitern.
Zudem gibt es einen Hinweis auf die Berufsstruktur der Mitglieder, wonach
40 bis 45 % Lohnempfänger sind,
17 bis 25% Jungbauern,
20 bis 25% Studenten,
10 bis 17% anderweitig beschäftigt.

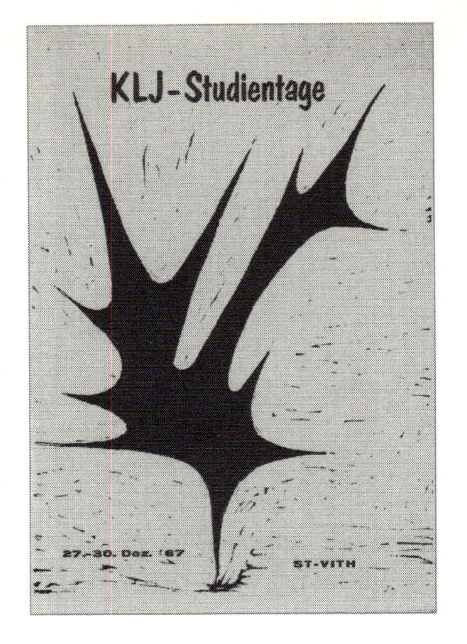

Ferner heißt es unter dem Slogan: „Viele Berufe – eine Gruppe": „Wegen der Größe unserer Dörfer und wegen der Entfernungen zwischen den einzelnen Ortschaften ist es unmöglich, mehrere Jugendbewegungen zu errichten, von denen jede sich auf eine bestimmte Berufsgruppe spezialisieren würde."

Im Mittelpunkt der KLJ-Arbeit stand die Pflege und Förderung der Gemeinschaft unter den Dorfjugendlichen. Die Freigestellten der Bezirksleitung Ostbelgiens verfügten über ein Büro in Eupen, von wo aus u.a. die Verwaltung und Koordination der Dorfgruppen (Mitgliederlisten, Beiträge) erfolgte.

Ansprechpartner waren die Präsides (Pfarrer), die Leiter und die Kerngruppen, für die als Bindeglied die Zeitschrift „Der Leitfaden" erstellt wurde. In Verbindung mit dem „Leitfaden" wurden Schulungstage für Leiter und Kerngruppen (u.a. im Kloster

Montenau) angeboten. Zur religiösen Begleitung gab es dort zudem Einkehrtage.

„Leider habe ich von meiner KLJ-Zeit vor 50 Jahren viel vergessen. Die Tagungen in Montenau sind mir jedoch in bester Erinnerung geblieben. Es waren für mich mehr als Schulungstage. Die Freude auf ein Wiedersehen mit Jugendlichen aus den umliegenden Dörfern war groß. Wir diskutierten in froher Runde über die Werte des Lebens. Mit unsern kleinen und manchmal größeren Problemen setzten wir uns auseinander, jeder durfte seine Meinung offen sagen! Der krönende Abschluss dieser Tagung war eine bis dahin nicht gekannte Form der Messfeier, ja es war wirklich eine Feier. Wir waren zu einer Gemeinschaft zusammen gewachsen und teilten gemeinsam, mit unserm Präses Ernst das Brot!"

Leiterschulung in Montenau. Hier tankten die Verantwortlichen auf für ihre Basisarbeit in den Dörfern.

Martha Werding

Auf Bezirksebene gab es regelmäßig große Treffen; so z.B. 1969 eine Friedens-Rallye mit 17 Bussen durch Ostbelgien.

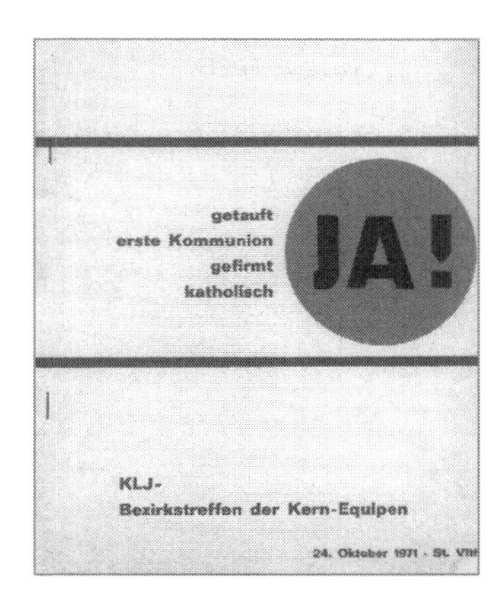

Anfang der 70er-Jahre erfolgte eine Umfrage zum Thema „Kirche und Glauben bei den Jugendlichen". Die Auswertung erfolgte per Computer beim Bauerbund in Löwen, und die Resultate wurden in einer umfassenden Broschüre vorgestellt.

Ansonsten gab es eine Vielzahl an Aktivitäten zur Förderung der

Dorfgemeinschaft, die von den Lokalgruppen ausgingen und von Dorf zu Dorf verschiedene Schwerpunkte hatten (z.B. Jugendlager, Jugendmessen, Theateraufführungen, Dorf- und Quizabende, Besuch von Filmforen, Theater und Konzerten, Sport, usw.)

Einige KLJ-Gruppen standen auch Pate bei der Schaffung von Jugendheimen, um so möglichst viele Jugendliche für Aktivitäten zu erreichen, die nicht (mehr) zu den Versammlungen mit Aussprache zu Themen religiösen und gesellschaftspolitischen Inhalts kamen.

Auf Bezirksebene wurden auch Ferienreisen angeboten – neben den gemeinsamen mit der CAJ (Mädchen), auch zwei KLJ-Reisen: 1969 zum Stubaital; und 1972 nach Taizé (s. auch Kapitel „Jugendreisen"). Zu erwähnen sei noch, dass der Junggesellenverein und die „Landwirtschaftliche Jugend" eine Konkurrenz der KLJ war, mit ihren „alkohollastigen" Treffen und Veranstaltungen.

In der Eifel war die KLJ-Bezirksebene auch zuständig für die Schulendtage, an denen alle 14-Jährigen im Kloster Montenau teilnahmen.

Studientagung zum Thema „Entwicklungshilfe"

Seit Beginn der KLJ war auch das Thema Entwicklungshilfe ein Thema, das von der Bezirksleitung propagiert wurde. Es gab die jährlichen Spendenaktionen, die 1972 mit dem Fairen Handel verknüpft wurden. Und regelmäßig wurde über „unsere" EntwicklungshelferInnen berichtet, die aus den ostbelgischen KLJ-Mitgliederreihen hervorgegangen sind. Rolf Kolvenbach, Bezirksleiter von September 1969 bis Dezember 1972 (KLJ 10 Jahre im Dienste der Jugend, 1955-1965).

Den offiziellen Start für den neuen Auftrag als Jugendpräses bildete ein großes Bezirkstreffen der KLJ in Heppenbach am 1. Oktober 1967, bei dem Irmgard Franzen, Nachfolgerin von Resi Georges als Bezirksleiterin, und ich als Jugendpräses eingeführt wurden.

Es war bemerkenswert! 800 Jugendliche trafen schon ab 8 Uhr morgens in Heppenbach ein. Die meisten kamen aus eigener Lust am Wandern und Pilgern in aller Frühe „förmlich im Sternmarsch zu Fuß" nach Heppenbach gewandert. Um 10.15 Uhr zogen sie feierlich in die Kirche für den Gottesdienst. Mit den Jugendlichen konzelebrierten wir am Altar, Generalvikar Meunier, Präses Lennertz, Kaplan Kohnenmergen und ich die heilige Messe. Die Jugendlichen hatten alle Mühe einen Stehplatz zu ergattern. Der Chor „Vera Musica" unter Leitung von Albert Veithen garantierte die feierliche Atmosphäre. Das gemeinsam gesungene DANKE sangen zum Schluss alle inbrünstig und bewegt.

Anschließend startete im Beisein der Dechanten aus St. Vith und Malmedy sowie 25 Priestern aus den Ostkantonen, den Vertretern des Boerenbond und des Nationalpräses sowie Provinzialrat Haas ein buntes lustiges Programm, das viel Erfolg erntete. Abschließend wurde Präses Lennertz und die Bezirksleiterin Resi George mit bewegten und dankbaren Worten verabschiedet und die neue Bezirksleiterin Irmgard Franzen und ich als neuer Präses willkommen geheißen.

Es war bestimmt für viele ein unvergesslicher Festtag, der in Erinnerung bleiben wird. Der scheidende Präses H. Lennertz erinnerte in seiner Abschiedsrede an die Aufgaben der Jugendlichen in der Gesellschaft und bat sie, jeglichem Egoismus zu entsagen. Für mich war es der Start in eine neue Aufgabe, vom

Grosses Bezirkstreffen der K.L.J. in Heppenbach . . .

Bezirkspräses Lennertz und Bezirksleiterin Resi George nehmen Abschied
Einführung von Bezirkspräses Servais und Bezirksleiterin Irmgard Franzen

Bischof beauftragt, „als Jugendseelsorger zu fungieren und Mittler, ja Koordinator zu sein zwischen allen unseren Jugendorganisationen. Mein Appell ging an die Jugendlichen „Allein kann ich das nicht!" Das Thema des Tages war im Übrigen: „Allein in der Welt?".

Ich wurde also 1967 vom Bischof als Jugendpräses für die KLJ und die CAJ ernannt, die beide unterschiedliche Ziele verfolgten bzw. verschiedene Zielgruppen anvisierten, die KLJ die gesamte Dorfgruppe, die CAJ die jungen ArbeitnehmerInnen, laut Auftrag des Bischofs vor allem in den drei Orten Kelmis, Eupen und St.Vith, da wo sich die meisten Arbeitsplätze befanden – wobei es natürlich Schnittmengen zwischen diesen beiden Zielgruppen gab (s. Berufsstruktur 40-45% Lohnempfänger).

Allen gemeinsam war der Wunsch, ein gelebtes Christentum aufzubauen, ob im Dorf oder am Arbeitsplatz. „Die KLJ will den Jugendlichen helfen, ihre großartigen Ideale in die Tat umzusetzen und sich selbst zu vollwertigen und lebenstüchtigen Menschen und zu mündigen, verantwortungsbewussten Christen zu erziehen" (aus der Broschüre: 1955-1965, 10 Jahre KLJ im Dienste der Jugend).

Da mir immer die Lebens- und Arbeitssituation der Menschen ein Anliegen war, erstaunt es nicht, dass ich innerhalb der KLJ mein Augenmerk auch auf die Lebenssituation von zwei typischen Berufsgruppen der damaligen Landjugend warf: Mädchen, die zu Hause im elterlichen landwirtschaftlichen Betrieb arbeiteten, und junge männliche Landwirte, mit den damit verbundenen Fragen und Schwierigkeiten.

Der Bauernbund (BB) beherbergt als Erwachsenenorganisation die sogenannten „Ländlichen Gilden" in Flandern und in der Deutschsprachigen Gemeinschaft Belgiens (DG). Dazu gehören auch in der DG die „Landfrauen". Als Jugendorganisation gibt es im Bauernbund die „Katholische Landjugend – KLJ" und als

Berufssparte die „Grünen Kreise" für Junglandwirte, deren Mitglieder zwischen 17/18 Jahren und +/- 30 Jahren alt sind.

In Ostbelgien gab es immer schon „Grüne Kreise", und auch solche, die bedauerten, sich von „oben" (d.h. den älteren, mehr erfahrenen Landwirten) manchmal etwas „dirigiert" zu fühlen. Fortan war das Bestreben, die jungen Landwirte in ihrem Emanzipationsprozess zu unterstützen, nach dem Motto: „Von den jungen Landwirten für die jungen Landwirte." Daran erinnerten mich nach 50 Jahren zwei der damals sehr aktiven Mitglieder, Leo Mertes und Alfred Renardy. Klaus Hick war ein anderer dieser jungen engagierten Landwirte und Bernhard Müller, der leider viel zu früh von uns gegangen ist.

Wir möchten unsere Themen selbst vorschlagen, besprechen und entscheiden, entschieden sie, unsüber unsere spezifischen Probleme austauschen, z.B. über das Vater/Sohn Verhältnis, die Übernahme des Bauernhofes, Tierkrankheiten, Fütterung, Milchpreis usw. Sie wollten sich über ihre Erfahrungen austauschen, ihre Zukunft planen. Heftig diskutiert wurde über die Betriebsnachfolge sowie u.a. über die Eskalation der Gewalt beim großen Bauernprotest im März 1971 in Brüssel.

Die jungen Landwirte konnten sich bis dato in einer Abendschule weiterbilden. Der Zeitpunkt – am Abend – und die Kürze des Angebotes stellten sie aber nicht zufrieden. Alfred Renardy informierte sich in Deutschland über dortige Angebote. Das Interesse für ein umfangreicheres Weiterbildungsangebot war sehr groß. Die Idee war, eine Weiterbildung zu organisieren, die vorwiegend im Winter und tagsüber ablaufen würde.

Mit Bernd Weling startete eine „Betriebsleiterschule". Arthur Jodocy, der damalige Bezirksleiter der KLJ, setzte seine ganze Kraft und sein Können darin, Statuten zu entwickeln und dem Ganzen einen gesetzlichen Rahmen zu geben. Die Solidarität unter den jungen Landwirten wuchs, besonders im Norden der DG. Von den Abgängern der ersten Betriebsleiterschule wurde im Norden ein sogenannter „Studienring" (Walhorn) geschaffen. Der Wunsch der jungen Landwirte war, auch weiterhin eine Möglichkeit zu haben, sich permanent weiterzubilden.

Eine zusätzlich sehr gute „Erfindung" dieser jungen Leute

war die Schaffung des „Grüner Kreis Service“. Was war damit gemeint? Landwirte waren so an ihrem Betrieb gebunden, dass sie nie Urlaub machen konnten und nicht krank werden durften. Wer hätte dann die Arbeit auf ihrem Hof gemacht? So wurde die Frage aufgeworfen, ob man sich nicht gegenseitig helfen könne, ob zu bestimmten Gelegenheiten nicht ein Landwirt den anderen ersetzen kann. Zusätzlich fiel auf, dass es zu einer Übermechanisierung gekommen war, d.h. dass mit der Modernisierung der Landwirtschaft und der Tatsache, dass die Höfe immer größer wurden, die Mechanisierung unaufhörlich wuchs. Manche waren der Ansicht, dass es 50% zu viele Maschinen in den einzelnen Höfen gab und man sich kostengünstiger untereinander aushelfen könnte, dass nicht jeder Bauer alle Maschinen haben mussten. Wie bereits gesagt, die jungen Landwirte wuchsen zusammen und wollten solidarisch sein. Es wurde eine Art Solidarpakt ins Leben gerufen. Man konnte Hilfe für die eine oder andere Arbeit, mit der einen oder anderen Maschine in Anspruch nehmen. Abgerechnet wurde nicht mit Geld, sondern mit Punkten. Für jede Arbeit gab es eine bestimmte Anzahl an Punkten, die in einer Art Tauschgeschäft genutzt wurden. Ich verrichte bei dir diese Arbeit für X Punkte, du verrichtest jene Arbeit für Y Punkte bei mir. Alles wurde akribisch schriftlich festgehalten und am Ende des Jahres „abgerechnet“.

Fahrt zum Flughafen

Tolle Idee, die lange Zeit für viele junge Landwirte eine bessere Lebensqualität zur Folge hatte und die Kosten des Betriebes senkte, weil nicht mehr jeder alle Maschinen besitzen musste. Dieser Service existiert heute nicht mehr. Die „Grünen Kreise" gibt es immer noch. Die Jüngeren, so wurde mir berichtet, haben immer noch einen eigenen Vorstand und eine Landwirtin als Präsidentin. Dieser Kreis treffe sich regelmäßig, weil die Landwirte – gerade bei den aktuellen Problemen – wachsam bleiben müssen. Die aktuellsten Probleme der Landwirte seien zurzeit: Die Globalisierung, die sinkenden Milchpreise und das TTIP Handelsabkommen (Transatlantisches Handelsabkommen).

Wie schon gesagt, frischten wir zusammen mit Leo Mertes und Alfred Renardy diese alten Erinnerungen auf, wobei wir bei manchen Anekdoten herzhaft lachen mussten, z.B. als Leo Mertes mich daran erinnerte, wie ich als junger Kaplan im St. Vither Karneval, zusammen mit der Chiro, einen alten, bis auf ein Minimum reduzierten Citroen 2PS (vier Räder, ein Boden, ein Sitz und ein Lenkrad) im Karnevalszug fuhr und mit den Zuschauern Unfug machte. Er meinte, dass sei damals für manche ein „Skandal" gewesen – obschon viele Zuschauer applaudierten. Später hätte man diese Art, den Menschen nahe sein zu wollen, mit ihnen zu scherzen, geschätzt.

Überhaupt, vertraute er mir an, wäre ich in seinen Augen 50 Jahre zu früh geboren. Auf meine Frage, warum er diese Meinung habe, antwortet er mir: „Du hast immer den Zeitgeist gefühlt. Du hast die Jugendmessen revolutioniert, du führtest Lektoren in Breitfeld ein, konntest die Leute motivieren, mit deinen Predigten die Menschen erreichen. Du wolltest immer echt sein, was dir ab und zu zum Verhängnis wurde."

Leo Mertes wusste sich noch gut an die Jugendreisen oder Tagesausflüge zu erinnern, die speziell für junge Bauern und die Mädchen, die im elterlichen Bauernbetrieb arbeiteten organisiert wurden. Gerne erinnert er sich an die Fahrt zum Flughafen Köln oder Düsseldorf – genau konnte er sich nicht mehr erinnern. Dort sollten die jungen Menschen, die sonst kaum ihr Dorf verließen, in kleinen Gruppen Recherchen anstellen. Die Simulation forderte auf zu dem Ziel: „Wir fliegen jetzt nach Mallorca, wie kommen wir an unser Ticket? Was müssen wir tun?" Das Ziel war verständlicherweise immer die Emanzipation der jungen Landwirtinnen und Landwirte.

„MÄDCHEN ZU HAUSE" hieß die zweite spezifische ortsübergreifende Gruppe, deren Mitglieder sich mit ihrer Situation zu Hause, d.h. auch mit ihrer Arbeitsstelle befassten.

Die damalige Bezirksleiterin der Katholischen Landjugend (KLJ), Jeannie Radermacher (11.1971-08.1979) war in dieser Situation gewesen. Sie ist eine tapfere junge Frau mit Schwung und viel Lebenserfahrung in der Führung eines Haushaltes, in der Feld- und Heuarbeit. In der KLJ wird sie schnell von der Gruppenleiterin im eigenen Dorf zur Bezirksleiterin. In dieser Funktion habe ich sie als Jugendpräses kennen und schätzen gelernt. Sogar im strengen, schneereichen Winter fuhr sie mit mir und ohne Angst durch immerhin starke Schneeverwehungen übers Hohe Venn. Da zählte für uns nur eins: die Gruppe wartet auf uns. Also mit Schwung weiter – zum Ziel.

Aus eigener Erfahrung kannte sie bestens die soziale und menschliche Lage der Mädchen oder Töchter, die zu Hause in der eigenen Landwirtschaft Tag für Tag und Jahr für Jahr arbeiten – nicht direkt gezwungen, aber es gehörte sich eben so.

In dieser Zeit war es Sitte, dass der älteste Sohn den Hof übernahm, die älteste Tochter den Haushalt führte. An Studium war für Mädchen in dieser Zeit selten zu denken, am wenigsten noch in Bauernhäusern. Die weitere Zukunft der „Mädchen zu Hause" blieb ungewiss, denn sie übernahmen in den seltensten Fällen den elterlichen Hof. Auch diese Situation war für diese Jugendlichen ein „heißes Eisen".

Mit J. Radermacher entstand schließlich in der KLJ eine überpfarrliche, regionale neue Gruppe, genannt „Mädchen zu Hause". Sie selber entschied sich nach dem Ausstieg aus der KLJ im Jahr 1979 ein Studium zu beginnen, das ihr erlaubte, „Sozialarbeiterin" zu werden. Ihr Mut und ihre Ausdauer imponierten den anderen in der Gruppe. Für viele ein Lichtblick und ein Ansporn!

Zu meinem 80. Geburtstag schrieb sie mir bezüglich ihres eigenen spannenden Werdegangs zu ihrem Diplom „Sozialarbeiterin", im Rahmen der Aktion „Mädchen zu Hause" (MZH) – Zukunft mitgestalten".

„Nach äußerst zähen Verhandlungen auf sozial-politischer Ebene dennoch zu Kompromissen bereit, wurde das angestrebte Ziel erreicht. So startete 1976 erstmalig in Ostbelgien ein Mittelschule-Nachholkurs. Nach zweijähriger Vorbereitung konnten 17 „Mädchen zu Hause" vor einer deutschsprachigen Staats-Jury die eigens von den MZH gefordert und durchgesetzt wurde, die Prüfungen ablegen.

Diese Aktion war nicht nur eine Bereicherung für die KLJ-MZH, sondern hat auch Weichen gestellt auf dem Gebiet der Notwendigkeit des 2. Bildungsweges in der DG."

Zusätzlich gab es bereits seit geraumer Zeit eine Gruppe für Mädchen, die „in Stellung" waren, wie man das so schön nannte, also Mädchen, die (oft in Verviers, für Mädchen unserer Gegend) in meist reicheren Familien den Haushalt führten und sich oft auch um die Kinder der Familie kümmerten. Die Situation dieser Mädchen ist sehr eindrucksvoll anhand von Interviews in dem Buch von Reiner Mathieu geschildert: Mathieu, Reiner: In Stellung. Einblicke in das Leben ostbelgischer Dienstmädchen im 20. Jahrhundert.

Treu geblieben

Brief eines KLJlers, Alfred Renardy, zu meinem 80. Geburtstag: Lieber Ernst, es war in den 1960er-Jahren als ich dich kennenlernte. Damals brachtest du frischen Wind in die Reihen der Katholischen Landjugend, darunter die Gruppe von Lontzen. Du warst offen für alles, was in der Welt geschah und ermuntertes uns Burschen und Mädchen vom Dorf, uns ebenfalls für das Leben, für die Welt zu öffnen

Zeit des Aufbruchs

Das waren damals die Jahre der Beatles, die Zeit von Elvis Presley, die uns zum Schrecken unserer Eltern begeisterten. Es waren aber auch die Jahre von John. F. Kennedy, dessen Leitmotiv „Frage nicht, was kann die Gesellschaft für mich tun, sondern besser, was kann ich für die Gesellschaft tun?" uns als Richtschnur dienen sollte. Auch Papst Johannes XXIII. konnte uns begeistern. Er war ein Papst, der bescheiden lebte und nah beim Menschen war. Er war ein Papst, der sich nicht der Kurie und der Institution Kirche unterordnete, sondern offen für neue Ideen war und zu unserer Freude auch versuchte, diese zu verwirklichen.

Johannes XIII. wollte die veralteten und verkrusteten Strukturen der Kirche aufbrechen und initiierte das zweite vatikanische Konzil, das Anlass zum Aufbruch und zum Umbruch geben sollte.

Die 1960er-Jahre waren auch die Epoche von Martin Luther King, der zum zivilen Ungehorsam gegen soziale Unterdrückung und Rassismus aufrief. Martin Luther King hatte einen Traum, einen Traum von einer besseren Welt, in der die Menschen unterschiedlicher sozialer Schichten und Rassen friedlich zusammenleben. Einen solchen Traum hattest auch du, und ich hatte das Glück, dich kennen zu lernen und wollte voller Enthusiasmus diesen Traum mit dir verwirklichen.

Für mich 17-Jährigen warst du der Inbegriff all dessen, was ein Christ sein soll. Ein Christ, der nach dem Markus Evangelium 12,31 lebt: „Du sollst deinen Nächsten lieben wie dich selbst – größer als dieses ist kein anderes Gebot".

Sinn des Lebens

Für dich stand dein Nächster immer im Mittelpunkt. Immer

galt deine erste Sorge, den dir anvertrauten Menschen, bei der KLJ uns Jugendlichen, die wir auf der Suche nach dem Sinn des Lebens und nach Erfüllung im Glauben waren. Doch auch Menschen, die dir nicht direkt anvertraut waren, galt deine Aufmerksamkeit und Sorge.

Lebenshilfe hattest du auch schon bei der Landjugend vermittelt, indem du Programme entwickeltes, um den Mädchen, die zu Hause beschäftigt waren, Anerkennung zu verschaffen und ihnen Gelegenheit gabst, über ihre Probleme zu reden. Für die jungen Landwirte schufst du innerhalb der KLJ die Grünen Kreise, um die Zusammenarbeit zu fördern und Weiterbildungen zu ermöglichen. Die Befreiung des Menschen war dir dabei immer ein Anliegen, das du nie aus den Augen verlorst. Immer holtest du die Menschen dort ab, wo sie standen, ohne nach ihrer Weltanschauung zu fragen.

Das brachte dir nicht nur Lob ein. Immer wieder ecktest du bei deinen Vorgesetzten an und wurdest zur Ordnung gerufen. Doch diese Rufe verhallten vor deiner Überzeugung, auf dem rechten Weg zu sein, um den dir anvertrauten Menschen neuen Perspektiven zu zeigen.

Revoluzzer

In den Augen mancher Institutionen galtst du in den 1960er-Jahren als Revoluzzer, wie Heinrich Toussaint in einem Leitartikel des GrenzEchos anmerkte. Schon damals setztest du dich für ein Eigenleben der ostbelgischen CAJ ein und fielst damit unliebsam auf. Bei der Jugend konntest du deine Ideen jedoch durchsetzen und dort fielen sie auf fruchtbaren Boden. Es war der Beginn der Eigenständigkeit ostbelgischer Organisationen von der Bevormundung wallonischer Institutionen.

Ein Revoluzzer im besten Sinne des Wortes warst du damals sicherlich. Du hattest wohl immer ein Problem mit der Amtskirche, die dir allzu diktatorisch und verkrustet war. Du wolltest nach der wahren Botschaft Jesu leben, der ja zu seiner Zeit auch als Revolutionär galt. Du wolltest die Menschen jenseits vom Zwang und den starren Strukturen der Kirche mit dem Evangelium versöhnen.

Echte Christen

1975 schriebst du mir – das war vor 35 Jahren kaum vorstellbar, aber wie wahr, wie wahr noch aus heutiger Sicht:

„Von jungen Menschen haben wir folgende Erkenntnis gewonnen: Sie scheinen sehr echt zu sein, sie wollen leben, ganz einfach leben, und machen sich frei vom Konventionellen und Verstaubten in der Kirche. Riten, die längst keinen Sinn mehr machen, stellen sie in Frage. Von der Amtskirche haben sie sich abgewendet, sie kommen nicht zu den Gottesdiensten, aber sie leben in meinen Augen sehr christlich, sie können teilen und für einander da sein. Es schmerzt mich, diese Entwicklung in unserer Kirche zu sehen, auch in Ostbelgien. Mich stört die starre, schulmeisterliche, formalistische Kirche von Oben, wo junge Menschen doch so viele Fragen nach dem Sinn des Lebens haben, Fragen, auf die unsere Kirche keine Antworten hat. Ich bedauere zutiefst, dass man auf der einen Seite Rücksicht nimmt, wenn es um das Einführen von Neuerungen geht, damit diejenigen, die noch zur Kirche kommen, nicht schockiert werden, während auf der anderen Seite keinerlei Rücksicht genommen wird auf die Masse von Menschen, die längst abgeschaltet hat. Es tut mir Leid, dass mancher Priester als Einzelkämpfer sein Bestes versucht, aber auf verlorenem Posten steht, und dass Laien, Geschiedene, Frauen, Menschen vom Rande der Gesellschaft nicht ernst genommen werden von einer gelähmten, tatenlosen kirchlichen Obrigkeit, die die Zeichen der Zeit (oder den Wink des heiligen Geistes mit dem Zaunpfahl) nicht erkennt und die nicht fähig ist, tiefgreifende Reformen in Angriff zu nehmen. Von der Basis kommen genug Impulse, aber die Obrigkeit will diese Zeichen nicht erkennen. Ich möchte Seelsorger sein und bleiben, aber nicht zu diesen Bedingungen. So denken, so leben, so handeln zu müssen, wie die Amtskirche es von mir erwartet und verlangt, würde mich letztlich von mir selbst entfremden und mich nicht authentisch sein lassen."

Treu geblieben

Lieber Ernst, ich darf dir sagen, dass deine Worte von vor 35 Jahren, heute im Jahr 2011 noch genau so wahr sind wie damals. Ich darf dir versichern, dass du dir nicht fremd geworden bist, dass du noch immer nach dem Gebot lebst „Du sollst deinen Nächsten lieben wie dich selbst". Ich darf dir bestätigen, dass du dir und deinen Überzeugungen treu geblieben bist.

Lieber Ernst, man sagt, der Priester sei Seelsorger. Das ist eine Frage der Definition. Der Priester übt ein Amt in der Kirche, am Altar aus. Seelsorge ist die Seele der Menschen berühren, mit den Menschen leben, so nah wie möglich bei ihnen sein: Die Seelsorge ist dir bis heute geblieben, die Sorge um die Seele, die Sorge um die Nöte, um das Wohl der Menschen. Es ist ein sehr lebendiges Evangelium, das du uns vorlebst.

Dankbar erinnere ich mich an die gute Zusammenarbeit mit den BezirksleiterInnen Irmgard Franzen (1967-1971), Walter Hilgers (1967-1969), Jeannie Radermacher (1971-1976), Rolf Kolvenbach (1969-1972) und Arthur Jodocy (1972-1976). Vor dieser Zeit als Präses der KLJ hatte ich die Freude, als Kaplan von St.Vith die großen Christ-Königs-Feste mit Resi Georges (Bezirksleiterin 1962-1967) und Alois Eicher (Bezirksleiter von 1962-1966) vorzubereiten und zu erleben.

17. In vier Seilschaften zur Wildspitze (3.772 m) — Jugendreisen der KLJ- und CAJ-Mädchen

Jugendreisen anzubieten war ein Novum. Die meisten jungen Mädchen hatten das Elternhaus noch nie alleine verlassen, waren noch nie im Ausland gewesen. Die KLJ- und CAJ-Verantwortlichen wollten die jungen Mädchen aus ihrer Isolierung herausholen, ein bisschen „die Welt entdecken" lassen. Es sollten neue Horizonte erkundet, fremde Länder und Menschen kennengelernt, aber auch Verhaltensweisen erlernt werden, was man z.B. in einer Stadt erfahren konnte, welche Sehenswürdigkeiten oder Ereignisse interessant sein könnten. Wenn heute junge Menschen ihre Reisen per Internet suchen und online buchen, muss man wissen, dass in den 70er-Jahren das Reisen noch eher selten geschah, und wenn, dann auf keinen Fall ohne Begleitung der Eltern. Die Zustimmung bei den Mädchen in der Landwirtschaft war gar nicht so selbstverständlich und verlangte Motivationsarbeit bei den Eltern durch die Bezirks-Verantwortlichen. Verständlich! Viele Eltern waren selbst noch nie in Urlaub

gefahren, außer vielleicht bei der Hochzeitsreise. Hinzu kam die Kostenfrage, und die Frage der Heuernte: Wie sollte die ganze Arbeit ohne die Tochter bewältigt werden?

Ein großes Ziel dieser Jugendreisen war das Erleben der Gemeinschaft. Aus diesem Grund war die erste Etappe eine Bergetappe. Die ersten Tage galten der Akklimatisierung und dem „Eingehen der neuen Wanderschuhe" auf einfachen Wanderungen. Dann ging es immer höher bis schließlich eine Gipfeltour mit Gipfelmesse diese Etappe krönte. Das Teilen des letzten Apfels oder Klümpchens, die hilfreiche Hand beim Überqueren eines Bächleins, die Besinnung auf die eigene Person (heute würden wir von Achtsamkeit oder meditativem Wandern sprechen), all das waren tiefgreifende Erlebnisse, die viele Teilnehmer in der abschließenden Evaluation mitteilten.

Die Vorbereitung dieser Jugendreisen geschah durch eine Vorbereitungsreise der Bezirk-Verantwortlichen, mit Irmgard Franzen, später Jeannie Radermacher und Christa Fort. Während der Reise jedoch konnten Teilnehmerinnen z.B. ein Tourist-Büro aufsuchen, um weitere Informationen einzuholen.

Es wurde immer auf große Sicherheit geachtet, z.B. sind nie anspruchsvolle Bergtouren ohne einheimische Bergführer gemacht worden. Als Höhepunkt der Bergtouren kann man wohl die Gletscherwanderung zur Wildspitze nennen. Die Wildspitze ist mit 3.772 Meter Höhe der höchste Berg Nordtirols und der Ötztaler Alpen und nach dem Großglockner der zweithöchste Berg Österreichs. Tags vorher ging es rauf zur Braunschweiger Hütte. Von der Braunschweiger Hütte aus bietet die Terrasse einen wunderbaren Panoramablick auf das Gletschereis. Die Hütte ist mit 2.759 m die höchstgelegene Unterkunft auf dem Fernwanderweg Nr. 5 (E5). Die Nacht war kurz und aufregend, um 4 Uhr hieß es aufstehen, Start der Gletscherwanderung gegen 5 Uhr, damit man wieder in der Hütte war, bevor die Schneeschmelze einem das Gehen unmöglich machte. Unsere Teilnehmer verteilten sich auf vier Seilmannschaften, jeweils von einem einheimischen Bergführer angeleitet. Der Aufstieg war lang und anstrengend, aber wie groß die Belohnung schon während des Aufstiegs und bei Ankunft auf dem Gipfel! Glücklich, müde, kaputt stapften wir zurück durch den aufgetauten Schnee und Gletscher. Trotzdem hieß es: nicht die Konzentration verlieren, um Gletscherspalten unter cem tauenden Schnee zu sichten. Was für eine tolle Erfahrung!

Apropos Gletscherspalten! Also – wir sind im August mit der großen Gruppe unterwegs zum Berggipfel in vier Seilschaften. Vorne weg der erste Bergführer und Leiter der Seilmannschaft. Er stampft die Schritte für alle durch den hohen Schnee vor. Hinter ihm die erste Teilnehmerin, dann – alle durch Seil verbunden – die zweite – dann ich als dritter dieser Seilschaft. Alle sind in Gedanken mit dem Erlebnis „Seilschaft" beschäftigt und dem Aufstieg, an dem alle teilnenmen dürfen – einmalig. Plötzlich spüre auch ich einen starken Druck an meinem Seil, der mich nach vorne zieht. Die Teilnehmerin vor mir muss auch stehen bleiben, um das Seil zu halten, das nach vorne zieht. Und sie schreit: „Florian", so hieß der Bergführer, „Florian – die Bezirksleiterin ist weg". Alle bleiben stehen- der Bergführer blockiert seinen Eispickel, kommt drei Schritte zurück und zieht mit aller Kraft das Seil hoch – da erscheint erst der Kopf, dann der Körper von Jeannie voll Schnee – Jeannie, die den Schnee aus dem Mund pustet. Der Bergführer beruhigt alle. Er gratuliert Jeannie. Der dritte Bergführer kommt nach vorne, um diese Stelle zu

sichern, bis seine Mannschaft darüber hinweg ist. Er sichert diese Stelle – jeder muss einen großen Schritt unter seinem wachsamen Auge machen - und befestigt im Anschluss das Seil seiner Mannschaft wieder mit Karabiner an seinem Körper. Die ganze Kolonne stapfte dann weiter. Abends wurde das Ereignis natürlich gebührend gefeiert. Einige äußerten sich, wie stark sie an dem Tag „Gemeinschaft" und die „Seil-Verbundenheit mit

Jesus" als ihrem Bergführer erlebt hatten. Es war ein wunderbarer Tag und Abend. Darin waren sich alle einig.

Der Gipfel bedeutete für einen jeden von uns nicht nur die körperliche Überwindung. Viele brachten ihn in Verbindung mit ihrem Alltag, in dem es auch Höhen und Tiefen gibt. Zeiten der Überwindung und Zeiten des Siegs, wo die anderen unseren Einsatz brauchen, aber auch Zeiten, in denen wir selbst die Einfachheit haben müssen, die Hand des anderen anzunehmen.

Zu einem eindrucksvollen Erlebnis wurde bei einer anderen Reise die Jeep-Fahrt durch das Hochland in Andorra bis zu 2.700 m Höhe. Herrliche Aussichten, ein abschließendes Barbecue am offenen Feuer und ein stilles Betrachten des Sonnenuntergangs wurden für alle ein Erlebnis. Ich möchte einige Teilnehmerinnen hier zu Wort kommen lassen: „Ich hatte sehr viel Freude daran, mit den jugoslawischen Mädchen Kontakt aufzunehmen. So glaube ich, über ein mir unbekanntes Land etwas erfahren zu haben. Ich konnte mir durch das Gespräch mit Daniela und Victoria ein Bild davon machen, wie die jungen Christen in den Ostblockländern mit ihren Schwierigkeiten fertig werden."

„Ich habe sehr viel hinzugelernt, was menschliche Beziehungen angeht z.B. zurückstecken können, wenn andere

Lange Busfahrten waren nie langweilig, es wurde gesungen, erzählt, gelacht. Das schmiedete die Freundschaft untereinander.

Meinungen aufkommen. Ich lernte auf dieser Reise, wie wichtig es ist, klare Verhältnisse zu schaffen, ehrlich zu sein und immer sein wahres Gesicht zu zeigen."

„Das schönste Erlebnis war für mich der Aufstieg zum „Sassongher" (2.665 m). Besonders das letzte Stück war doch ziemlich anstrengend. Und als wir auf allen Vieren diese Strecke bewältigten, hatte ich ganz schön Angst. Doch als wir oben ankamen, wurden wir reichlich belohnt. Das große Glücksgefühl, einen Gipfel bezwungen zu haben, war einmalig. Außerdem verspürte man dort oben eine innere Ruhe und Zufriedenheit. Vor dem Abstieg hatte ich Angst, doch Dank der helfenden Hand der anderen haben wir es alle geschafft. Da spürte man die Gemeinschaft."

„Die Stadt Rijeka wird für mich unvergessen bleiben: Es war kein schönes Gefühl bei der Ankunft, ein Gefühl der Einsamkeit unter vielen Menschen, als Mädchen vom Lande, das so etwas erlebte. Aber schon am ersten Morgen war es besser, als ich mir sagte, das alles gehört zu unserm Leben, man muss es nur erlebt haben. Für mich hat sich die Reise ganz sicher gelohnt, meine Persönlichkeit wurde dadurch gestärkt, sie hat mir viel für mein Leben gegeben. Durch die Diskussion und die Messe habe ich Gott näher kennen gelernt." „Mein schönstes Erlebnis war, als wir im Bus die Messe gefeiert haben. Es war einmalig! Ich habe die Nähe Gottes noch nie so stark verspürt wie in diesen Augenblicken."

Mittlerweile gibt es ja im Kino „Hühnerabende", nur für Frauen. Wir veranstalteten damals „Hühnerreisen" könnte man sagen! Es war nicht immer ganz leicht, die Bedürfnisse von 40 bis 50 jungen Frauen und die Ziele der Verantwortlichen unter einen Hut zu bringen und das Ganze zu managen! Es musste auch mancher Konflikt bewältigt werden, auch das gehörte zum „Leben lernen". Aber wir hatten das Gefühl, unsere Ziele und die der Teilnehmerinnen größtenteils zu erreichen. Manchmal wurden wir gefragt, warum es keine gemischten Reisen für Jungen und Mädchen gab, aber wir waren der Überzeugung, dass das wieder eine ganz andere Dimension in diese Reisen gebracht hätte. Außerdem, welche Eltern hätten uns in den 70er-Jahren ihre jungen Kinder anvertraut, wenn wir mit gemischten Gruppen gefahren wären?

Mir bleiben unvergessliche Erlebnisse der Gemeinschaft in Erinnerung, z.B. als wir in Ungarn, in Nagykapornak, eine Messe in der Pfarre des jetzigen Bischofs von Györ, Dr. Lajos Papai,

Ausklang im angrenzenden Weinberg

gemeinsam mit seinen Pfarrangehörigen feierten und anschließend vor der Kirche mindestens eine Stunde lang abwechselnd, wir deutsche Volkslieder, die Ungarn ungarische Volkslieder sangen. Wir konnten uns von der Sprache her nicht verständigen, aber es entstand durch das gemeinsame Singen so eine spürbare Gemeinschaft! Wir suchten immer den Kontakt mit der Bevölkerung. Fragen über das Lebensniveau der Menschen, Berufe, Verdienst, soziale Sicherheit, politisches Engagement usw. brachten Erkenntnisse über die Lebensweise der Menschen, ihre Mentalität, ihre Sitten. Maribel, eine junge Spanierin, die sich ein paar Tage frei genommen hatte, um mit der Gruppe zu leben, ließ uns die katalanische Mentalität entdecken bis hin zum Erlernen des katalanischen Volkstanzes „Sardana".

Wenn die Bergetappe dazu beitrug, die Gruppe zu schmieden, dann hatten die zweite und dritte Etappe als Ziel, Land und Leute kennen zu lernen.

18. Mensch geworden – Equipos

Durch die Jugendarbeit zur Vorbereitung eines Christkönigsfestes lernte ich eine junge Frau kennen. Sie fiel mir auf durch ihre Spontaneität, ihre Frische und ihre Einsatzbereitschaft.

Die vielfältigen Verpflichtungen im Rahmen der Seelsorge beinhalteten mehr Aufgaben, als ich alleine bewältigen konnte. Aus dem Grund hatte ich im Vorfeld des Christ-Königs-Festes zur Mitarbeit appelliert, und daraufhin bildete sich eine kleine Arbeitsgruppe mit freiwilligen Helfern, darunter Christa Fort.

Sehr schnell entwickelte sich mit dieser jungen Frau eine Seelenverwandtschaft, eine Wellenlänge, wie ich sie selten empfunden hatte. Wir konnten stundenlang diskutieren, kreativ Ideen entwickeln für die Jugendarbeit.

Ein Pater, der auf Heimaturlaub war und mit dem wir viel austauschten, erzählte uns von seinen „Seelsorge-Equipos" in Südamerika. Gruppen von Männern und Frauen und Seelsorgern, die gemeinsam die Pastorale in ihrer Heimat planten und dort entwickelten. Für ihn war klar – „Ihr seid eine ‚Equipos'".

Paradoxerweise war es ebenfalls ein anderer hiesiger Priester, unser geistlicher Begleiter, bei dem wir uns oft berieten, der bei uns nach vielen Jahren der Zusammenarbeit zum ersten Mal die Erkenntnis aufkeimen ließ, dass uns mehr verband, als nur die gemeinsame Begeisterung für die Jugendarbeit. Es sollte ein langer und steiniger Weg werden, bis wir uns unsere gegenseitigen Gefühle eingestehen konnten.

Der Wunsch, jungen Menschen besser, professioneller helfen zu können, hatte uns bewogen eine Weiterbildung in Deutschland zu absolvieren mit dem Ziel, Suchttherapeut zu werden. Parallel dazu wuchs die Idee, in Eupen eine Jugend-/Suchtberatungsstelle zu schaffen (s. Kapitel 19)

Im ersten Jahr der Ausbildung nahmen wir in separaten Selbsterfahrungsgruppen an der Ausbildung teil. So konnte jeder für sich, sich mit seiner Person, seinen Zielen, seinen Bedürfnissen auseinandersetzen. Es war die Etappe, in der wir – jeder für sich – u.a. eine Antwort auf die Frage suchten: Wollen wir unsere Zukunft gemeinsam aufbauen oder nicht? Am Ende dieses ersten Ausbildungsjahres stand für uns fest: Wir wollen keine versteckte Beziehung, wir wollen offen sein – wir werden heiraten.

Wir begannen unsere Familie, Freunde und engsten Mitarbeiter zu informieren. Es war eine harte Zeit, wir stießen sowohl auf Unverständnis und Ablehnung als auch auf großes Verständnis und Zustimmung, oft von Leuten, von denen wir es gar nicht erwartet hätten.

Ich entschloss nun, den Papst um die Entbindung des Zölibats zu bitten, das ja kein Sakrament ist, sondern auf eine Entscheidung der kirchlichen Obrigkeit zurückzuführen ist.

Ich war auch zusätzlich „Rektor" im Alten- und Pflegeheim Eupen. Innerlich gestärkt durch meine Entscheidung, teilte ich eines Sonntagmorgens am Schluss der Messe auch dessen Bewohnern meine, unsere Entscheidung mit. Deren spontane Reaktion werde ich nie vergessen: Viele Betagte, ich kann nicht mehr sagen wie viele, klatschten in die Hände. Die noch gehen konnten, kamen zum Altar gehumpelt, und streckten mir ihre Hände entgegen und sagten: „Herr Rektor – jetzt werden Sie auch uns verstehen." Auch diesen Satz habe ich nie vergessen. Ich musste spontan an den Moralprofessor im Priesterseminar denken, der uns jungen angehenden Priestern den Satz mitgab: „Wenn es um Ehefragen geht, dann hört gut zu, stellt keine Fragen, gebt die Absolution." Vor dem Hintergrund welcher Erfahrungen sagten diese Betagten: „Jetzt werden Sie auch uns verstehen"? Das Verhalten der Betagten machte mich froh. Ich hatte mir Sorgen gemacht, wie sie wohl meine Mitteilung aufnehmen würden. Beglückt ging ich nach Hause.

Meine Heirat mit der Bezirksleiterin der CAJ, Christa Fort im Jahr 1977 war aus der Sicht des Bischofs in Lüttich ein Skandal, der eine sofortige (das hieß für ihn: innerhalb von 24 Stunden) Entlassung und Entbindung von allen meinen Funktionen als „Jugendseelsorger für Ostbelgien und Rektor des Altenheims in Eupen" erforderte, ohne Möglichkeit, mich von den Mitarbeitern offiziell verabschieden zu dürfen und eine Pastoral-Struktur für die Nachfolgezeit zu initiieren. Für mich war es ein schwerer Schlag und hinterließ im Herzen eine tiefe Wunde. Der „Rausschmiss" vom Amt war schmerzhaft und hatte wahrscheinlich zur Folge, dass ich vieles von dieser Zeit aus meinem Gedächtnis verdrängt hatte, leider auch manch schöne Erinnerung. Fast alle Freunde der CAJ und der KLJ waren tief betroffen, wollten aber unsere Freunde bleiben. Wir wollten ehrlich mit uns und unseren Freunden und Mitarbeitern sein und teilten ihnen unsere Entscheidung mit, dass ich den Papst bitte, mich vom Gelübde des Zölibates zu entbinden. Der Bischof sprach immer wieder von „dem Skandal", es ging viel darum, „d´éviter le scandale"! Wo war der Skandal? Welchen Skandal hatten wir angerichtet? Ich verstehe, dass er enttäuscht war. Aber Jesus hat laut Evangelium immer auf der Seite derjenigen gestanden, die Skandale hatten, dachte ich. Bei Maria Magdalena zum Beispiel. Worin bestand mein Skandal? Das habe ich ihn dann auch gefragt, im ehrlich-bleiben-mit-sich selbst? Die Frage blieb ohne Antwort. Es war Samstag vor Ostern. Wir konnten das Oster-Halleluja der Kirche nicht mehr mitsingen. In Taizé haben wir um ein Gespräch mit Frère Roger gebeten. Er hat uns beide angehört – lange Minuten schweigend – dann nahm er mich in die Arme. Dann ging er zu Christa und umarmte auch sie. Schweigend ging er dann zurück zu seinen Brüdern im Chor. Diese Begegnung war Balsam für unsere Herzen. Wir werden ihn nie vergessen.

Zu Hause angekommen fanden wir die Kopie eines Briefes an den Bischof und an Priesterkollegen. Es war der Brief eines „trockenen Alkoholikers", den ich oft besucht hatte und dem ich helfen durfte. Er fragte in seiner Stellungnahme die Priesterkollegen und den Bischof: „Wie können Sie es zulassen, dass ein Priester wie Ernst so aus seiner Arbeit gerissen wird?" Diese Stellungnahme tat uns gut, wenn sie auch keine Folgen gehabt hat. Zeitgleich erhielt ich aus Rom die Mitteilung der Rückversetzung in den Laienstand.

Mensch geworden? Ja, ich hatte das Gefühl durch diese Liebesbeziehung Mensch geworden zu sein. Das ist schwer zu erklären. Menschen begegnen, mit Menschen in Beziehung zu kommen ist immer schon mein Leitmotiv gewesen. Das „auferlegte" Zölibats-Versprechen legte eine Barriere zwischen mich und die Menschen, die Frauen.

Die Partnerschaft war für mich eine wirkliche Befreiung geworden und hatte in mir einen wunderbaren religiösen Aufschwung erwirkt, wie ich ihn weder in den Seminarjahren noch in den ersten Priesterjahren erfahren hatte.

Die Zukunft der Jugendbewegungen gefährdet?

Mit den Bezirksleitern der KLJ, Jeannie Radermacher und Arthur Jodocy, hatten wir einen ganzen Plan ausgedacht, wie die Jugendseelsorge nach meinem Abgang weiter aufgebaut werden könnte. Es wurde ein Dokument angefertigt, in dem vom Start einer „Pastoralequipe" von Laien die Rede war. Für jede Abteilung der Jugendbewegungen sollte eine solche Equipe aufgebaut werden, die sich zum Ziel setzt, das Leben der jungen Menschen in Verbindung mit dem Auftrag Jesu zu bringen. Jede dieser Equipen sollte in einer „Zentralen Pastoralequipe" vertreten sein, deren Mitglieder speziell für diesen Auftrag geschult würden.

Vergleichbare Pläne gab es für die CAJ, wo junge Menschen sich bewusst und geschult für eine Arbeiter-Pastorale einsetzen sollten, in Anlehnung an die Sozialenzyklika „Mater et Magistra".

Ich bot dem Bischof an, diese Struktur noch mit aufzubauen, die Antwort war jedoch sehr ernüchternd, wie schon erwähnt, entschied die „Institution Kirche", ab sofort auf meine Dienste zu verzichten.

Wenn auch manch einer meiner damaligen Mitarbeiter enttäuscht oder auch wütend war, nun mit dem Ganzen alleine gelassen zu werden, dann möchte ich auch heute noch sagen: es lagen ausgearbeitete Pläne vor und ich war bereit dabei zu helfen, sie in die Tat umzusetzen. Neue Aufgaben warteten nun auf mich, bei denen ich versuchen konnte, meinen Auftrag als Christ zu verwirklichen.

Eine Familie gründen

Der Traum einer eigenen Familie wurde nun wahr. Ich bin dankbar dafür, dieses Glück erleben zu dürfen, mit Christa, meiner Partnerin, Vieles verwirklicht zu haben und das Glück zu haben, mit zwei wunderbaren Söhnen beschenkt worden zu sein.

Meine Mutter, die mich als Priester-Mutter immer treu begleitet hatte, nach Seraing, nach St. Vith, und schließlich nach Eupen, verstarb am 09.01.1974 in Eupen. Meine Schwester Doris war lange Zeit im Klinikum in Aachen als Krankenpflegerin tätig. In dieser Zeit wurde unsere Mutter pflegebedürftig, sie war nach einem Schlaganfall acht Jahre lang bettlägerig. Doris hat unsere Mutter liebevoll gepflegt und auch ich versuchte, so gut ich konnte, für die Mutter da zu sein.

Doris heiratete schließlich und zog nach Brüssel. Unser Kontakt blieb bis zuletzt sehr innig. Nachdem ihr Mann verstorben war, mehr noch als vorher. Meine Frau und ich versuchten, ihr nahe zu sein und ihr die letzten Lebensmonate im St. Josephsheim in Eupen, wohin sie nach einer schweren Krankheit umgezogen war, zu erleichtern. Sie verstarb am 24.08.2012 in Eupen.

19. Gründung des Sozial-Psychologischen Zentrums (SPZ)

Trotz berührender Erfolge in der Arbeit mit jungen Drogenabhängigen mussten wir auch oft feststellen, dass wir im Grunde nicht kompetent waren für diese Arbeit. Die Aachener Kollegen betonten immer wieder, wesentlich sei, dass diese jungen Leute sich akzeptiert fühlen, und dass wir (auch bei Rückfällen) kein Werturteil über sie fällen. Es sei wichtig, dass sie Vertrauen in uns hätten und mit unserer absoluten Diskretion rechnen könnten – auch wenn ihre Eltern oder sogar die Polizei – bei Einbrüchen oder Diebstählen – bei uns Informationen zu finden versuchten.

Der Wunsch, jungen Menschen besser, professioneller helfen zu können, hatte uns (Christa und mich) bewogen eine Weiterbildung in Deutschland zu absolvieren mit dem Ziel, Suchttherapeuten zu werden. Von der Aachener Beratungsstelle erhielten wir sehr wichtige Informationen. Paul Gaspar, damaliger Leiter der Drogenberatungsstelle der Caritas Aachen, machte uns auf eine Weiterbildung der Evangelische Kirche Deutschlands (EKD) aufmerksam. Eine der Vorbedingungen war, mindestens seit drei Jahren Umgang mit Personen mit Drogenproblemen zu haben. Diese Bedingungen erfüllten wir.

Nachdem 1972 die CAJ bereits eine groß angelegte Untersuchung gemacht hatte zum Thema „Drogenkonsum" in Ostbelgien und die Anzahl Hilfesuchender in diesem Bereich immer mehr wuchs, kristallisierte sich bei uns beiden die Idee heraus, in Eupen eine Suchtberatungsstelle zu schaffen, nach dem Modell, das wir von Aachen her kannten. Die Weiterbildung „Sozialtherapeut – Bereich Sucht", war genau die Weiterbildung, die wir suchten und brauchten.

Von der Drogenberatungsstelle zum Sozial-Psychologischen Zentrum

Es war Dr. Pankert, der uns zu dieser Zeit auf einen neuen Königlichen Erlass aufmerksam machte (K.E. vom 20. März 1975 über die Anerkennung eines „Centre de Santé Mentale" pro

Gebiet von 50.000 Einwohnern). Die Idee, ein „Sozial-Psychologisches Zentrum" zu schaffen war geboren und konnte mit Hilfe der Stadt Eupen verwirklicht werden. Besonders erwähnenswert finde ich an dieser Stelle den großen Einsatz des damaligen Bürgermeisters R. Pankert und des Stadtsekretärs R. Quodbach. Ab dem 1. Juli 1976 konnte das SPZ Eupen seine Tätigkeit aufnehmen – allerdings nun nicht mehr ausschließlich als Suchtberatungsstelle, sondern als eine GoE (Gesellschaft ohne Erwerbszweck), mit dem Namen „Beratung und Lebenshilfe – Sozial-Psychologisches Zentrum". „Die Gesellschaft bezweckt, außerhalb jeglichen Gewinnstrebens, Kindern, Jugendlichen und Erwachsenen Vorbeugung, Beratung und Behandlung anzubieten bei psychischen Problemen und Krankheiten und die damit verbundenen Verwaltungstätigkeiten durchzuführen", so steht es im Staatsblatt vom 28. Oktober 1976, N8910.

„Die Generalversammlung setzte sich zusammen aus Vertretern der Öffentlichen Sozialhilfezentren (ÖSHZ) der neun deutschsprachigen Gemeinden und aus Vertretern der Gemeinden

Start des SPZ in einem Bauernhaus (Schnellewindgasse, Eupen)

Das Mitarbeiterteam beim Start des SPZ Eupen (1976)

Eupen, Kelmis und St. Vith. Aus der Generalversammlung wurden Vertreter der drei oben genannten Gemeinden in den Verwaltungsrat entsendet. Dem wurde für das Studium und die Prüfung technischer Probleme ein Arbeitsausschuss beigefügt, einen Verwaltungsausschuss, der sich aus mindestens drei Mitgliedern des Verwaltungsrates und drei Mitgliedern des Teams zusammensetzte" (SPZ – Beratung und Lebenshilfe, Informationsbroschüre, 1983). Die Beratungsbereiche umfassten die Jugendberatung, die Erziehungsberatung, Beratung von Selbstmordgefährdeten, Ehe- und Partnerberatung, Suchtberatung, Beratung bei Ängsten und Depressionen.

Um ein Haar hätte ich das SPZ verlassen müssen, als ich meine Heirat ankündigte. Der Präsident W. Schyns (Kelmis) warf im Verwaltungsrat die Frage auf, ob man „der Bevölkerung einen ‚abgefallenen' Priester als Therapeuten zumuten könne". August Pitsch, ebenfalls Mitglied des VR, lud mich zu einem Gespräch ein. „Was haben Sie verbrochen, Herr Servais?" Ich erklärte ihm, dass ich in Rom die Dispens des Zölibat-Versprechens beantragt habe und dann heiraten würde. „Und sonst?", war seine zweite Frage. „Nichts weiter." Es war ein freundliches Gespräch, das Herr Pitch mit dem Entschluss beendete, er würde im VR

„aufräumen". Er sähe keinen Grund zu einer Kündigung. Das anfängliche Team bestand aus neun Personen: Michel Evens, Christa Fort, Franziska Franzen, Gilles Gerrekens, Rudi Schröder, Louis Vliegen, Toni Weber und ich selbst, allesamt als Berater/Therapeuten, Vera Wolter für die Verwaltung. Die medizinische Verantwortung übernahm Dr. Evens (s. Grenz-Echo 25.09.1976).

Erste Informationsbroschüre des SPZ

Im März 1978 wurde eine Zweigstelle in St.Vith eröffnet.

Wir hatten uns für das Teammodell als Funktionsweise entschieden, d.h. es gab keinen Direktor. Alles wurde im Team besprochen und entschieden, es gab lediglich einen „Teamsprecher", der die Interessen des Teams im Verwaltungsrat und in der Öffentlichkeit vertrat. Dieses Teammodell – u.a. noch von 1968 beeinflusst – hatte seine Vor- und Nachteile, wie man sich denken kann. Im Suchtbereich entwickelte sich die Arbeit dahingehend, dass der Wunsch, vorbeugend zu arbeiten, immer größer wurde. Die präventive Arbeit gestaltete sich ganz anders als die therapeutische. Bei der präventiven Arbeit im Suchtbereich ging ich nun auf die potentiellen Akteure der Prävention zu. Meine Idee, gesamtgesellschaftlich zu arbeiten, entwickelte sich mehr und mehr, d.h. ich wollte Mitstreiter in allen Milieus, in Schulen, in der Freizeit, in Ärzte- und Apothekerkreisen usw. Mit diesen neuen Akteuren wurden Projekte geplant und entschieden, die manchmal erst im Nachhinein den Kollegen im SPZ mitgeteilt werden konnten. Verständlich, dass es dadurch zu Spannungen kam, wenn sich Kollegen des SPZ im Team übergangen fühlten und klagten, vor vollendete Tatsachen gestellt worden zu sein, statt mitzuentscheiden.

Für mich wurde deutlich, dass präventive Arbeit und therapeutische Arbeit zwei verschiedene Arbeitsweisen erfordern und dass es zu schwerfällig wurde, alles mit allen zusammen zu entscheiden. Die Optik war oft zu verschieden, mag sein, dass es auch Unvereinbarkeiten mit meiner Person, mit meiner Art zu arbeiten gab. Jedenfalls reifte die Notwendigkeit, für die primäre Suchtvorbeugung eine eigene Institution zu schaffen. Das war die Geburtsstunde der ASL= Arbeitsgemeinschaft für Suchtvorbeugung und Lebensbewältigung.

20. ASL Arbeitsgemeinschaft für Suchtvorbeugung und Lebensbewältigung „Bevor es zu spät ist"

Wie oft haben wir den Satz zu hören bekommen: „Morgen höre ich auf"? Den Betroffenen im therapeutischen Gespräch zu überzeugen, dass das nicht stimmt, ist zwecklos. Lügen gehören zum Krankheitsbild der Abhängigkeit, sei es vom Alkohol, vom Tabak, vom Zucker oder von Psychopharmaka, von stoffgebundenen, legalen oder illegalen Drogen. Wer abhängig ist, muss den ersten Schritt nach und nach selbst entdecken. Er muss verstehen und akzeptieren, dass er sich selbst belügt und dass er im wahrsten Sinne des Wortes krank ist. Das ist kein Werturteil über sich selbst, sondern die erste, wichtigste Einsicht.

Kann man denn da nichts tun, bevor es soweit ist? Diese Frage stellte ich mir immer wieder. Sicher kann man frühzeitig Kinder und Jugendliche aufmerksam darauf machen, dass bei jedem Menschen gewisse Stoffe oder auch Verhaltensweisen zu Abhängigkeiten führen können, die krank machen, physisch und/oder psychisch. Frühzeitig ? Ja, das ist möglich in der Familie, im Freizeitbereich, in der Schule, am Arbeitsplatz. Das alles hat einen Namen, nämlich die „primäre" (frühestmögliche) Vorbeugung, Prävention. Frühzeitig mal verzichten können, mir Gedanken machen über Dinge, die ich „unbedingt haben muss". Das ist eine gute eigene Einstellung. Das gilt für jeden, unabhängig von Geschlecht, Alter, Beruf, Erziehung usw. Jede/r ist anfällig, sich selbst zu betrügen, sich selbst zu beschwichtigen und unbemerkt in die Falle der Abhängigkeit zu tappen.

Wie ich vorhin erwähnte, erwuchs aus der therapeutischen Arbeit mit Suchtkranken mehr und mehr der Wunsch, vorbeugend

Mit diesem Buch und Konzept begann 1988 unter dem Titel „Plädoyer für Suchtvorbeugung" eine internationale Zusammenarbeit im Kampf gegen Drogenmissbrauch. „Bevor es zu spät ist" stellte die zweite ergänzte Auflage (1992) dieses Werkes dar.

Pädagogische und didaktische Materialien für die Akteure in der primären Suchtvorbeugung

tätig zu werden, zu versuchen, junge Menschen zu erreichen „bevor es zu spät ist".

Die ASL-Arbeitsgemeinschaft für Suchtvorbeugung und Lebensbewältigung (VOG), die ich 1989 ins Leben rief, praktizierte ein Konzept, das in Buchform veröffentlicht wurde. Der Titel des Buches, das dank der Unterstützung der EU in sieben Sprachen übersetzt wurde, lautet: „BEVOR ES ZU SPÄT IST". Dieses Konzept verfolgte einen ganzheitlichen Standpunkt (der „ganze" Mensch wird angesprochen) und den gesamtgesellschaftlichen Ansatz (Schule, Arbeitsplatz, Familie und Freizeit sollen aktiv werden und koordiniert arbeiten). Man muss nicht Suchttherapeut sein, JEDERMANN IST ANGESPROCHEN und kann mithelfen. Bei der Bezeichnung „Jedermann" gab es Meinungsverschiedenheiten. Folgendes Beispiel illustriert die Chancen dieses Standpunktes. Eine Mutter von drei bald erwachsenen Kindern meldet sich: „In der Schule wird betont, dass die Kinder lernen müssen, ‚nein' zu sagen. Warum wird in unserem Elternrat nicht das gleiche Thema angesprochen? Folgendes ist mir passiert. Jeden Sonntag besucht uns die Familie meines Bruders. Ich gebe zu, dass mir das zu viel wurde. Ich nahm mir vor, am nächsten Sonntag der Familie meines Bruders beim Schellen zu sagen: ‚Heute sind wir nicht frei'. Am besagten Sonntag schellt es wieder – die Familie des Bruders steht vor der Türe. Statt zu sagen: ‚Leider sind wir heute nicht frei', sage ich ‚Na, dann kommt rein'. ‚Nein sagen konnte ich selbst nicht'." Alle Anwesenden stimmten zu, dass das auch uns Erwachsenen schwer fällt. Das war so ein Beispiel primärer Suchtvorbeugung: lernen, nein zu sagen. Einer aus der Elterngruppe zeichnete einen Comic zu dieser Situation und diese Zeichnung wurde Lehrern als Beispiel empfohlen, um im Gespräch mit Schülern das Thema anzuschneiden. Damit konnte den Schülern verständlich gemacht werden, dass „jedermann", mit anpacken kann, oft ohne besondere Ausbildung. Das „Leben" bietet viele Chancen.

DANKE dieser Mutter für ihren wertvollen Beitrag.

Es wurden Lehrergruppen in Primar- und Sekundarschulen geschaffen, unabhängig von der politischen oder konfessionellen Orientierung der Schule. In Belgien war es seit langem nicht mehr möglich und üblich, eine Zusammenarbeit zwischen den sogenannten „Schulnetzen" (freies/katholisches, staatliches, von der Provinz abhängiges Schulnetz) anzustreben. Nach mühseliger Motivationsarbeit gelang es schließlich, die verschiedenen Direktoren der Sekundarschulen der Deutschsprachigen Gemeinschaft zu dieser Zusammenarbeit anzuregen. Meine Begeisterung und Dankbarkeit war groß, die der LehrerInnen ebenfalls. Dank dieser Direktoren begann eine fruchtbare Zusammenarbeit in der Suchtvorbeugung in den Sekundarschulen. Die Direktoren stellten aus ihrem Stundenkapital Zeit zur Verfügung für die wichtige Arbeit der Koordinatoren (Lehrer, die im Auftrag der Schule die Vorbeugung in der Schule koordinieren). Die Gesamtkoordination vollzog sich in einer „Zentralen Koordinationsequipe". Pro Schule gab es Lehrer-Koordinatoren, die mit interessierten Lehrerkollegen die primäre Suchtvorbeugung lebensnah zusammenbrachten. Sie trafen sich regelmäßig auf regionaler Ebene.

Auf Ebene der Primarschulen setzte ebenfalls eine intensive Zusammenarbeit ein. Primarlehrer/innen und Kindergärtnerinnen entwickelten eigenes didaktisches Material, u.a. in einer Broschüre zusammengefasst unter dem Titel „Gesünder und bewusster leben", in dem Spiele und Übungen dem Kind helfen sollten in den Bereichen Stärke zu entwickeln, genießen zu können, Gefühle auszudrücken, Konflikte zu lösen, Grenzen zu setzen, Nein zu sagen, Kontakt aufzunehmen. Diese Themen machen deutlich, dass es in der primären Prävention nicht darum geht, gegen Drogen aller Art zu kämpfen, sondern das Kind, den Menschen stark zu machen für ein gesundes Leben.

Ca. 100 Pädagogen nahmen an einer Weiterbildung in „Personenzentrierter Gesprächsführung" erfolgreich teil. Überrascht durch die Erfolge dieser Lehrer-Weiterbildung wünschten sich auch einige Direktoren eine ähnliche Weiterbildung für ihre Zusammenarbeit mit ihren Lehrerkollegen. Auch die verschiedenen Elternräte kamen an einen Tisch, um in Erziehungsfragen auszutauschen. Gemeinsam die Vorbeugung der Suchtgefahren anzugehen hatte u.a. zur Folge, dass das Rätselraten unter Schulen bezüglich der Frage, in welcher Schule am meisten Drogenprobleme auftreten, endlich ein jähes Ende gefunden hatte.

Viele Lehrer hatten verstanden, dass sie nicht nur Wissensvermittler sind, sondern auch Erzieher, dass der Schüler letztendlich auch Partner ist. Die Kernequipe „Arbeitsplatz" befasste sich u.a. mit den Gefahren von Suchtmitteln am Arbeitsplatz. Unternehmer stellten ihrerseits dafür Kreditstunden zur Verfügung. Ärzte und Apotheker trafen sich regelmäßig, um auszutauschen in welcher Weise sie sich aktiv an der primären Prävention beteiligen können.

Ich werde nie vergessen, als ein Lehrer mir anvertraute: „Ernst, ich bin ausgebildet worden, mein Fach zu unterrichten, und darin fühle ich mich auch kompetent. Aber ich muss dir gestehen, wenn ein Schüler mir seine Probleme anvertraut, dann habe ich Angst." Derselbe Lehrer sagte bei einem Rückblick: „Mir ist klar geworden, dass der wichtige Aspekt der Lebensbewältigung in unserer Arbeit mein pädagogisches Wirken entscheidend geprägt und sehr dazu beigetragen hat, dass ich mich bis zum letzten Arbeitstag glücklich und wohl in meiner Haut gefühlt habe."

Die aktive präventive Arbeit im Suchtbereich führte dazu, dass ich immer häufiger auch ins Ausland eingeladen wurde, um über unser ostbelgisches Modell der Suchtvorbeugung zu sprechen, was mich wiederum bereicherte und mir viele neue Impulse gab. So wurde ich vom Amerikanischen Staat zu einer dreiwöchigen Rundfahrt durch die USA eingeladen, um dort zu erfahren, welche Präventionsmodelle dort angewandt wurden und im Gegenzug von unserm Modell zu berichten. Es war für mich eine unvergessliche Studienreise, immer begleitet von Jeram, meinem guten Übersetzer und Reiseleiter. Ein Traum wurde wahr.

Aus der Verbandsgemeinde Adenau (D) schrieb mir der Jugendpfleger Jürgen Schwarzmann: „Internationale Zusammenarbeit mit Ernst Servais – Was bedeutet dies für die Verbandsgemeinde Adenau? Die Verbandsgemeinde Adenau hat 1999 die Zusammenarbeit mit Ernst Servais und der ASL begonnen. Durch den unermüdlichen Einsatz entstand auf der Ebene der Verbandsgemeinde Adenau ein Netzwerk unter dem Namen „Arbeitskreis Kinder, Jugendliche und Familien stark machen". Dies war für die Verbandsgemeinde Adenau und die darin lebenden und arbeitenden Menschen eine Bereicherung des sozialen Arbeitens und Lebens. Vielfältige Projekte entstanden in den Jahren danach, die alle mit dem Namen Ernst Servais verbunden sind und aus den beruflichen Begegnungen entstand eine persönliche Bindung die bis heute anhält. Das Denken über Grenzen hinweg hat sich auch für die Mitglieder des Arbeitskreises als wertvolle Hilfe erwiesen und so kann bis heute auf diesem Grundstein weiter gearbeitet werden. Besonders der Bereich Emotionale Bildung, der bis dahin für die Mitglieder des Arbeitskreises unbekannt war, zumindest in der Form wie sie Ernst Servais als Referent gelebt hat, wurde zu Beginn der Arbeit eine wichtige Hilfestellung in der Bewältigung der anstehenden Aufgaben. Heute ist aus dem Arbeitskreis „Kinder, Jugendliche und Familien stark machen" der Arbeitskreis „Zukunft 2020" entstanden. Er wurde weiter geöffnet und die Herausforderungen der heutigen Zeit heißen demografischer Wandel; Weniger, Älter, Bunter. Auch diesen Herausforderungen stellt sich die Verbandsgemeinde Adenau heute mit der Unterstützung und dem „väterlichen" Rat von Ernst Servais."

Jürgen und ich sind bis heute gute Freunde geblieben, treffen uns regelmäßig und heute ist er es, der meine Frau und mich immer wieder erstaunt und begeistert durch seine Frische, seine Kreativität und seinen Ideenreichtum im sozialen (und politischen) Engagement in der Verbandsgemeinde und darüber hinaus.

Eine unvergessliche Begegnung möchte ich an dieser Stelle auch erwähnen, es war die Begegnung mit Karin Boehme aus Greifswald (Mecklenburg-Vorpommern/D), die mir kürzlich auf meine Frage hin, wo wir uns kennengelernt haben, Folgendes schrieb:

„Lieber Ernst, unsere erste Begegnung? Das war kurz nach der Wende 1990/91 auf einem Kongress in der Konrad-Adenauer-Stiftung in Wesseling, Schloss Eichholz.

Wir hatten beide einen Vortrag zu halten. Ich war so froh, vor dir sprechen zu können. Hätte ich nach dir sprechen müssen, wäre ich vielleicht nicht mehr an das Rednerpult gegangen. Du warst voller Dynamik und Begeisterung. Ich war fasziniert. Ich spürte eine Seelenverwandtschaft. Du konntest die Menschen mitreißen, ihnen Mut und Zuversicht vermitteln. Das war es, was ich damals brauchte. Schnell ist aus der ersten Begegnung eine lange innige Freundschaft geworden. Ich habe deine Familie kennengelernt, deine Arbeit nicht nur bewundert, nein ich habe auch viel von dir übernommen. Schon Monate später konnten wir in Greifswald die RSK (Regionalstelle für Suchtvorbeugung und Konfliktbewältigung) die Schwester der ASL, mit Hilfe Ostbelgiens gründen. Das war ein Meisterstück. Danke dafür!!! Einundzwanzig Jahre habe ich in der RSK gearbeitet. 21 Jahre haben wir viel gemeinsam erlebt. Internationale Arbeit hast du für mich erlebbar gemacht. Europäische Projekte haben unseren Alltag geprägt. Schwierigkeiten hast du als Herausforderung gesehen. Die Zeit mit dir wurde nie langweilig. Du wolltest immer alles gleich. Das hat auch mich manchmal an meine Grenzen geführt. Aber was sind schon Grenzen. Jetzt sind wir beide im Ruhestand. Du reflektierst dein Leben und ich bedanke mich bei dir für die spannendsten Berufsjahre meines Lebens. Karin aus Greifswald."

Minister Karl-Heinz Lambertz in Wroclaw (Polen), bei der Demo vieler Akteure (Lehrer, Schüler, Ärzte, Psychologen, usw.) des Präventionsprogramms in mehr als 15 Ortschaften rund um Wroclaw.

Bei der zunehmenden internationalen Arbeit möchte ich Karl-Heinz Lambertz dankend erwähnen, der mir, erst als Minister für Soziales, später als Ministerpräsident der Deutschsprachigen Gemeinschaft immer beratend und unterstützend zur Seite gestanden hat. Er bestätigte immer wieder die Wichtigkeit, Beziehungen aufzubauen und Netzwerke zu schaffen, was er im Rahmen der Uniprev (United Prevention – s. nächstes Kapitel) auch deutlich erlebte. Er kannte unser Projekt in- und auswendig und konnte die Zuhörer bei Einführungsreden von der Notwendigkeit und der Art der Arbeit überzeugen. Er hat an vielen Kongressen der Uniprev teilgenommen, dabei interessante politische Kontakte geknüpft und uns in der Arbeit immer sinnvoll unterstützt. Ohne seine Hilfe wäre manches nicht zustande gekommen, in Portugal, in Greifswald, und an so manch anderer Stelle. Die Kontakte mit Organisationen des Auslandes, die das gleiche Ziel anstrebten wie wir, nämlich, die primäre Prävention auf Gemeindeebene im Suchtbereich voranzutreiben, führten schließlich zu dem Wunsch und dem Entschluss, unsere Kräfte zu bündeln und uns gegenseitig zu informieren und zu bereichern. Eine internationale VOG UNIPREV wurde ins Leben gerufen.

21. Internationale Zusammenarbeit – UNIPREV VOG (United Prevention) – Emotionale Bildung

Im Jahr 1997 haben sich mehrere Organisationen, die sich primäre Sucht- und Drogenprävention bei Jugendlichen und Erwachsenen zum Ziel setzten, zusammengeschlossen. Sie wollten sich gegenseitig das Ausmaß der konsumierten legalen wie illegalen Drogen, die Problemstellungen in ihrem Land und ihren Gemeinden mitteilen: Auch die verschiedenen therapeutischen Ansätze sollten regelmäßig mitgeteilt werden. Die Drogenhändler sind immer bestens international organisiert. Der Austausch der Hilfestellungen ist bei weitem schwerfälliger und mit hohen Kosten verbunden. Aber UNIPREV wollte den Mut nicht aufgeben und sich ebenfalls organisieren. Das war ein wichtiger Schritt in die richtige Richtung.

1988 hat das Grenz-Echo Eupen mein Buch „Plädoyer für Suchtvorbeugung, Gesamtgesellschaftlicher Ansatz, Praktisches Handbuch für Lehrer, Erzieher und Eltern" verlegt.

Sobald das Buch vorlag, habe ich es in Luxemburg bei der EU/DGV (Directorat General der EU für öffentliche Gesundheit) vorgestellt und um Unterstützung für die Verbreitung dieses Präventionsmodells plädiert, insofern Interesse vorläge. An Interesse seitens der EU fehlte es nicht. Ihr Angebot lautete: Wenn das Projekt in weiteren Kreisen in Belgien und international auf Interesse und Mitarbeit stößt, ist die EU bereit, das Projekt zu unterstützen. In diesem Fall würde die EU das Handbuch „Bevor es zu spät ist" in die Sprachen der beteiligten Länder übersetzen und den jeweiligen Mitarbeiterkreisen seitens der EU zur Verfügung stehen. So kam es, dass das Buch in Französisch, Polnisch, Englisch, Slowakisch, Ungarisch, Niederländisch und Portugiesisch übersetzt wurde. Vorher mussten aber der EU/DGV schriftliche Aktionskonzepte vorliegen. Diese positive Antwort bezog sich auf eine längere Zeitspanne.

Das erste Symposium in Eupen am 19.-22.Mai 1992 unter der Schirmherrschaft von Herrn Karl-Heinz Lambertz, damaliger Ministerpräsident der Deutschsprachigen Gemeinschaft, war ein voller Erfolg. Das Thema lautete: „Suchtvorbeugung –

Jedermanns Sache". Neunzig Teilnehmer aus über zehn Ländern tauschten in Arbeitsgruppen ihre Erfahrungen in Pilotprojekten aus und entwickelten gemeinsame neue Strategien. Abschließend wurde eine offizielle internationale Vereinigung für primäre Suchtvorbeugung gegründet – UNIPREV VOG (Vereinigung ohne Erwerbszweck)".

„KOMMUNALE SUCHTVORBEUGUNG" (KS) war die Idee, die alle teilten. Kommunal, d.h. gemeindenah.

In der Gemeinde sollten Helfer (Personen und Institutionen) gesucht werden, die bereit sind, konkrete Aktionen mit dem Ziel der Suchtvorbeugung durchzuführen; sie sollen zielgruppendifferenziert, aber koordiniert und kooperativ arbeiten. Die Suchtvorbeugung sollte in den Strukturen der Gemeinde verankert sein (Vereine, Netz von Sozialstrukturen usw.), und von den

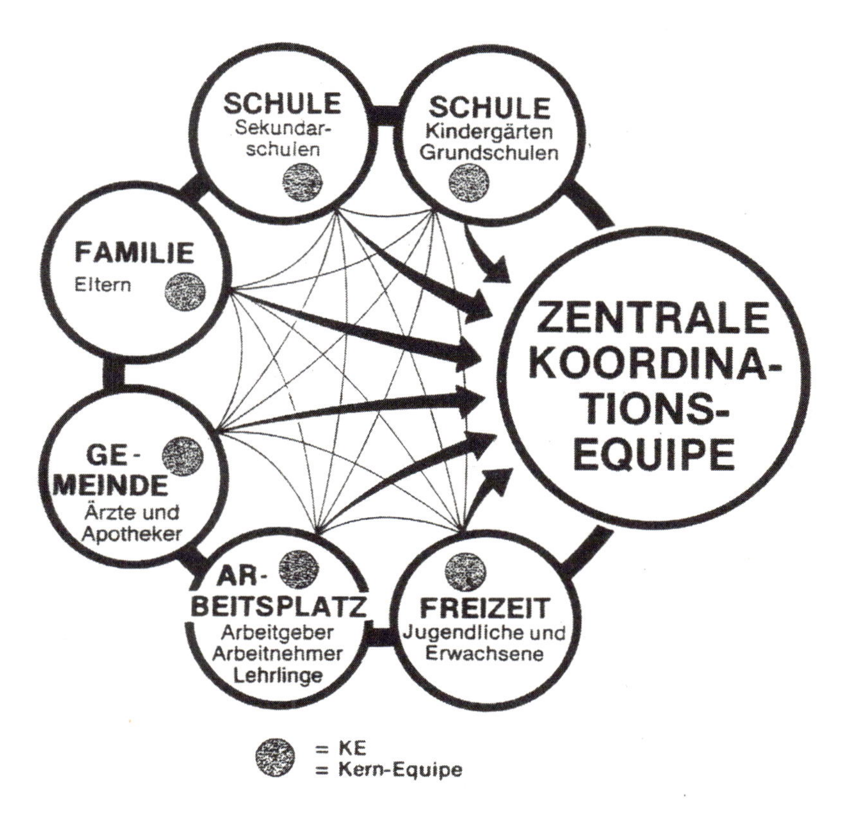

Gestaltern der Gemeinde mitverantwortlich getragen werden. Alle Lebensbereiche auf Gemeindeebene sollen angesprochen werden (Schule, Familie, Freizeit, Arbeitsplatz ...). Dabei soll ein Bewusstsein dafür geweckt werden, dass in allen Bereichen „Jedermann in seinem Lebensumfeld" beitragen kann, sozusagen als Multiplikator. Eine „Zentrale Koordinationsequipe" sorgt für die Bündelung der versch edenen Initiativen.

Praktisch heißt das: Sich öffnen für alle Menschen, die am Ort wohnen; erkennen und akzeptieren, dass die verschiedenen Gruppen verschiedene Bedürfnisse haben; diesen Gruppen Möglichkeiten schaffen, ihre Bedürfnisse zu erkennen und ihr Leben selbstständig und verantwortlich zu gestalten. (ASL Eupen, Hrsg., Kommunale Suchtvorbeugung, Modelle aus der Praxis).

Kongress in Eupen

Im Laufe der Jahre fanden immer wieder Kongresse statt, u.a. in Eupen (Belgien), Braga (Portugal), Luxemburg, Greifswald (BRD), Wroclaw (Polen), Nové Zamky und Svolen (Slowakei), Malta/Gozo, Mosonmagyarovar (Ungarn) und letztlich in Rumänien zu den verschiedensten Themen. Jedes Land brachte die ihm eigenen Erfahrungen und Impulse mit in den Austausch, wie die Idee der „Abenteuer-Pädagogik" als Präventionsmodell

Gruppendynamik im „Doppelten Stuhlkreis". Lehrer beim Austausch ihrer Erfahrungen.

mit Egide aus Luxemburg, die Schulung von zukünftigen Lehrern zum Thema Suchtvorbeugung an der Ernst-Moritz-Arndt-Universität Greifswald mit Karin und Franz, die „Kornfeld-Gruppe", die Menschen aus ihrer Einsamkeit befreien will mit Agatha und Heinz, Kasia wusste in Polen ganze Schulen zu einer „Parade" in den Straßen Wroclaws zu mobilisieren, und und und ... die Liste könnte fortgesetzt werden!

Der Ideenreichtum der Teilnehmer kannte keine Grenzen! Die Uniprev VOG wurde nach 14 Jahren am 21.05.2011 aufgelöst, da viele Landesequipen seitens ihrer Gemeinden die erforderliche finanzielle Unterstützung nicht mehr erhielten – Greifswald ausgenommen, wo die RSK seit über 10 Jahren erfolgreich „Grenzüberschreitende Suchtprävention" für die Euroregion „Pomerania" aufbaut.

Für mich persönlich und meine Familie waren es manchmal strapaziöse Zeiten. Aber ich machte diese Arbeit leidenschaftlich gern. Meine Frau unterstützte mich, wo sie nur konnte. Es war Teamarbeit.

Wenn auch Uniprev ihre Aktionen einstellen musste, so sind wirkliche Freundschaften geblieben nach dieser langjährigen Zusammenarbeit. Ich bin dankbar und freue mich jedes Mal, wenn wir uns wiedersehen, nicht um wie früher über unsere Arbeit zu sprechen, aber uns als Freunde zu treffen und uns füreinander zu interessieren. Gerne treffe ich mich immer wieder mit allen wie im letzten Jahr im Erzgebirge, wo wir fürstlich von Uwe und Monika empfangen wurden.

Emotionale Bildung – Die Macht des Bildes

Mein Vater hatte so oft Angst. Und ich befürchte, dass ich diese Einstellung übernommen habe. Die Gasexplosion im Nebenhaus der Alarichstraße, das Erlebnis im Gymnasium, als ich in der Klasse die „germanische Axt" nicht so lange halten konnte wie mein Mitschüler, die Bombardierungen und andauernden Fliegerangriffe ... viele Erfahrungen mit großen Ängsten, die sich wahrscheinlich in meinem Unterbewusstsein festgesetzt hatten. Angst kann lähmen, aber jeder kann auch lernen, damit umzugehen. Auch Wut und Auflehnung habe ich lernen müssen und besonders, diese Gefühle auszudrücken. Aber ich habe auch

manches Wichtige im Leben gelernt, zum Beispiel: mich auch über kleine Dinge freuen zu können, sparen zu müssen bis ich mir das Gewünschte kaufen oder leisten kann und dass man sich auch freuen kann, auf etwas verzichten zu können. Andererseits sich freuen, eine Beziehung zu haben, jemanden lieben dürfen – und das ist ein ganz besonderes, wunderbares Gefühl.

Marianne (Namen geändert), Mutter einen kinderreichen Familie, ist seelisch und körperlich abhängig von Medikamenten und Alkohol. Ihr Arzt schickt sie zu mir. Das hat sie mit sehr widerwilligem Ton mitgeteilt und danach hat sie geschwiegen. Im ersten Gespräch versuche ich als Therapeut ihr zu helfen, sich auszudrücken. Aber ich bekam keinen Kontakt zu ihr. Ich beobachtete ihre Körpersprache. Manchmal zuckte sie mit der Schulter – ich interpretierte: „Sie haben gar keine Lust mit mir zu reden." Oder sie schaute nach links oder rechts oder an die Decke. Ich versuchte zu übersetzen: „Eigentlich haben Sie gar kein Interesse mit mir zu reden?" Sie nickte. Und sagte dann: „Nächster Termin?" Ich bot ihr einen Termin an. Nun saß ich allein und überlegte, wie ich mit dieser Frau in Kontakt kommen könnte. Sie kam pünktlich zurück. Wieder kein Kontakt. Und wieder sagte sie: „Termin?" – „Ja, nächste Woche Dienstag. Ist das OK für Sie?" Ich meine, sie hätte genickt. Bei mir zu Hause kam mir eine Idee. Ich schnitt aus den verschiedensten Zeitungen und Zeitschriften Bilder aus. Dieses Mal setzte ich mich neben sie, legte eins meiner Bilder auf den Boden und schob es in die Nähe ihrer Füße. Sie schaute zum Boden auf das Bild und schob es mit ihrem linken Fuß beiseite. Dann legte ich ihr mehrere Bilder auf einmal an ihre Füße. Sie arbeitete mit ihren Füßen – schob wieder zwei weg, holte mit dem linken Fuß ein anderes in ihre Nähe – schaute mich an – ich verstand, sie entschied sich für ein anderes in der Serie – und das war ein Naturbild. Ich: „Sie haben gerne Naturbilder!" Sie nickte und schaute mich an. Das Eis war geschmolzen, der Kontakt war hergestellt. Darüber habe ich mich sehr gefreut und es ihr auch verbalisiert. Ihr Gesicht hellte sich auf.

In dieser therapeutischen Situation habe ich zum ersten Mal in meinem Leben die Macht des Bildes verstanden – Und

M. konnte sich anhand der Bilder mit mir über die Natur unterhalten. Und das bewunderte ich bei ihr. Bei ihr habe ich verstanden, dass unser Auge ja fortwährend fotografiert, aber sehr oft sind wir nicht ansprechbar, mit anderen Dingen beschäftigt. Manchmal macht es dennoch Klick in unseren Augen, plötzlich spüre ich – da hattest du (sage ich mir selbst) das oder das gesehen. Und wenn ich „geistig" stehenbleiben kann, wird mir plötzlich klar, dass dies oder jenes in der Natur mir persönlich etwas sagen möchte, das ist immer schön für mich. Die Natur meint es gut mit mir. Und das ist das Geheimnis der Fotosprache – das Bild sprechen lassen. Diese Klientin war innerlich eine Künstlerin – ohne es sich in dieser Situation bei mir eingestehen zu können. Beim nächsten Termin brachte sie ein selbst gemaltes Bild mit und legte es auf den Boden in die Nähe meiner Füße. Ihr nächster therapeutisch anzustrebender Schritt – darin waren wir uns einig – würde darin bestehen, ihr eigenes Bild zu signieren. Zu sich selbst stehen lernen – „Das ist mein Bild und dazu stehe ich, ich setze meinen Namen darunter." Und auch das hat sie geschafft. Die Begegnung mit ihr will ich nie vergessen! Ich war glücklich, über das Bild einen Zugang zu ihr und ihrer Psyche gefunden zu haben. Diese Erfahrung war für mich der Start einer für mich neuen therapeutischen Methode, mit Menschen über ihre Gefühle und Erlebnisse ins Gespräch zu kommen, insbesondere, wenn es ihnen schwer fällt, darüber zu reden.

Fotosprache: das gewählte Foto ermöglic[ht] dem Teilnehmer den unmittelbaren Zugan[g] zu seinen Gefühlen.

Die französische Buchautorin Isabelle Filiozat schreibt in Bezug auf Gefühle in ihrem Buch „L'Intelligence du Coeur": „Die wichtigste Aufgabe im 21. Jahrhundert für jeden Bürger ist die ‚Alphabetisierung der Gefühle'." Damit meint sie, jeder habe in der Schule das Alphabet zum Schreiben gelernt, aber nur selten gelernt, seine eigenen Gefühle wahrzunehmen, sie benennen zu können. Das alles wird im Fernsehen auch nicht gezeigt. Leider wird viel zu oft vorgeführt, wie jemand seine Aggression rücksichtslos auf Kosten anderer auslebt. Dabei gibt es Tote. Je mehr, umso besser. Und wir schauen zu oder wechseln das Programm und den Sender „Oh, wie schrecklich!" Das Programm wechseln, abschalten ist das Einzige, was unser Gewissen beruhigt. Ich will noch schlafen können (Filiozat, I. 1997).

Ich beschloss, dreitägige Seminare abzuhalten zum Thema „Emotionale Bildung", bei denen im Vordergrund stand, die Wichtigkeit der Gefühle im Leben eines Menschen zu erfahren; eigene Gefühle besser wahrnehmen und auch benennen zu können – unser Wortschatz im Bereich der Gefühle ist oft etwas eingeschränkt; lernen, seine Gefühle adäquat und nicht verletzend seinem Gegenüber mitzuteilen; lernen, Konflikte zu lösen, bei denen für jeden der Teilnehmer eine Win-Win Situation entsteht – wie man das heute nennt, also eine Lösung, bei der es weder Sieger noch Verlierer gibt, sondern nur Gewinner auf beiden Seiten.

Die Grundlage meiner Methode boten meine Bilder- und Fotosammlungen über Menschen oder Situationen, genannt Foto-Fantasien. Am Boden liegen verschiedene Buntfotos (DinA4 - Größe). Ob es darum geht, sich in einer neuen Gruppe vorzustellen oder zu einer bestimmten Frage Stellung zu beziehen, das ausgewählte Bild hilft jedem, sofort zum Wesentlichen zu kommen. Man teilt mit, warum man dieses Bild ausgewählt hat, was „es einem sagt". Wer sich vorstellen will, wählt ein Foto aus, sagt seinen Namen – vielleicht noch, warum das Foto ihm oder ihr so gefällt. Jeder in der Runde kann unaufgefordert sein Foto zeigen.

Es ist unglaublich, wie schnell in der Gruppe jetzt Beziehungen entstehen. Da geht es nicht um sachliche Aspekte, sondern sehr schnell um das Thema: „Mit Gefühlen umgehen." Das hier abgebildete Raster nennt die Namen von vierzig Gefühlen.

NENNUNG VON GEFÜHLEN - "ER/SIE IST/HAT..." "Ich bin/habe..." - "Ich..."						
WÜTEND	VERÄRGERT	EMPÖRT	VERBITTERT	VERLETZT	TRAURIG	LEID
ENTMUTIGT	DEPRESSIV	SCHMERZEN	IN PANIK	ENTTÄUSCHT	BESORGT	FROH
GLÜCKLICH	AUSGELASSEN	ZUFRIEDEN	HEITER	STOLZ	GENIESSE	GEBORGEN
LIEBE	FREUNDLICH	VERTRAUEN	GÜTIG	ÜBERRASCHT	STAUNE	LAUNISCH
VERBLÜFFT	EKEL	ABNEIGUNG	HOCHNÄSIG	SKEPTISCH	INTERESSE	VERLEGEN
GEKRÄNKT	ANGST	KUMMER	HASSE	NEUGIERIG	VERACHTE	DANKBAR

Die Teilnehmer zu Hause können in aller Ruhe mit einem grünen Stift die Gefühle unterstreichen, die sie meinen, ausdrücken zu können. Mit einem roten Stift können sie die Gefühle unterstreichen, von denen sie meinen, die kann ich nicht ausdrücken (z.B. Ärger, Wut, Misstrauen). In diesem Bereich möchte ich noch lernen, mich auszudrücken. Mit der Farbe gelb werden die Gefühle unterstrichen, bei denen man sich nicht entscheiden kann. Viele können leider Gefühle nicht benennen, wie sollen sie dann ihre Gefühle ausdrücken?

Eltern, Lehrer, Pädagogen, Jugendleiter konnten an diesen Weiterbildungen teilnehmen. Allein in Ungarn wurden sie etwa dreißig Mal organisiert.

Meinem ungarischen Übersetzer Szabi schulde ich Hochachtung und hohe Anerkennung. Wir beide zusammen, er als Übersetzer und ich als Referent waren ein tolles eingespieltes Team. Ohne diesen All-Round-Man hätte ich als Referent diese Schulungen in Ungarn nicht machen können. Die Begegnung mit ihm entwickelte sich zu einer tiefen Freundschaft. Es waren immer zirka 20-30 Teilnehmer anwesend.

Hochgerechnet nahmen über 1.000 Teilnehmer an diesen Seminaren in verschiedenen Ländern teil. Die Atmosphäre war beglückend, positiv. Als Referent freue ich mich, dass in vielen Schulen und Familien Ansätze und erste Schritte zur Alphabetisierung der Gefühle gemacht worden sind.

Die von mir angewandte Methode der Foto-Sprache ermöglichte einen schnellen Durchbruch zur Wahrnehmung der eigenen Gefühle und den Austausch darüber. Eine für mich unvergessliche Erfahrung war die Schulung bei Piloten der Armee, die es bei der Wahrnehmung der eigenen Gefühle wagten, von ihrer Angst beim Einsatz in Kriegsgebieten zu sprechen und darüber zu reflektieren. Im Gegensatz dazu ist die Obrigkeit im Allgemeinen der Überzeugung, dass die Piloten sehr gut vorbereitet sind und keine Angst zu haben brauchen.

Im Laufe der Zeit durfte ich mit Soldaten, Krankenpflegern oder Drogenabhängigen zusammenarbeiten. Parallel dazu war aber mein Wunsch groß, diese Schulung „Emotionale Bildung" Lehrpersonen anzubieten, die dann als Multiplikatoren agieren könnten.

„In der Schule, während des Studiums oder der Ausbildung dreht sich so gut wie alles um das Intellektuelle", schreibt Frau Lemaire in ihrem GrenzEcho-Artikel vom 11.01.2013. „Wer vom Unterrichtsstoff das meiste verstanden hat und dies am besten wiedergeben kann, ist auf der Gewinnerseite. Doch welchen Stellenwert hat das Menschliche, das Emotionale in diesem System? Ernst Servais, der sich nicht nur in der DG als Seminarleiter einen Namen gemacht hat, befürchtet, dass es auf der Strecke bleibt: Der Leistungsdruck ist hoch. Es geht darum, gut in Mathe, Physik oder Sprachen zu sein. Ich will den Stellenwert dieser Fächer nicht im Geringsten in Frage stellen, aber für Gefühle und die Förderung von sozialen Kompetenzen bleibt meistens kaum Platz, außer wenn in diesen Bereichen bei Schülern Probleme auftreten."

Diese Einstellung und Erfahrung veranlasste mich, didaktisches Material zu erstellen, das nicht nur bei den Seminaren von Nutzen war, sondern auch von Lehrpersonen innerhalb oder außerhalb des Unterrichtes eingesetzt werden konnte, Fotobücher zu

verschiedenen Themen wie z.B. Lebensqualität, Umgang mit Gefühlen, kleine Wunder der Natur ...

Damit die Assoziation beim Betrachten der Motive frei ablaufen können, verzichtete ich auf Kommentare oder Bildbeschreibungen, es gab lediglich eine praxisbezogene Einleitung.

22. Indien

Als meine Frau Christa 2006 auch in Rente ging, machte sie den Vorschlag: „Lass uns den Priesterfreund meiner Familie, Fr. Antony Muthu, in Indien besuchen und gleichzeitig dort anbieten, ein kleines Projekt zu unterstützen." Jetzt, wo sie auch „frei" war, wollte sie ihre „Freizeit" sinnvoll gestalten. Sie dachte daran, z.B. eine Toilette im Dorf errichten zu lassen – dazu hatte sie kurz vorher einen Bericht im Fernsehen gesehen, oder einen Brunnen bohren zu lassen im Ort. Beides Objekte, die auch in Tamilnadu schmerzlich fehlen.

Ich war sofort von der Idee begeistert. Entwicklungszusammenarbeit war uns nicht fremd, hatte ich doch in der KLJ und auch in der CAJ mit Christa z.B. Pater Meyer in Chile oder die CAJ in Brasilien unterstützt. Aber wir waren keine „erfahrenen" Leute auf diesem Gebiet. Christa erkundigte sich im Weltladen, welche Kriterien man bei solch einem Projekt berücksichtigen solle und los ging es.

Unsere erste Reise nach Südindien sollte drei Wochen dauern. Wir lernten, dank Antonys Schwester Rosely, die wunderbaren Seiten Indiens kennen, die außergewöhnliche Freundlichkeit und auch Fröhlichkeit der Menschen dort, aber auch die dunklen Seiten der großen Armut, des Schmutzes und Unrates überall, des Wassermangels usw. Am Ende unserer Reise brachte Fr. Antony uns in Verbindung mit fünf seiner Priesterkollegen. Wir erklärten ihnen unser Vorhaben und baten um ihre Meinung. Schließlich verabschiedeten sie sich von uns mit dem Versprechen: „Wir werden nachdenken und euch den Vorschlag eines Projektes schicken." Nach einem Monat erhielten wir ein mindestens 30 Seiten umfassendes Dokument, in dem sie uns ein Projekt vorschlugen, das 2.000 Bananenfarmern zu einem besseren Leben verhelfen sollte. Diese Farmer, die ohne Kredite ihre Arbeit nicht verrichten konnten, zahlten bei privaten „Money-Lenders" 40 bis 60% Zinsen, die sie oft nicht zurückzahlen konnten, wenn Naturkatastrophen oder auch Katastrophen in ihrer Familie geschahen. Das Projekt war gut durchdacht und strukturiert. Wir waren von den Ideen sehr angetan, aber wie so ein großes Projekt bewältigen? Wir waren erst einmal wie erschlagen! Die großen Organisationen bestätigten uns, das sei ein gutes Projekt, sie könnten aber dort nicht einsteigen, sie hätten ihre eigenen Projekte.

Nach einigem Grübeln entschlossen wir, einige Freunde anzusprechen, ob sie daran interessiert seien, ein solches Projekt durchzuziehen. Es war eine Freude, mit ihnen zu starten. Acht Jahre haben wir gemeinsam unsere indischen Freunde unterstützt und eigentlich geht die Unterstützung noch weiter. Der verantwortliche Koordinator vor Ort war Fr. Michael Raj, den wir immer mehr schätzen lernten durch seinen unermüdlichen Einsatz, seine intelligenten Ideen, seine Einfachheit und Integrität, seine gute Begleitung der Animatoren, zehn Personen, deren Gehälter wir finanzierten und die die Aufbauarbeit machen. Ihrem großen Engagement ist es zu verdanken, dass in etwas mehr als 90 Dörfern Farmergruppen von ca. 20 Bauern geschaffen wurden, die sich – jetzt auch noch nach acht Jahren – regelmäßig treffen, um sich über ihre Probleme auszutauschen und gemeinsam nach Lösungen zu suchen. Die Bauern haben die Kraft der Solidarität entdeckt Sie beraten selbstständig in ihrer Gruppe, welcher Familie als nächste Hilfe zugutekommen soll, eine Solidarität, die ihresgleichen sucht, die bei uns schon kaum mehr möglich wäre, versucht doch jeder die Decke erst auf seine Seite zu ziehen. Es wurden Mikro-Kredite geschaffen, was den Bauern ermöglichte aus der Schuldenfalle heraus zu kommen. Grundbedingung beim Einstieg in die Bewegung war, Mitglied zu werden, an Schulungen teilzunehmen und anzufangen zu sparen – klingt paradox, bei Menschen die weit unter dem Existenzminimum (über)leben müssen. Nach einem halben Jahr des Sparens war es aber genau dieses Geld, das den Gruppen erlaubte, Kleinkredite an den einen dann an den andern Bauern zu vergeben. Die Banken wurden darauf aufmerksam, mit welcher Ernsthaftigkeit die Kredite verwaltet wurden und waren plötzlich bereit, den Gruppen erst kleine, dann größere Kredite zu bewilligen. Die gesamte Gruppe bürgt für die Rückzahlung – solidarisch. Das System funktioniert gut, wenn auch hier und da kleine Probleme auftreten.

„Bananen-Farmertag": 900 Teilnehmer erleben die Kraft der Solidarität (2008).

Die Bauern werden weiterhin geschult. Sie nehmen in regelmäßigen Abständen an Weiterbildungen teil, sowohl technische, was ihre Arbeit als Bananenfarmer betrifft, als auch menschliche wie z.B. Problem Alkoholismus. Aber auch große Fragen der Weltwirtschaft wie z.B. Freihandelsabkommen werden thematisiert.

Sie erheben gemeinsam ihre Stimme wenn sie das Gefühl haben, von der Regierung oder von Institutionen benachteiligt zu werden. So kämpfen sie darum, von der Regierung finanzielle Entschädigung zu erhalten bei Naturkatastrophen, sie kämpften darum, das von der Gemeinde festgelegte Standgeld auf dem Markt bezahlen zu dürfen und nicht die Wucherpreise, die korrupte Einnehmer verlangten. Sie kämpften für neue Buslinien, damit sie leichter mit ihrer Ware den Marktplatz erreichen können, sie kämpfen darum, dass die großen Immobilienfirmen ihr Agrarland nicht wegnehmen, um ihre Gebäude darauf zu errichten. Sie schufen eine „Sterbekasse", die den Familien erlaubt, wenigstens das (für sie teure) Begräbnis zu finanzieren. Manch eine Witwe konnte damit schon ein kleines Geschäft starten und so ihre Familie ernähren. Die Existenz der Familie ist oft bedroht, wenn der Familienvater mit 60-65 Jahren stirbt (Lebenserwartung in Tamilnadu) und eine Witwe und Kinder hinterlässt, die kein Einkommen mehr haben.

Alle zwei Jahre organisieren sie einen großen „Bananen Farmertag", auf dem die Probleme der Farmer zusammengetragen, neue Weiterbildungen gestartet und ihre Forderungen publik gemacht werden. Die Liste der erreichten Ziele ist schon recht lang, aber es bleibt noch sehr viel zu tun. Wir durften bei unseren Reisen Gruppen besuchen, Bauern kennenlernen und waren begeistert von ihrem Mut, ihrer Ausdauer im Kampf um ihr Wohlergehen. Zu guter Letzt wurde eine Bananen-Chips-Fabrik errichtet, deren zukünftiger Profit unsere finanzielle Unterstützung überflüssig machen soll. Damit soll in die sozialen Ziele der Fabrik investiert und die Lebensqualität der Farmer weiterhin verbessert werden.

Fr. Michael Raj ist mit Sicherheit eine Person, die ich nie vergessen werde. Mit ihm war es die Equipe der vier Priester, die das gesamte Projekt ins Leben riefen und noch unterstützen.

Vier Priester, Urheber des Projekts. V.l.n.r.: Fr. Michael Raj (Koordinator), Fr. Antony Muthu, Fr. Robert, Fr. George

V.l.n.r.: Fr. Antony Muthu, Muhammad Yunus, Fr. Michael Raj, Christa Fort, Ernst Servais

Bei einem seiner Besuche erlebten wir ebenfalls das Glück, Muhammad Yunus, dem Friedens-Nobelpreisträger (2006) in Löwen bei einer Veranstaltung der Raiffeisenstiftung (die von der CERA Bank finanziell für die Entwicklungszusammenarbeit unterstützt wird) zu begegnen. Yunus ist ein bengalischer Wirtschaftswissenschaftler. Er war einer der Begründer des Mikrofinanzwesens und Gründer und ehemaliger Geschäftsführer der Grameen Bank, die Mikrokredite mit großem Erfolg an Arme vergab (Nobelprize.org, 2006).

Es war ein starker Moment, diesen großen Mann in all seiner Einfachheit zu erleben.

Er war es auch, der uns inspirierte bei der Schaffung des Sozialunternehmens Chips-Fabrik. Nach Yunus' Vorstellungen muss „die Struktur des Kapitalismus vervollständigt werden" durch die Einführung von Sozialunternehmen. Der Zweck dieser Unternehmen soll nicht die Gewinnmaximierung sein, sondern die Lösung von sozialen und Umweltproblemen. „Wenn man die profit-maximierende Brille abnimmt und zur sozialen Brille greift, sieht man die Welt in einer anderen Perspektive", meinte er. Falls ein Gewinn anfalle, werde er in das Unternehmen reinvestiert. Die Anteilseigner verdienen nichts, können ihr Kapital jedoch mit

V.l.n.r.: obere Reihe: Pfarrer L. Klinges, Alfred Renardy, Raymond Brodel, Eli Werding. Mittlere Reihe: Ernst Servais, Renate Renardy-Ossemann, Anita Brüls, Martha Werding-Von Montingy, Karl Miessen. Untere Reihe: Bernadette Brodel-Brüls, Christa Servais-Fort (Präsidentin), Ursel Miessen-Lausberg

Das tägliche Beförderungsmittel durch den für uns Europäer chaotischen Verkehr machte trotzdem Spaß.

der Zeit zurückerhalten. Attraktiv sei eine derartige Geldanlage für Menschen, die Gutes tun wollen, wovon es viele gebe, nach Überzeugung von Yunus (Muhammad Yunus, Wikipedia).

Unser ganz besonderer Dank, von meiner Frau und mir, gilt unseren Freunden und aktiven Mitgliedern in der ostbelgischen Arbeitsgruppe und allen anderen, die uns in irgendeiner Weise im Laufe dieser Jahre unterstützt haben: Paten, Priester, Unternehmer, Politiker.

Wir haben das Taj Mahal bei unseren nachfolgenden Reisen für das Projekt nie gesehen, aber sind so vielen wertvollen Menschen begegnet. Wir sind dankbar für diese schöne, bereichernde Erfahrung.

23. Abenteuer Autobiografie

Eine Autobiografie zu schreiben ist ein Abenteuer! Zugegeben, es war mehrfach nicht leicht, weil ich oft die verschiedensten Gefühle „durchleben" musste. Aber genau das befreit und gibt Kraft.

Ich erinnerte mich an den Schmerz und die Trauer über den plötzlichen Tod des Vaters und an die ausweglose Situation meiner Mutter als Alleinerziehende mitten im Krieg mit zwei Kindern. Ich durchlebte noch einmal meine furchtbare Angst als Elfjähriger im Mai 1942, im Luftschutzkeller in der Alarichstrasse 6, während des 1.000-Bomber-Angriffs der Amerikaner und das Fallen der Phosphor-Brandbombe durch den Kamin mitten in unseren Keller. Aber auch frohe Gefühle kommen wieder hoch, z.B. die große Freude, dass unsere Verwandten in Bergisch Gladbach uns in ihrem Haus aufnahmen, obschon ihr ältester Sohn zur gleichen Zeit auf der Krim gefallen war, oder die Freude, dass meine Schwester nicht im verheerenden Peter-und-Paul-Angriff Ende Mai 1943 ums Leben gekommen war. Ich erinnere mich an die Fahrt mit der belgischen MP nach Brüssel als „Asylanten ohne Papiere" und die enttäuschende Rückfahrt nach Deutz; das war sicherlich eine Erfahrung fürs Leben, abgelehnt zu werden. Umso befreiender erlebten wir den Besuch von Père Passelecq aus dem Kloster Maredsous mit dem Dokument, das bewies, dass der Vater, aufgrund des Versailler Vertrags in Köln wohnend, die belgische Nationalität erlangt hatte und wir als seine Kinder mit ihm. Fortan durften wir in Belgien leben, studieren, arbeiten, immer im Wechselbad der Gefühle und mit dem Existenzminimum für die gesamte Familie.

Autobiografisch sein Leben zu beschreiben, erfordert die Aufarbeitung von Erinnerungen, die überprüft und recherchiert sein wollen: Stimmen die Erinnerungen mit der Realität überein? Da gibt es Überraschungen, Schwierigkeiten oder Enttäuschungen, wenn die Zeitzeugen nicht mehr vorhanden sind. Im Kölner NS-Dokumentationszentrum z.B. überzeugte mich ein dortiger Mitarbeiter, dass eine bestimmte Aussage meiner Mutter über Adolf Hitler sie unmittelbar in ein KZ geführt hätte, hätte sie dem SS-Offizier das gesagt, was ich in meiner in Erinnerung behalten hatte. „Ihre Mutter mag das gedacht haben", sagte der Mitarbeiter, „aber sie wird die Bemerkung nie vor diesem Offizier gemacht haben!"

Autobiografie beinhaltet ein Stück Bereitschaft zur Selbsterfahrung und zur Versöhnung. Beim Schreiben wurde mir erneut bewusst, dass ich mich damals wie heute bei schweren Lebensentscheidungen – im Gebet – von meinem Gewissen leiten lasse und bereit bin, die Konsequenzen zu tragen. So zu mir selbst zu stehen tut mir gut.

Das Buch zu schreiben hat mich persönlich bereichert. Es war manchmal harte Arbeit! Sie hat manchmal weh getan, aber sie hat auch alles Schöne wieder aufleben lassen, die Aufbauarbeit bei den Christ-Königs-Festen, die Jugendarbeit mit allen Jugendbewegungen, die Aktion Heiße Eisen mit ihren Folgen, die Kontakte mit den vielen Drogengefährdeten und -kranken, die Aufbauarbeit im Bereich der Suchtprävention, lokal, regional und international, die Entwicklungszusammenarbeit in Indien und vieles mehr.

Ich durfte einer Menge interessanter und engagierter Menschen begegnen im In- und Ausland. Ich durfte geben und nehmen. Immer habe ich mich bereichert gefühlt bei all diesen Kontakten.

So oder ähnlich sah jeder Start zu einem neuen Kongress oder Seminar aus! (Karikatur: Boris Servais)

Es gäbe weitaus mehr zu erzählen als das hier Beschriebene und auch andere Menschen wären zu erwähnen, mit denen mich schöne Erinnerungen verbinden. Die Auswahl war spontan, so wie meine Erinnerung sie nach und nach hergab und ist mit Sicherheit lückenhaft. Man möge mir das verzeihen.

24. Danke

Das Projekt, dieses Buch zu schreiben, wäre wahrscheinlich nie zum Ziel gelangt, wenn nicht viele gute Menschen mich dabei unterstützt hätten.

An erster Stelle möchte ich meiner lieben Gattin Christa danken. Ohne sie würde es dieses Buch nicht geben. Oft war sie mein Gedächtnis. Oft fand sie die richtigen Worte, um eine heikle Situation einfühlsam auszudrücken, immer besorgt, dass die Wahrheit unverfälscht zum Ausdruck kommt. Obschon ich mir sehr gewünscht hätte, dass wir dieses Buch als Co-Autoren in Druck geben würden, betonte sie immer wieder: „Nein, es ist dein Buch, nur teilweise unser Buch!“ Sie half mir beim Überlegen, Recherchieren, Formulieren, Tippen usw. Das Buch wurde wieder, wie so oft in unserem gemeinsamen Leben, ein „Equipen-Produkt“.

Unserem Sohn Boris danke ich für seine große Unterstützung in kritischen Phasen des Arbeitsprozesses und seinen Einsatz bei der Verwaltung des Bildmaterials.

Unserm Sohn Benjamin danke ich, dass er immer zur Stelle ist und Hilfe leistet, wenn der Computer mal wieder nicht will, wie ich will!

Rolf Kolvenbach möchte ich von Herzen für seine starke Unterstützung danken. Als früherer Bezirksleiter der KLJ konnte er natürlich viele meiner Erlebnisse teilen, nachvollziehen und nicht zuletzt als erfolgreicher „Historienschreiber" für sein Heimatdorf Eynatten sehr wertvolle Tipps geben.

So manch einer hat mir geholfen, meine „eingerosteten" Erinnerungen wieder wachzurufen. Besonders möchte ich hier Alfred Renardy und Leo Mertes danken, die die Dynamik der

„Grünen Kreise" wieder aufleben ließen. Rudi Schröder möchte ich danken für die schönen Gespräche über die gemeinsamen Erinnerungen an die Zusammenarbeit in der CAJ und im Bereich der Suchtarbeit (Teestube im SPZ, usw.).

Christian Krings, früher sehr aktiver und verantwortungsvoller CAJler in St. Vith, überließ mir seine alten Dokumente der CAJ Tagungen. Vielen Dank! Diese Dokumente waren eine Fundgrube für meine Arbeit. Alle unsere Dokumente der CAJ waren leider vernichtet worden.

Das GrenzEcho füllte diese Lücke ebenfalls durch die von Frau Carine Heinen zur Verfügung gestellten Artikel aus dem Archiv!

Irmgard Franzen überreichte uns ihre „Archive", Bernadette Brüls schöne Erinnerungsfotos, danke!

Danke den Freunden, die mir die Zusage gaben, ihr „Zeugnis" mit abzudrucken, Jeannie Radermacher, Alfred Renardy, Ludwig Henkes, Martha Werding, Karin Böhme, Jürgen Schwarzmann.

Danke den Freunden, die mein Buch „Probe gelesen" haben und mir wertvolle Rückmeldungen gaben: Ulli Kloos, Rolf Kolvenbach, Alfred Renardy, Martha Werding, Nina Reip, Heinz Godesar.

Ich kann dieses Buch aber nicht beenden, ohne mich bei dir PAPA zu bedanken, danke für deine Liebe zum Club Wallon und deine Sorge, rechtzeitig im Jahr 1921 – im Alleingang – die belgische Nationalität angefragt zu haben. Damit hast du uns nach dem Krieg die Möglichkeit gesichert, nach Belgien zu kommen. Danke für deine Liebe zur Natur und zur Kunst. Ich wünsche dir für den Himmel wo du bist die gute „Sonntagszigarre".

Dich, Mama, bewundere ich für deinen Mut und deine Sorge, als junge Witwe für Doris und mich in den schlimmsten Kriegsjahren in Köln-Deutz gesorgt zu haben. Du hast nie den Mut verloren und mir u.a. den Wert des „verzichten Könnens" vermittelt.

Dir, Doris, danke ich, dass du schon sehr früh und bewundernswert nach dem Tod des Vaters nur noch ein Ziel hattest: für uns auch finanziell zu sorgen. Später hast du in Hospitälern u.a. in Aachen so vielen Krebs-Schwerstkranken Mut und Hilfe vermittelt.

Danke all jenen, die mir – im Laufe meiner bisherigen 85 Jahre – ihr unbegrenztes Vertrauen geschenkt haben. Ich habe das immer sehr geschätzt und respektiert.

Es gibt auch Menschen, die in meinem Leben eine bedeutende Rolle gespielt haben oder noch spielen, die aber hier nicht erwähnt werden möchten. Ihnen möchte ich auf diesem Weg meinen innigsten Dank aussprechen für alles, was sie mir auf meinem Weg mitgegeben haben und jetzt noch mitgeben. In diesem Buch danke ich allen, denen ich auch weiterhin begegnen darf. Ich habe mich bemüht, mich selbst in aller Offenheit mitzuteilen. Dabei kam mir mein Foto der Echinacea aus unserem Garten zu Hilfe. Ich entdeckte an ihrem Blütenkelch einen Sternenkranz, den ich sehr schön fand. Erstaunt fragte ich sie: „Warum schmückst du dich denn mit diesem Sternchenkranz?" Mir kam die Antwort: Könnten das nicht alle die wunderbaren Begegnungen sein mit Menschen, die ich nicht vergessen will?

Über jede neue Begegnung – ob aus früheren Zeiten oder jetzt aktuell – freue ich mich. Und mein „Echinacea-Foto" auf dem Umschlag des Buches sagt mir: Jede dieser Begegnungen ist, damals wie heute, so ein „Sternchen", eine Begegnung, die ich nicht vergessen will.

In Memoriam

Nicht vergessen möchte ich:

Karl-Heinz Willems, der als Delegierter Administrator der ASL und der UNIPREV-Organisation so viele Dienste erwiesen hat.

Norbert Gensterblum, der als Direktor des Städtischen Technischen Instituts Eupen ein sehr engagierter Verfechter der Suchtprävention war und später mein Nachfolger wurde in der Leitung der ASL.

Dr. Elmar Supe, Akademischer Direktor der Hochschule Vechta, BRD, der bei vielen Konferenzen wichtige Impulse gegeben hat.

Sie alle sind viel zu früh von uns gegangen.

Bildnachweis

Seite 13: Karte: https://de.wikipedia.org/wiki/Ostbelgien#/media/File:Karte_Ostbelgien.svg (El Bubi -Eigenes Werk based on this map by NordNordWest)

Seite 18: Stolperstein Köln Alarichstraße 41 Otto Gerig, Urheber: Tomtom10, 2015, https://de.wikipedia.org/wiki/Datei:Stolperstein_K%C3%B6ln_ Alarichstra%C3%9Fe_41_Otto_Gerig.jpg

Seite 27: Buch „Wider das Vergessen Deutz - ein Blick zurück", Ceno & Die Paten e.V. Vergriffen. Benutzung mit der freundlichen Genehmigung des Vereins

Seite 35: Bunker, Helenenwallstr. 21-29 Urheber: Avatar, https://commons.wikimedia.org/wiki/File:Denkmal-KoelnDeutz-58-1.jpg?uselang=de

Seite 44 und 45: Mit freundlicher Genehmigung der Direktion des Eduardus Krankenhauses, Köln-Deutz

Seite 48 und 49: Citysights GmbH,Rietstr.31,CH-8240 Thayngen. Mit der freundlichen Genehmigung des Verlags

Seite 57: Citysights GmbH,Rietstr.31,CH-8240 Thayngen. Mit der freundlichen Genehmigung des Verlags

Seite 61: Civilian Photo Technicians (in back of jeep) working for Counter Intelligence Corps, are accounted for by Captain Thomas Ryan, Bdg. Co., Berlin District, from New York City (at wheel) to MP Cpl. Charles Christie, 713th MP Bn., whose home is Tahlequah, Oklahoma. This is at check point in Potsdam, Germany, site of the Potsdam Conference. Quelle: Wikimedia Commons – National Archives and Records Administration. Office of Presidential Libraries. Harry S. Truman Library. (04/01/1985) Autor: Unbekannt. Datum: 14 July 1945

Seite 67 (oben): Generalleutnant Lesley Mc Nair-Bridge, die Amerikanerbrücke, 1945/1946, Repro: Rheinisches Bildarchiv, rba_mf640931

Seite 67 (unten): Citysights GmbH, Rietstr.31,CH-8240 Thayngen. Mit der freundlichen Genehmigung des Verlags

Diverse Artikel aus dem Grenz-Echo

Alle anderen Fotos unterliegen der Urheberschaft des Autors.

Literaturverzeichnis

Bund der Familien BELGIEN VERSTEHEN, , De Boeck, 2009, 4. Auflage

Ceno & Die PATEN *e.V.* (Hrsg.), (o.J.). *DEUTZ – ein Blick zurück, Wider das Vergessen: Die wechselvolle Geschichte eines alten Kölner Stadtteils und die Erinnerungen von ZeitzeugInnen,* (Vergriffen).

Filiozat, I. (1997), L´Intelligence du coeur, JC Lattès

Lejeune, C. & Brüll, C. (2014). *Grenzerfahrungen, Eine Geschichte der deutschsprachigen Gemeinschaft Belgiens,* Band 5, GEV

Louis, R. (2005). *Aufgebaut, Rote Fingernägel krallen nach schwarzer Währung*. Marzellan Verlag Köln.

RWAYÂL CLUB WALLON MÂM'DÎ (1998). LU VÎ SPRÂWE *100 ans1898-1998*
Weiss, W. (2012). *Der Luftangriff auf Köln am 15.Oktober 1944.* Helios.
KLJ 10 Jahre im Dienste der Jugend, 1955-1965), Eupen 17.10.1965
Brodüffel, H.P. (2012). Bombardement auf Köln, „Überall Tote, überall verbrannte Leichen" unter: http://www.rundschau-online.de/region/koeln/bombardement-auf-koeln--ueberall-tote--ueberall-verbrannte-leichen--5368146
Ville de Malmedy, Geschichte unter: http://www.malmedy.be/de/Tourisme/Malmedy/Histoire/
Royal Club Wallon, Société Littéraire de Wallonie Malmedyenne, Historique unter: www.rcw.be/historique.php
DGlive, Geschichte, Chronik; Zur Geschichte der Deutschsprachigen Gemeinschaft unter: http://www.dglive.be/desktopdefault.aspx/tabid-1053/1532_read-45663/
NS Dokumentationszentrum der Stadt Köln, Stolpersteine, Erinnerungsmale für die Opfer des Nationalsozialismus unter: http://www.museenkoeln.de/ns-dokumentationszentrum/pages/1196.aspx?s=1196&stid=28&buchstabe=B
Adolph Kolping, Leben unter: https://de.wikipedia.org/wiki/Adolph_Kolping
NS Dokumentationszentrum der Stadt Köln, EL-DE-HAUS *unter:* http://www.museenkoeln.de/ns-dokumentationszentrum/pages/333.aspx?s=333 (Stand: 29.09.2016)
Spiegel online, Zweiter Weltkrieg in Köln: Tote durch Luftangriffe unter: http://www.spiegel.de/einestages/2-weltkrieg-in-koeln-20-000-tote-durch-luftangriffe-a-1025906.html (Stand:14.11.2016)
Brühns, J. NDR.de, Bombenkrieg: Der Tod kommt ins Hinterland unter: http://www.ndr.de/kultur/geschichte/chronologie/bombenkrieg100.html

Heimat und Welt, Westermann: Köln – Innenstadt 1945 – Kriegszerstörungen unter: http://www.heimatundwelt.de/kartenansicht.xtp?artId=978-3-14-100267-6&stichwort=Nazis&fs=1 (Stand 14.11.2016)
koeln-poll.info: Der Krieg zerschmetterte alle Kölner Brücken unter: http://www.k-poll.de/12_bruecken/750_behelfsbruecken.html).
Genfer Flüchtlingskonvention-28.Juli 1951 unter: http://www.unhcr.de/mandat/genfer-fluechtlingskonvention.html
Displaced person, Wikipedia unter: https://de.wikipedia.org/wiki/Displaced_Person
CAJ (Hrsg.) Info-Express, Festschrift November, 1975
CAJ – Christliche Arbeiterjugend Deutschland e.V. (2014), Wir über uns,
Joseph Cardijn unser Gründer unter: www.caj.de/wir-ueber-uns/joseph-cardijn
Nobelprize.org, 2006. Muhammad Yunus, Biographical unter: www.nobelprize.org/nobel_prizes/peace/laureates/2006/yunus-bio.html
Muhammad Yunus, Wikipedia unter: de.wikipedia.org/wiki/Muhammad_Yunus
http://www.museenkoeln.de/ns-dokumentationszentrum/pages/333.aspx?s=333 (Stand: 28.09.2016)
Babilon, Theodor Wikipedia unter: https://de.wikipedia.org/wiki/Theodor_Babilon (Stand: 15.07.2016)
Märtyrer des Erzbistums Köln, Otto Gerig, Leben unter: http://thema.erzbistum-koeln.de/koelner-maertyrer/Otto_Gerig.html
NSDOK der Stadt Köln, Was sind Stolpersteine? Unter: http://www.museenkoeln.de/NS-DOKUMENTAtionszentrum/pages/1194.aspx?s=1194 (Stand 28.09.2016)
http://www.rundschau-online.de/region/koeln/bombardement-auf-koeln--ueberall-tote--ueberall-verbrannte-leichen--5368146
http://www.spiegel.de/einestages/2-weltkrieg-in-koeln-20-000-tote-durch-luftangriffe-a-1025906.html Stand:14.11.2016
http://www.heimatundwelt.de/kartenansicht.xtp?artId=978-3-14-100267-6&stichwort=Naz s&fs=1

http://www.eduardus.de/ueber-uns/historie.html
Fotos Eduardus Haus
http.:wikipedia/identif.) Displaced person
Info-Express, Festschrift November,1975; Herausgeber: CAJ, Heidberg, 4 Eupen.
https://de.wikipedia.org/wiki/L%C3%A9on_Degrelle (Stand: 23.01.2017)
https://de.wikipedia.org/wiki/Rexismus Stand: 23.01.2017
SPZ - Beratung und Lebenshilfe, Informationsbroschüre, 1983
ASL, Arbeitsgemeinschaft für Suchtvorbeugung und Lebensbewältigung Eupen (Hrsg.), Kommunale Suchtvorbeugung, Modelle aus der Praxis
Grenz-Echo,, 29. Oktober 1964
Grenz-Echo, 14. Oktober 1964
Soziallehre der Kirche „Mater et Magistra" (1961)
(siehe Grenz-Echo, 16.02.1965).
www.caj.de/wir-ueber-uns/joseph-cardijn (Grenz-Echo, 2. Februar 1972)
Quelle: Rolf Kolvenbach, Bezirksleiter von 09.1969 bis 31.12.1972 und Broschüre:" 1955-1965, 10 Jahre KLJ im Dienste der Jugend"
Broschüre: 1955-1965, 10 Jahre KLJ im Dienste der Jugend)
Mathieu Reiner: In Stellung. Einblicke in das Leben ostbelgischer Dienstmädchen im 20. Jahrhundert
Artikel „Auf einen Blick" 21.Juni 1969
Beratung und Lebenshilfe – SPZ Informationsbroschüre, 1983
Staatsblatt vom 28.Oktober 1976, N8910
„Plädoyer für Suchtvorbeugung, Gesamtgesellschaftlicher Ansatz, Praktisches Handbuch für Lehrer, Erzieher und Eltern"
Kommunale Suchtvorbeugung, Modelle aus der Praxis, Herausgeber: Arbeitsgemeinschaft für Suchtvorbeugung und Lebensbewältigung, Eupen)
www.nobelprize.org/nobel_prizes/peace/laureates/2006/yunus-bio.html
de.wikipedia.org/wiki/Muhammad_Yunus

Publikationen

DROGUES, UN PROGRAMME D'EDUCATION A LA SANTE,
Editions Labor, Bruxelles, 1984

PLÄDOYER FÜR SUCHTVORBEUGUNG, Gesamtgesellschaftlicher Ansatz, Praktisches Handbuch für Lehrer, Eltern und Erzieher; Grenz-Echo Verlag, Eupen, 1988

PREVENTION DROGUES, Approche Globale – Viser toute la société, Ed. Labor, Bruxelles, 1988

BEVOR ES ZU SPÄT IST, Gesamtgesellschaftliche und Ganzheitliche Suchtvorbeugung, Eigenverlag, Eupen 1992
Dieses Buch wurde ebenfalls in englischer, niederländischer, portugiesischer, slowakischer, polnischer und ungarischer Sprache veröffentlicht.
Dazu passend ein Arbeitsheft für Schüler

PHOTO-PHANTASIEN zur Primären Suchtvorbeugung, für Gruppengespräche und eigene Meditation; Europrev Aachen, BRD, 1997.
Diese Fotosammlungen wurden mit den Gebrauchsanweisungen in den gleichen oben erwähnten Sprachen herausgegeben.

MENSCHEN BEGEGNEN – FOTOBUCH FÜR SCHÜLER UND LEHRER (Ordner)
Lebensumstände erahnen aus Sicht der Fotosprache. 60 Farbfotos 22/32; zusätzlich ein Satz Fotos im Format 22/17 für kleinere Gruppengespräche; Eigenverlag, Eupen, 2013

PRIMÄRE SUCHTVORBEUGUNG, die Ziele des Multiplikators und sein Gepäck, Herausgeber UNIPREV, Sponsor SIEMENS Greifswald, BRD, 2002

WUNDER DER NATUR, 40 Makro Aufnahmen mit kurzer Einleitung zum Thema Natur und Selbsterfahrung im Spiegel unserer Einstellungen (in deutscher und französischer Sprache). Format 9/13, Eigenverlag Europrev Eupen,

PHOTOPHANTASIEN zum Thema LEBENSQUALITÄT, 40 Buntfotos 9/13, Interviewspiel für Jugendliche und Erwachsene, Eigenverlag Europrev

PHOTOPHANTASIEN zum Thema EMOTIONALE BILDUNG, Umgang mit Gefühlen; für Eltern, Lehrer, Erzieher; 40 Buntfotos 9/13, mit Anleitung zum Gebrauch der Fotos und zur Vertiefung des Themas in drei Schritten, Eigenverlag Europrev